白鶴灘水電站於建設在長江出「雲貴高原」的末端／攝於二○○○年／頁九一

70 歲生

我們經歷過很多

後來走在了正確的道路上

後來在夢境中夢見了嗎起

致敬改變自己命運
的中國人
致敬一代代中國人
披荊斬棘創造出來
的奇蹟

參考文獻

100 年：建設改變中國

1　項海帆，潘洪萱，張聖城，范立礎 . 中國橋樑史綱 [M]. 上海：同濟大學出版社，2013.

2　[美] 馬立博 . 中國環境史 [M]. 關永強，高麗潔，譯 . 北京：中國人民大學出版社，2015.

3　黃鎮東，李彥武 . 中國公路峽谷大橋 [M]. 北京：人民交通出版社，2017.

4　趙濟，王靜愛，朱華晟 . 中國地理 [M]. 北京：高等教育出版社，2020.

5　陳良江，文望青 . 中國鐵路橋樑（1980—2020）[M]. 北京：中國鐵道出版社，2020.

6　朱教君，鄭曉 . 關於三北防護林體系建設的思考與展望 —— 基於 40 年建設綜合評估結果 [J]. 生態學雜誌，2019，38(05)：1600—1610.

7　潘家華 . 新中國 70 年生態環境建設發展的艱難歷程與輝煌成就 [J]. 中國環境管理，2019，11(04)：19—26.

8　徐新良 . 中國人口空間分佈公里網格數據集 [DS/OL]. 中國科學院資源環境科學數據註冊與出版系統 (http://www.resdc.cn/DOI/).2017.DOI:10.12078/2017121101.

9　國家發展改革委 . 國家公路網規劃（2013—2030）[Z].2013-06-20.

10　國家發展改革委，中國民用航空局 . 全國民用運輸機場佈局規劃 [Z/OL].(2017-02-13).http://www.ndrc.gov.cn/xxgk/zcfb/ghwb/201703/t20170315_962231.html.

11　國家發展改革委 . 長江幹綫過江通道佈局規劃（2020—2035）[Z].2020-03-31.

12　中國民航 . 航路圖 [Z/OL].(2021-01).http://ga.aischina.com.

13　杜秀榮，唐建軍 . 中國地圖集 [M]. 北京：中國地圖出版社，2011.

第一部分 連接

1.1 鐵路：鐵骨中國的煉成

1　鐵道部檔案史誌中心 . 新中國鐵路五十年（1949—1999）[M]. 北京：中國鐵道出版社，1999.

2　《中國鐵路建設史》編委會 . 中國鐵路建設史 [M]. 北京：中國鐵道出版社，2003.

3　《中國鐵路橋樑史》編委會 . 中國鐵路橋樑史 [M]. 北京：中國鐵道出版社，2009.

4　杜秀榮，唐建軍 . 中國地圖集 [M]. 北京：中國地圖出版社，2011.

5　中國鐵道博物館 . 中國鐵道博物館正陽門館：中國鐵路發展史掠影 [M]. 北京：中國鐵道出版社，2012.

6　周篁 . 鐵路春運之殤 —— 不足與不公現象管窺 [M]. 上海：上海人民出版社，2014.

7　高鐵見聞 . 大國速度：中國高鐵崛起之路 [M]. 長沙：湖南科學技術出版社，2017.

8　國家發展改革委，交通運輸部，中國鐵路總公司 . 中長期鐵路網規劃 [Z].2016-7-13.

9　國家發展改革委 . 鐵路「十三五」發展規劃 [Z].2017-11-20.

1.2 橋樑：進擊的中國跨度

1　戴公連，宋旭明 . 漫話橋樑 [M]. 北京：中國鐵道出版社，2009.

2　項海帆，蕭汝誠，等 . 橋樑概念設計 [M]. 北京：人民交通出版社，2011.

3　《橋樑》雜誌社 . 中國橋樑年鑒 2010[M]. 北京：人民交通出版社，2011.

4　茅以升 . 橋樑史話 [M]. 北京：北京出版社，2012.

5　項海帆，潘洪萱，張聖城，等 . 中國橋樑史綱（新版）[M]. 上海：同濟大學出版社，2013.

6 萬明坤，項海帆，秦順全，等.橋樑漫筆 [M]. 北京：中國鐵道出版社，2015.

7 唐穎，陶路，王龍，等.山區大跨度懸索橋主纜架設技術 [J]. 建築工程技術與設計，2015(19):795－796.

1.3 隧道：中國人的穿山之路

1 《中國鐵路隧道史》編委會.中國鐵路隧道史 [M]. 北京：中國鐵道出版社，2004.

2 王效良，景詩庭.漫話隧道 [M]. 北京：中國鐵道出版社，2009.

3 呂康成.特殊隧道工程 [M]. 北京：人民交通出版社，2013.

4 朱永全，宋玉香.隧道工程（第三版）[M]. 北京：中國鐵道出版社，2015.

5 陳饋，等.中國隧道 [M]. 南京：譯林出版社，2018.

6 《中國公路學報》編輯部.中國隧道工程學術研究綜述·2015[J]. 中國公路學報，2015，28(05):1－65.

7 田四明，鞏江峰.截至 2020 年底中國鐵路隧道情況統計 [J]. 隧道建設，2021，41(02):308－325.

8 交通運輸部.2020 年交通運輸行業發展統計公報 [EB/OL].2021-05-19.http://xxgk.mot.gov.cn/2020/jigou/zhghs/202105/t20210517_3593412.html.

1.4 進藏之路：此路只應天上有

1 《西藏公路交通史》編委會.西藏公路交通史 [M]. 北京：人民交通出版社，1999.

2 西藏自治區交通廳.西藏公路交通指南 [M]. 北京：人民交通出版社，2004.

3 王治華，等.青、甘、川、滇進藏公路、鐵路沿綫地區地質環境遙感調查 [M]. 北京：地質出版社，2004.

4 西藏自治區地方誌編纂委員會.西藏自治區誌：公路交通誌 [M]. 北京：中國藏學出版社，2007.

5 《青藏公路五十年》編撰委員會.青藏公路五十年 [M]. 西寧：青海人民出版社，2008.

6 中國科學院高寒區地表過程與環境監測研究網絡綜合中心.冰川、雪被、凍土和泥石流分佈圖 [CM/OL].(2014-06-09).http://www.horn.ac.cn/wwwroot/HORN/upload/Image/xwnr/2014/6/2498779949.jpg.

第二部分 重組

2.1 電力：14 億人全民通電

1 中國電業史誌編輯委員會.中國電力工業誌 [M]. 北京：當代中國出版社，1998.

2 濮洪九，陸延昌，路耀華，等.中國電力與煤炭 [M]. 北京：煤炭工業出版社，2004.

3 黃晞.中國近現代電力技術發展史 [M]. 濟南：山東教育出版社，2006.

4 《中國水力發電史》編輯委員會.中國水力發電史 [M]. 北京：中國電力出版社，2007.

5 王靜愛，左偉.中國地理圖集 [M]. 北京：中國地圖出版社，2010.

6 杜秀榮，唐建軍.中國地圖集 [M]. 北京：中國地圖出版社，2011.

7 貢力，孫文.水利工程概論 [M]. 北京：中國鐵道出版社，2012.

8 錢顯毅，沈明輝.風能及太陽能發電技術 [M]. 北京：北京交通大學出版社，2013.

9 趙畹君，曾南超.中國直流輸電發展歷程 [M]. 北京：中國電力出版社，2017.

10 《中國電力年鑒》編輯委員會.2019 中國電力年鑒 [M]. 北京：中國電力出版社.2019.

11 United Nations，Department of Economic and Social Affairs，Population Division.World Population Prospects 2019:Methodology of the United Nations population estimates and projections[R/OL].(2019-12-31).https://www.un.org/development/desa/pd/sites/www.un.org.development.desa.pd/files/files/documents/2020/Jan/un_2019_wpp_methodology.pdf.

12 國家核安全局.中華人民共和國國家核安全局 2019 年報 [R/OL].(2020-06-28).http://henenghangyeht.kechuangfu.com/upload/file/20200628/1593328995637109.pdf.

13 BP p. l. c. Statistical Review of World Energy 2020[R/OL].2020.https://www.bp.com/content/dam/bp/business-sites/en/global/corporate/pdfs/energy-economics/statistical-review/bp-stats-review-2020-full-report.pdf.

14 國家發展改革委.煤炭物流發展規劃 [Z].2013-12-30.

15 國家發展改革委，國家能源局.電力發展「十三五」規劃（2016—2020 年）[Z].2016-12-22.

16 國家統計局.國家數據 [DB/OL].http://data.stats.gov.cn/.

2.2 煤炭：中國 60% 的能源來源

1 《中國煤炭誌》編纂委員會.中國煤炭誌：綜合卷 [M].北京：煤炭工業出版社，1999.

2 朱訓.中國礦業史 [M].北京：地質出版社，2010.

3 李曉豁.露天採礦機械 [M].北京：冶金工業出版社，2010.

4 徐永圻.煤礦開採學（修訂本）[M].徐州：中國礦業大學出版社，2015.

5 宋子嶺.露天開採工藝（第二版）[M].徐州：中國礦業大學出版社，2018.

6 朝日新聞出版.顯生宙古生代 2[M].傅栩，賀璐婷，蘇萍，李波，譯.北京：人民文學出版社，2020.

7 田會，白潤才，趙浩.中國露天採礦的成就及發展趨勢 [J].露天採礦技術，2019，34(1):1—9.

8 中國煤炭工業協會.2019 煤炭行業發展年度報告 [R/OL].(2020-05-14).http://www.coalchina.org.cn/index.php?m=content&c=index&a=show&catid=9&id=118819.

9 Encyclopædia Britannica，Inc. Britannica Encyclopedia[Z/OL].(2020-11-13).https://www.britannica.com/science/coal-fossil-fuel/World-distribution-of-coal.

2.3 南水北調：超級工程，談何容易

1 文丹.南水北調中綫工程 [M].武漢：長江出版社，2010.

2 北京市南水北調工程建設委員會辦公室，北京市文物局.飲水思源：南水北調中綫工程圖錄 [M].北京：北京燕山出版社，2015.

3 國務院南水北調工程建設委員會辦公室.南水北調工程知識百問百答 [M].北京：科學普及出版社，2015.

4 《中國南水北調工程建設年鑑》編纂委員會.中國南水北調工程建設年鑑 2017[M].北京：中國電力出版社，2017.

5 陳志康，謝波，鄭光俊.南水北調中綫一期水源工程丹江口大壩加高設計 [A].水利部水利水電規劃設計總院、水電水利規劃設計總院、中國水電工程顧問集團公司、中國水利水電勘測設計協會.大壩安全與新技術應用 [C].北京：中國水利水電勘測設計協會，2013.

6 國家統計局.國家數據 [DB/OL].http://data.stats.gov.cn/.

7 聯合國糧農組織.農業與水信息系統 [DB].轉引自 https://data.worldbank.org.cn/indicator/ER.H2O.INTR.PC.

8 北京市水務局.北京市水資源公報 (2019)[EB/OL].(2020-09-18).http://swj.beijing.gov.cn/zwgk/szygb/202009/P020200918627119515926.pdf.

9 北京市水務局.北京市大中型水庫水情日報 [EB/OL].http://nsbd.swj.beijing.gov.cn/dzxsksq.html.

10 國務院辦公廳.南水北調工程總體佈局 [Z/OL].(2006-01-02).http://www.gov.cn/ztzl/2006-01/02/content_145297.htm.

2.4 西氣東輸：一場乾坤大挪移

1 李國玉，等.中國含油氣盆地圖集（第二版）[M].北京：石油工業出版社，2002.

2 陳利頂，郭書海，姜昌亮，等.西氣東輸工程沿綫生態系統評價與生態安全 [M].北京：科學出版社，2006.

3 何利民，高祁.油氣儲運工程施工 [M].北京：石油工業出版社，2007.

4 《西氣東輸工程誌》編委會.西氣東輸工程誌 [M].北京：石油工業出版社，2012.

5 中國地質調查局.中國地質調查百項成果 [M].北京：地質出版社，2016.

6 馬新華，等.中國天然氣地下儲氣庫 [M].北京：石油工業出版社，2018.

7 國家能源局石油天然氣司，國務院發展研究中心資源與環境政策研究所，自然資源部油氣資源戰略研究中心.中國天然氣發展報告（2021）[M].北京：石油工業出版社，2021.

8 戴金星，秦勝飛，胡國藝，等.新中國天然氣勘探開發 70 年來的重大進展 [J].石油勘探與開發，2019，46(06):1037—

1046.

9　中國石油天然氣集團公司.西氣東輸（2002－2013）企業社會責任專題報告 [R].(2014).

10　SY/T 6968-2013，油氣輸送管道工程水平定向鑽穿越設計規範 [S].

11　GB 50423-2013，油氣輸送管道穿越工程設計規範 [S].

12　生態環境部.歷年中國生態環境狀況公報 [EB/OL]. [2021-05-21].http://www.mee.gov.cn/hjzl/sthjzk/zghjzkgb/.

13　國家發展改革委，國家能源局.中長期油氣管網規劃 [Z/OL].(2017-05-19).http://www.ndrc.gov.cn/xxgk/zcfb/ghwb/201707/W020190905497932558033.pdf.

14　GAZPROM.Eastern Gas Program[Z/OL].http://www.gazprom.com/projects/east-program.

第三部分 家園

3.1 國土綠化：平凡的生命，偉大的工程

1　國家地圖集編纂委員會.中華人民共和國國家自然地圖集 [M]. 北京：中國地圖出版社，1999.

2　王治國，張雲龍，劉徐師，等.林業生態工程學 [M]. 北京：中國林業出版社，2000.

3　杜秀榮，唐建軍.中國地圖集 [M]. 北京：中國地圖出版社，2011.

4　國家林業和草原局.中國森林資源報告：2014－2018[M]. 北京：中國林業出版社，2019.

5　何凡能，葛全勝，戴君虎，等.近 300 年來中國森林的變遷 [J].地理學報，2007，62(1):30－40.

6　Tian L，Wu W，D Zhang，et al. Characteristics of erosion and deposition of straw checkerboard barriers in alpine sandy land[J].Environmental Earth Sciences，2015，74(1):573－584.

7　包岩峰，楊柳，龍超，等.中國防沙治沙 60 年回顧與展望 [J]. 中國水土保持科學，2018，016(002):144－150.

8　Xu Bin，et al. Characteristics of Turbulent Aeolian Sand Movement Over Straw Checkerboard Barriers and Formation Mechanisms of Their Internal Erosion Form[J].Journal of Geophysical Research: Atmospheres，2018，123(13):6907－6919.

9　朱教君，鄭曉.關於三北防護林體系建設的思考與展望──基於 40 年建設綜合評估結果 [J]. 生態學雜誌，2019，38(05):1600－1610.

10　周穎，楊秀春，徐斌，等.中國防沙治沙政策的演進歷程與特徵研究 [J]. 乾旱區資源與環境，2020，34(01):125－133.

11　李願會，路秋玲.中國旱區造林綠化的戰略思考 [J]. 林業資源管理，2020(04):3－8+51.

12　國家林業和草原局.中國退耕還林還草二十年（1999－2019）[R/OL].(2020-06-30).http://www.forestry.gov.cn/html/tghl/tghl_934/20200630113833040795001/file/20200630114248886864236.pdf.

13　國家林業和草原局.中國荒漠化和沙化狀況公報 [EB/OL].(2015-12-29).http://www.forestry.gov.cn/main/58/content-832363.html.

14　生態環境部.2019 中國生態環境狀況公報 [EB/OL].(2020-06-02).http://www.mee.gov.cn/hjzl/sthjzk/zghjzkgb/202006/P020200602509464172096.pdf.

15　國家發展改革委，自然資源部.全國重要生態系統保護和修復重大工程總體規劃（2021－2035 年）[EB/OL].(2020-06-03). https://www.ndrc.gov.cn/xxgk/zcfb/tz/202006/P020200611354032680531.pdf.

16　顏長珍，王建華.中國 1:10 萬沙漠 (沙地) 分佈數據集 [DS/OL]. 國家冰川凍土沙漠科學數據中心，2013.DOI: 10.3972/westdc.006.2013.db.CSTR: 18406.11.westdc.006.2013.db.

17　中國科學院地理科學與資源研究所，中國科學院資源環境科學數據中心資源環境數據雲平台.中國林業工程空間分佈數據 [DS/OL].(2020-10-01).https://www.osgeo.cn/data/w78cf.

18　國家林業局.旱區造林綠化技術指南 [Z/OL].(2016-08-19). http://www.gov.cn/xinwen/2016-09/07/5106076/files/162556ba0c5643cd90326c1a1815d598.pdf.

19　國家林業局.旱區造林綠化技術模式選編 [Z/OL]. (2016-08-19). http://www.gov.cn/xinwen/2016-09/07/5106076/files/854483834eb74923a775a3bf0aed4b62.pdf.

3.2 霧霾治理：對流層保衛戰

1　唐孝炎，張遠航，邵敏 . 大氣環境化學 [M]. 北京：高等教育出版社，2006.

2　郝吉明，馬廣大，王書肖，等 . 大氣污染控制工程（第三版）[M]. 北京：高等教育出版社，2010.

3　郝吉明，尹偉倫，岑可法 . 中國大氣 PM2.5 污染防治策略與技術途徑 [M]. 北京：科學出版社，2016.

4　王書肖，程真，趙斌，等 . 長三角區域霾污染特徵、來源及調控策略 [M]. 北京：科學出版社，2016.

5　郝吉明 . 京津冀大氣複合污染防治：聯發聯控戰略及路綫圖 [M]. 北京：科學出版社，2017.

6　國家氣候中心 . 中國災害性天氣氣候圖集 (1961－2015 年)[M]. 北京：氣象出版社，2018.

7　王珊，修天陽，孫揚，等 .1960－2012 年西安地區霧霾日數與氣象因素變化規律分析 [J]. 環境科學學報，2014，34(01):19－26.

8　楊靜，殷鵬，曾新穎，等 .2006－2016 年中國室外空氣污染的歸因死亡分析 [J]. 中華流行病學雜誌，2018，39(11):1449－1453.

9　王文興，柴發合，任陣海，等 . 新中國成立 70 年來中國大氣污染防治歷程、成就與經驗 [J]. 環境科學研究，2019，32(10):1621－1635.

10　生態環境部 . 歷年生態環境統計年報 [EB/OL].[2020-12-14].http://www.mee.gov.cn/hjzl/sthjzk/sthjtjnb/.

11　生態環境部 . 歷年中國生態環境狀況公報 [EB/OL].[2021-05-21].http://www.mee.gov.cn/hjzl/sthjzk/zghjzkgb/.

3.3 國家公園：大熊貓最後的棲息地

1　李俊清，等 . 大熊貓棲息地研究 [M]. 北京：高等教育出版社，2012.

2　蕭燚，朱春全，歐陽志雲，等 . 岷山生物多樣性保護優先區與自然保護區規劃 [M]. 北京：中國林業出版社，2012.

3　四川省林業廳 . 四川的大熊貓：四川省第四次大熊貓調查報告 [M]. 成都：四川科學技術出版社，2015.

4　史志鬈 . 甘肅省第四次大熊貓調查報告 [M]. 蘭州：甘肅科學技術出版社，2016.

5　周靈國 . 秦嶺大熊貓：陝西省第四次大熊貓調查報告 [M]. 西安：陝西科學技術出版社，2017.

6　胡錦矗，張澤鈞，魏輔文 . 中國大熊貓保護區發展歷史、現狀及前瞻 [J]. 獸類學報，2011，31(01):10－14.

7　范志勇 . WWF 大熊貓保護研究報告 [R/OL].(2016-7-21). http://webadmin.wwfchina.org/storage/content/press/publication/2016/ WWF 大熊貓保護研究報告 - 上冊印刷單頁文件 20160720.pdf，http://webadmin.wwfchina.org/storage/content/press/publication/2016/ WWF 大熊貓保護研究報告－下冊印刷單頁文件 20160720.pdf.

8　國家林業和草原局（國家公園管理局）. 大熊貓國家公園總體規劃（徵求意見稿）[Z/OL].(2019-10-17).http://www.forestry.gov.cn/html/main/main_4461/20191017111923948546698/file/20191017112033510119113.pdf.

3.4 大壩：十萬「勇士」的誕生

1　潘家錚 . 千秋功罪話水壩 [M]. 北京：清華大學出版社，2000.

2　賈金生 . 中國大壩建設 60 年 [M]. 北京：中國水利水電出版社，2013.

3　水利部建設與管理司 . 中國高壩大庫 TOP100[M]. 北京：中國水利水電出版社，2013.

4　王瑞芳 . 當代中國水利史 [M]. 北京：中國社會科學出版社，2014.

5　郭秦渭，韓春秀，裴利劍 . 水工建築物 [M]. 重慶：重慶大學出版社，2014.

6　SL 252-2017，水利水電工程等級劃分及洪水標準 [S].

7　水利部，國家統計局 . 第一次全國水利普查公報 [EB/OL].(2013-03-21).http://www.mwr.gov.cn/sj/tjgb/dycqgslpcgb/201701/t20170122_790650.html.

8　水利部 .2018 年全國水利發展統計公報 [EB/OL].(2019-12-10).http://www.mwr.gov.cn/sj/tjgb/slfztjgb/201912/t20191210_1374268.html.

9　水利部 .2020 年全國大型水庫大壩安全責任人名單 [EB/OL].(2020-03-31).http://www.gov.cn/xinwen/2020-03-31/content_5497386.htm.

10　國家能源局綜合司 .2020 年全國註冊登記和備案水電站大壩運行單位和主管單位安全責任人名單 [EB/OL].(2020-04-22).http://zfxxgk.nea.gov.cn/139021136_15882325111591n.pdf.

3.5 長江防洪：看得見、看不見的防綫

1　水利部長江水利委員會.長江防洪地圖集 [M].北京：科學出版社，2001.

2　水利部長江水利委員會.長江流域蓄滯洪區圖集 [M].北京：科學出版社，2007.

3　仲志餘.長江防洪 [M].武漢：長江出版社，2007.

4　陸孝平，富曾慈.中國主要江河水系要覽 [M].北京：中國水利水電出版社，2010.

5　《中國河湖大典》編纂委員會.中國河湖大典：長江卷 [M].北京：中國水利水電出版社，2010.

6　汪應國，李勁松.驚心動魄 :98 荊江分洪大轉移 [J].當代經濟，1998(09):35—42.

7　郭鐵女，余啟輝.長江防洪體系與總體佈局規劃研究 [J].人民長江，2013(10):23—27.

8　賀秋華，余德清，王倫澈，李長安，余姝辰，鄒娟.近 400 多年下荊江河段古河道演變過程及特徵 [J].地球科學，2020，45(06):1928—1936.

9　國家防汛抗旱總指揮部.長江防禦洪水方案 [EB/OL].(2015-10-22).http://www.cjw.gov.cn/xwzx/ztjjx/zjfyhsfa/zlnr/17947.html.

第四部分 夢想

4.1 火箭：中國人的飛天之路

1　《世界航天運載器大全》編委會.世界航天運載器大全 [M].北京：中國宇航出版社，1996.

2　李成智.中國航天技術發展史稿 [M].濟南：山東教育出版社，2006.

3　陳閩慷，茹家欣.神箭凌霄：長征系列火箭的發展歷程 [M].上海：上海科技教育出版社，2007.

4　中國運載火箭技術研究院.天穹神箭：長征火箭開闢通天之路 [M].北京：中國宇航出版社，2008.

5　冉隆燧.航天工程設計實踐 [M].北京：中國宇航出版社，2013.

6　劉家騑，李曉敏，郭桂萍.航天技術概論 [M].北京：北京航空航天大學出版社，2014.

7　中國航天科技集團.特大喜訊｜中國運載能力最大火箭長征五號首飛成功，躋身全球最強火箭行列！[Z/OL].(2016-11-03).https://mp.weixin.qq.com/s/qgpT-yiCwa8IGSntqIAVwQ.

8　中國運載火箭技術研究院.火箭型譜 [Z/OL].http://www.calt.com/n482/n498/index.html.

4.2 神舟：一個國家的記憶

1　邸乃庸.夢圓天路：縱覽中國載人航天工程 [M].北京：中國宇航出版社，2011.

2　戚發軔，李頤黎.巡天神舟：揭秘載人航天器 [M].北京：中國宇航出版社，2011.

3　黃春平.通天神箭：解讀載人運載火箭 [M].北京：中國宇航出版社，2011.

4　周鳳廣，徐克俊.戈壁天港：走進載人航天發射場 [M].北京：中國宇航出版社，2011.

5　郭榮偉.九天攬月：中國太空戰略發展研究 [M].北京：國防大學出版社，2014.

6　徐江華.航空航天概論 [M].北京：北京航空航天大學出版社，2015.

7　陳煜.中國生活記憶：追夢進程中的百姓民生 [M].北京：中國輕工業出版社，2016.

8　陳善廣.載人航天技術 [M].北京：中國宇航出版社，2018.

9　陳曉明.中國時刻 [M].濟南：山東畫報出版社，2018.

10　周建平.中國空間站工程總體構想 [J].載人航天，2013(02):1—10.

11　新華網.天宮一號與神舟八號空間交會對接 [Z/OL].http://www.xinhuanet.com/mil/zt/tiangong1/.

12　中國載人航天.首頁 [Z/OL].http://www.cmse.gov.cn/.

4.3 北斗：排星佈陣 20 年

1　王金鋒.空中指南：中國成功發射系列導航衛星 [M].長春：吉林出版集團有限責任公司，2009.

2　黃丁發，張勤，張小紅，等.衛星導航定位原理 [M].武漢：武漢大學出版社，2015.

3　田建波，陳剛.北斗導航定位技術及其應用 [M]. 武漢：中國地質大學出版社，2017.

4　袁樹友.北斗應用 100 例 [M]. 北京：解放軍出版社，2017.

5　謝軍，王海紅，李鵬，等.衛星導航技術 [M]. 北京：北京理工大學出版社，2018.

6　劉天雄.衛星導航系統概論 [M]. 北京：中國宇航出版社，2018.

7　中國衛星導航系統管理辦公室.北斗衛星導航系統發展報告 (4.0 版)[R/OL].(2019-12-27).http://www.beidou.gov.cn/zt/xwfbh/bdshxttgqqfw/gdxw5/201912/P020191227406782200071.pdf.

8　中國衛星導航系統管理辦公室.北斗衛星導航系統公開服務性能規範 (1.0 版)[Z/OL].(2013-12-27).http://www.beidou.gov.cn/zt/zcfg/201710/P020171202709828404659.pdf.

9　中央電視台.開講啦：北斗衛星導航系統總設計師楊長風 [Z/OL].(2017-09-24).http://tv.cctv.com/2017/09/24/VIDEPVnDdaecPREeJFtfS24U170924.shtml.

10　中國衛星導航系統管理辦公室.北斗衛星導航系統公開服務性能規範 (2.0 版)[Z/OL].(2018-12-27).http://www.beidou.gov.cn/zt/xwfbh/bdshjbxtjc/gdxw4/201812/P020181227418920163239.pdf.

11　中國衛星導航系統管理辦公室.北斗衛星導航系統應用案例 [Z/OL].(2018-12-27).http://www.beidou.gov.cn/xt/gfxz/201812/P020181227583462913294.pdf.

什麼是新中國？

1　史正富.超常增長：1979—2049 年的中國經濟 [M]. 上海：上海人民出版社，2013.

2　陸銘著.大國大城 [M]. 上海：上海人民出版社，2016.

3　周黎安.轉型中的地方政府 [M]. 上海：格致出版社，上海人民出版社，2017.

4　林毅夫.解讀中國經濟 [M]. 北京：北京大學出版社，2018.

5　倪鵬飛.中國城市競爭力報告 No.16[M]. 北京：中國社會科學出版社，2018.

6　王小魯.改革之路：我們的四十年 [M]. 北京：社會科學文獻出版社，2019.

7　王佳寧.撫脈歷程——改革開放 40 週年大事記 (1978—1982)[J]. 改革，2016(10):28—44.

8　金燦榮，張昆鵬.「新時代」背景下未來十年世界趨勢分析與中國的戰略選擇 [J]. 東北亞論壇，2018，27(01):3—17+127.

9　郭朝先.改革開放 40 年中國工業發展主要成就與基本經驗 [J]. 北京工業大學學報（社會科學版），2018，18(06):5—15.

10　金燦榮.如何深入理解「世界正面臨百年未有之大變局」[J]. 領導科學論壇，2019(014):66—77.

11　孫霄兵，徐玉玲.中國基礎教育 70 年：成就與政策 [J]. 課程·教材·教法，2019，39(2):4—10.

12　馬雲.共和國農村掃盲教育研究 [D]. 上海：華東師範大學教科院教育學系，2006.

13　國家統計局.新中國成立 70 週年經濟社會發展成就系列報告 [R].(2019-08).

14　世界銀行.世界銀行公開數據 [DB/OL].http://data.worldbank.org.cn/.

15　中華人民共和國國史網.大事年表 [Z/OL].http://www.hprc.org.cn/gsgl/dsnb/.

感謝為本書提供影像作品的全體機構和攝影師們！

100年，我們重塑了一片山河

100年，我們振新了一個民族

100年，我們改變了一個國家

HI I AM CHINA II

這裏是中國 2

2 百年重塑山河

星球研究所 著

責任編輯	李斌　劉韻揚
書籍設計	a_kun
校　　對	栗鐵英
排　　版	楊錄

書　　名	這裏是中國 2 ——百年重塑山河
作　　者	星球研究所
出　　版	三聯書店（香港）有限公司 香港北角英皇道 499 號北角工業大廈 20 樓 Joint Publishing (H.K.) Co., Ltd. 20/F., North Point Industrial Building, 499 King's Road, North Point, Hong Kong
香港發行	香港聯合書刊物流有限公司 香港新界荃灣德士古道 220-248 號 16 樓
印　　刷	美雅印刷製本有限公司 香港九龍觀塘榮業街 6 號 4 樓 A 室
版　　次	2021 年 9 月香港第一版第一次印刷
規　　格	大 16 開（200 × 275 mm）552 面
國際書號	ISBN 978-962-04-4864-5

© 2021 Joint Publishing (H.K.) Co., Ltd.
Published & Printed in Hong Kong

目錄 CONTENTS

用科普，講好中國故事

作為一名科學家，我非常高興星球研究所繼《這裏是中國》後，推出第二部地理科普作品——《這裏是中國 2》。新書聚焦近代 100 年來中國的地理變遷，講了一個讓我深有感觸的話題——百年重塑山河，建設改變中國。

我出生於苦難歲月，經歷過國家受侵略時的顛沛流離。同時作為一名科技工作者，我見證了國家站起來、富起來和強起來，深知「百年重塑山河，建設改變中國」兩句話的分量與意涵。

在我讀書和成長的時代，也就是 20 世紀 50 年代，國家號召：「年輕的學子們，你們要去喚醒沉睡的高山，讓它們獻出無盡的寶藏。」這句話深深打動了我及那個時代的人，我們立志要為國家的工業化添磚加瓦，為建設新中國奉獻青春。

在我所從事的航天領域，我直接參與和見證了中國探月工程和深空探測工程走過的不凡之路。1958 年，我將目光轉向太空，開始為中國開展月球探測做準備。經過 35 年的準備，1994 年，我們開始做中國探月工程的論證，這一論證又歷經 10 年。2004 年，中國正式開展月球探測工程，並將其命名為「嫦娥工程」。到今天，中國探月工程已實現了「繞」、「落」、「回」三步走戰略，走出了一條自力更生、自主創新的道路。我相信，在自主創新的道路上，我們有能力飛得更遠。

「百年重塑山河，建設改變中國」不是空話，而是實實在在地發生在近代以來的 100 年裏，是我們這片土地上的故事。它值得向每一個中國人講述，也與每一個中國人息息相關。航天強國，是建設改變中國的一方面。通過《這裏是中國 2》，我們可以對百年中國地理變遷、建設改變中國有更全面、更深入的理解。

習近平總書記提出：「科技創新、科學普及是實現創新發展的兩翼，要把科學普及放在與科技創新同等重要的位置。」我堅信，兩翼齊飛，中國必將騰飛。做好科學研究是我的天職，提高廣大公眾的科學素質也是我義不容辭的責任。所以，我樂意向公眾推薦好的科普作品，也希望星球研究所繼續腳踏實地，創作出更多、更好的科普作品，講好中國故事。

中國科學院院士
歐陽自遠
2021 年 5 月 12 日

重塑一片山河，改變一個國家

看到這本《這裏是中國 2》，我的內心是激動的。

因為在這本書中，星球研究所創作團隊以圖文並茂的形式，展示了中國近現代 100 年的巨大變化，涉及交通、能源、水利、生態、航天等諸多方面。文字深入淺出，飽含作者團隊對這片土地的熱愛。

作為一名畢生從事測繪遙感事業的工作者，我應該是現代中國建設成就的一名特殊見證者，因為我的工作一直是從空天地觀察我們的偉大祖國。在這片土地上發生的太多變化，都會被我們的航空攝影設備和衛星遙感忠實記錄。可以說，近代以來的 100 年，是我們的國家建設變化最大的時期：從沒有一根鋼軌，到鐵路、公路縱橫四方；從沒有一盞電燈，到 14 億人全民通電；西氣東輸、南水北調、月球探測、登陸火星、載人航天、北斗導航等諸多激動人心的重大工程逐一實現。

100 年有多久？100 年會發生什麼？100 年間，我們做了什麼？

我想我們大家的答案會是：

100 年，我們重塑了一片山河；

100 年，我們振興了一個民族；

100 年，我們改變了一個國家。

能把這 100 年的發展與變化系統地、科學地、通俗易懂地展現出來，是一件非常值得鼓勵的事。因為我們不僅要了解中國的自然山川，也要了解中國的燦爛文明，更要了解我們的父輩和我們共同為之奮鬥的現代中國。

正值全國人民歡慶中國共產黨成立 100 週年之際，我們要共同來講好現代中國的建設之美，講好現代中國的家園之美。希望星球研究所能不斷做下去，創作出更多美好的作品。

中國科學院院士、中國工程院院士

李德仁

2021 年 5 月 12 日

從三大時間尺度看中國地理

歷時近兩年，《這裏是中國 2》終於和大家見面了。

在上一本書中，我們帶領大家從空間上理解中國地理，以三級階梯為主綫，展現中國從西到東、從荒原到人間的地理環境變化。而從這一本開始，我們將帶領大家從時間尺度理解中國地理。

我們可以用三個時間尺度來理解中國地理。

第一個時間尺度，是 6500 萬年來的中國。6500 萬年來，印度洋板塊與歐亞板塊的碰撞，形成了中國的三級階梯，塑造了華夏的山山水水。這是數億年來，藍色星球上最重要的造山事件。我們因此擁有全球最多的極高山，擁有全球最大的中低緯度冰川活動中心，擁有全球典型的季風氣候，擁有作為亞洲大江大河源頭的亞洲水塔。這樣極致的華夏山水，值得我們去探索，去發現，去記錄。

第二個時間尺度，是 1 萬年來的中國。1 萬年來，從農業起源開始，我們創造了藍色星球上最燦爛的文明之一。我們改造地表，建設農田、村鎮、城市，那些宏大的文明遺跡，至今在這片土地上存留和延續。這樣燦爛的中華文明，值得我們去探索、去發現、去記錄。

第三個時間尺度，是 100 多年來的中國。100 多年來，從清朝末年開始修建鐵路、公路，到現代中國正在經歷藍色星球上前所未有的地表塑造，包括各種連接全國的基礎設施，如鐵路、公路、橋樑、港口等，各種前所未有的超級工程，如南水北調、西氣東輸、三峽工程等，還有最大規模的城市崛起。我們正在經歷這一過程，見證這一過程。這樣巨變的現代中國，值得我們去探索、去發現、去記錄。

三個時間尺度，三個宏大的主題 —— 華夏山水、中華文明、現代中國 —— 構成了一個從自然到文明、從傳統到現代的豐富多彩的中國，也構成了我們「這裏是中國」系列接下來三本書的主題。

今年是中國共產黨成立 100 週年，以此為契機，我們優先從 100 年的時間尺度開始，為你呈現現代中國的地理面貌。

100 年來的中國，發生了什麼？我們每一個人都是見證者，對此都有著各自不同的理解。而本書將打造一種全新的架構，一定會讓你對現代中國擁有全新的認知。它分為四個部分，包括連接、重組、家園、夢想。你將會看到中國是如何一步步跨越大江大河、跨越高山峽谷、跨越海峽海灣，將這個龐大的國家連成一體的；你將看到中國是如何實現前所未有的資源大範圍調動重組的；你將看到中國正在為恢復青山綠水、恢復美好家園而做的各種努力；而在最後一章，你將看到我們不僅重塑了地表，還在仰望星空的道路上不斷奮進。

此外，這次也將同樣給你帶來極致的視覺體驗。185 位攝影師和 16 家機構的 265 幅攝影作品、星球研究所設計師和地圖師精心準備的 80 張製圖，尤其是 4 張最長可達 1.6 米的拉頁，將展現一個「長長的中國」。

請和我們一起繼續那個夢想：

有一天，我們要將中國的雪山看遍！

有一天，我們要將中國的江河看遍！

有一天，我們要將中國的城市看遍！

⋯⋯

這裏的「我們」，也包括你。

星球研究所所長
耿華軍

2021 年 5 月 1 日

100 年 建設

改變中國

蘭新高鐵行駛在祁連山下 / 攝影　章力凡

2014 年，蘭新高鐵全線建成通車，連接了甘肅、青海、新疆等西北省區。2017 年，隨著徐蘭高鐵全線通車，
蘭新高鐵與全國高鐵網絡相連，二者構成一條東西向高鐵通道。

三峽水電站發電機組 / 攝影　宋金戈

水輪發電機組是水電站的核心設備。電源電站裝有 2 台 5 萬千瓦水輪發電機組，在三峽大壩左岸和右岸後部的電站廠房內，共裝有 26 台 70 萬千瓦的水輪發電機組，在右岸地下電站廠房內，還裝有 6 台 70 萬千瓦的水輪發電機組，總裝機容量共 2250 萬千瓦。70 萬千瓦的機組曾是世界上單機容量最大的水輪發電機組。目前白鶴灘水電站的水輪發電機組已經達到 100 萬千瓦。

「海洋石油943」鑽井平台／攝影　李彥昭・中國海油

「海洋石油943」自升式鑽井平台正在惠州26-6區塊進行鑽探作業，該油氣田是珠江口盆地自營勘探最大的油氣田。

古典和現代融合的北京／攝影　張自榮

從西周燕都算起，北京建城已有三千多年。經過歷朝歷代的建設以及今天
的發展，北京已是一座古典與現代相融合的大都市，是全國的政治中心、
文化中心和國際交往中心。圖上紅牆黃瓦的故宮與鱗次櫛比的 CBD（中央
商務區）高樓，在同一空間下見證著不同的時代。

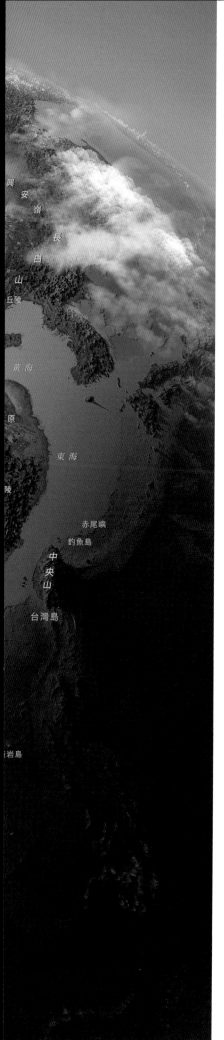

興安嶺
長白
山
丘陵
黃海
原
東海
陵
赤尾嶼
釣魚島
中央
山
台灣島
岩島

壹 緣起

100 多年前的中國陷入黑暗,而當我們努力走出黑暗,開始利用現代力量建設我們的國家時,面對的不僅僅是貧窮與落後,還有破碎的山河。

960 多萬平方千米的陸地國土看似面積廣大,山地與丘陵卻佔 60% 以上。四大高原、四大盆地和三大平原鑲嵌在縱橫交錯的山地中,形成各自獨立的地理單元,彼此連接困難。

巨大的青藏高原約佔中國陸地面積的 1/4,是世界上海拔最高的高原。黃土高原土壤質地疏鬆,溝壑縱橫,墚峁眾多。雲貴高原遍佈石灰岩,強烈的溶蝕作用致使地上地下千瘡百孔。此外,沙漠戈壁廣佈西北,高山峽谷遍佈西南,在相對平坦的東部,大江大河多自西向東流淌,缺少縱貫南北的天然航道。

交通阻隔之外,資源的分佈也極不均衡。能源、礦產主要分佈在生態相對脆弱的地區,遠離經濟發達、人口密集的主要消費區。

中國地形圖

在中國遼闊的大地上,有雄偉的高原、起伏的山嶺、廣闊的平原、低緩的丘陵,還有四周群山環抱、中間低平的盆地。這些形態各異的地形,以山脈為骨架,交錯分佈。其中,山區面積佔到全國總面積的 2/3,這是中國地形的顯著特徵。

以中國最重要的一次能源[1]煤炭為例，山西、內蒙古、陝西、新疆、貴州五省區的儲量[2]居然佔全國的 3/4 以上，而上海、廣東、廣西、江蘇、浙江、湖南、湖北則少有煤炭資源分佈。中國水資源的 4/5 以上分佈在南方，北方卻不足 1/5，再加上降水和徑流的年際、年內巨大變化，使中國成為世界上旱澇災害發生最頻繁的國家之一。

再者，歷經數千年的開發，中國還面臨著嚴重的環境危機。1949 年新中國成立時，中國的森林覆蓋率約為 11.4%。當時，幾乎所有耕地的土壤養分都被大幅消耗，尤其是氮，土地鹽鹼化、沙化嚴重，以致環境史學家馬立博（Robert B. Marks）在其代表作《中國環境史》中寫道：

> 「中國共產黨所繼承的，是一個嚴重退化的自然環境。」

交通阻隔，資源分佈不均，環境惡化⋯⋯我們該如何重整山河？

---

1 一次能源，即直接來自自然界、未經加工轉化的能源。
2 在煤炭資源術語中，儲量是指可供建井的資源儲量扣除礦井設計損失和採礦損失的資源量。

右上圖　青藏高原群峰林立 / 攝影　劉彥斌
圖上為南迦巴瓦峰（右側）和加拉白壘峰（左側）。南迦巴瓦峰位於喜馬拉雅山脈東端，海拔 7782 米。加拉白壘峰與南迦巴瓦峰隔江相對，卻屬念青唐古拉山脈。

右中圖　溝壑縱橫的黃土高原 / 攝影　任世明
黃土高原位於太行山以西、烏鞘嶺以東、秦嶺以北、長城以南，是世界上最大的黃土堆積區。這裏土質疏鬆，流水的侵蝕作用非常明顯。

右下圖　廣西平樂喀斯特地貌下的農田與村莊 / 攝影　陸宇塑
喀斯特地貌又稱岩溶地貌，中國西南地區充沛的降水與廣泛分佈的可溶性石灰岩，讓這裏有著極為豐富的喀斯特地貌景觀。

貳 連接

雲南、四川、貴州三省交界處 / 攝影　柴峻峰

長江上游支流赤水河流經雲南鎮雄、四川敘永和貴州畢節交界處時，切割
出一條河谷，阻隔了三省的交通，形成雞鳴三省之地。

赤水河　　　　　　　　　　　雲南鎮雄

第一個關鍵就是連接。即使跨越大江大河，
跨越高山峽谷，跨越海峽海灣，也要把這個
龐大的國家連成一體。

四川敘永　　　　赤水河　　　　　　　　　　　　　　　貴州畢節

19 世紀末 20 世紀初，鐵路和公路相繼在中國起步[1]，但是二者都面臨一個相當大的挑戰，即如何跨越眾多的江河。1906 年，從北京到漢口的京漢鐵路建成。1936 年，從廣州到武昌的粵漢鐵路通車。一北一南兩條鐵路在武漢相聚，卻只能隔著滾滾長江相望。雖然在此前後，松花江、錢塘江、黃河及一些城市河道上已建起一批近現代橋樑，但長江的天險一直未能突破。其間的 1913 年、1929 年、1936 年、1946 年，茅以升、梅暘春等橋樑專家四次提出建橋方案，都無果而終。

新中國成立後的 1950 年，梅暘春再次組織專家討論建橋方案。經過數年籌備，1955 年，大橋終於作為國家「一五」計劃的重點工程開始動工建設，1957 年正式建成通車，這便是有著「萬里長江第一橋」之稱的武漢長江大橋。一橋飛架南北，連接京漢和粵漢兩條鐵路，這才有了中國第一條縱貫南北的鐵路大動脈 —— 京廣鐵路。之後，重慶第一座長江大橋 —— 白沙沱長江大橋於 1959 年建成[2]，南京第一座長江大橋 —— 南京長江大橋於 1968 年建成。

截至 2020 年年底，長江幹綫共擁有 111 座跨江大橋，再加上十餘條過江隧道，已形成 120 多條過江通道，平均 23 千米就有一條，真可謂「天塹變通途」[3]。

1　近代，中國的鐵路發展先於公路。1865 年，英商杜蘭德在北京宣武門修建了一條長約 0.5 千米的小鐵路，後因遭到反對而被拆除。1876 年，英商在上海建成一條長約 14.5 千米的鐵路，運營約一年後被拆除。1878 年，為適應開平煤炭外運的需要，清政府自籌資金，建成唐胥（唐山至胥各莊）鐵路。中國近代公路的建設始於 20 世紀初，1906 年，中國第一條公路在廣西的友誼關至龍州成功修建。

2　2019 年 4 月 24 日，白沙沱長江大橋正式停用。在其下游 100 米處，新白沙沱長江大橋自 2018 年 1 月起接起老橋的使命。

3　根據國家發改委 2020 年發佈的《長江幹綫過江通道佈局規劃（2020—2035 年）》，長江幹綫是指從雲南水富至長江入海口的江段，全長 2838 千米，是目前世界上運量最大、運輸最繁忙的內河水運通道，也是長江經濟帶生態環境保護的核心廊道。根據該規劃，到 2035 年將建成過江通道 240 座左右。

俯瞰「武漢半島」和長江橋樑／攝影　肖森煒

武漢是座江城，長江貫通而過。在這張從漢陽方向拍攝的圖片上，長江從畫面右側奔流而來，再從畫面左側離開武漢，武昌被長江環繞，形似半島。江面上十多座橋樑連接起長江兩岸的武漢三鎮。截至 2020 年 11 月，武漢建成的長江大橋有 11 座。目前在建的有雙柳長江大橋，在規劃中的有光谷長江大橋。

中國東部的河流多在平地蜿蜒，而西部的河流卻大量穿行在高峽深谷之中。1901 年，法國殖民者組織修建從雲南昆明到越南海防的滇越鐵路，80% 的綫路穿梭於崇山峻嶺之中，其中跨越四岔河谷的人字橋最為驚險。河谷兩側峭壁直立，橋面至谷底高達 102 米。修建過程全由人工開鑿堅石，形成基座，橋體大小部件總重 200 多噸，均依靠人扛馬馱運至現場。至大橋完工，共造成 800 多名工人喪生，可見跨越峽谷之難。

然而，隨著中國橋樑建造技術的進步，當 1999 年中國決定進行西部大開發時，中國人跨越峽谷的能力已經不可同日而語。

2012 年建成通車的湖南矮寨大橋，跨越沅江支流德夯河，峽谷相對高差達 500 米[1]，僅處理橋塔下方的一個大型溶洞，就要灌注一萬餘立方米的混凝土，主纜和鋼桁樑則要在三四百米高的空中架設，單件吊裝重達 240 噸。即便如此艱難，在大橋施工過程中，也沒有發生一起重大安全事故，以「零傷亡」的成績交出一份完美答卷，為世界矚目。而 2016 年建成的貴州北盤江第一橋，橋面到江面的垂直距離達 565 米，已是滇越鐵路人字橋的 5 倍有餘，至今仍是世界第一高橋[2]。

1　橋面到峽谷谷底高差達 355 米。
2　此處高度是指橋樑建築高度，即橋上行車路面（或軌頂）標高至橋跨結構最下線的距離。

滇越鐵路人字橋 / 攝影　舒駿逸
滇越鐵路人字橋即五家寨鐵路橋，位於雲南屏邊苗族自治縣，是滇越鐵路的標誌性建築。人字橋於 1908 年開工，架設在相距 67 米左右的峭壁之間，下面是 100 米深的峽谷。

杭瑞高速北盤江第一橋 / 攝影　高博

該橋位於雲南宣威與貴州水城之間的尼珠河上，全長 1341 米，橋面到谷底高
度達 565 米，被譽為「世界第一高橋」。

連接全中國，我們不僅要跨越江河峽谷，還要穿越座座大山。1887 年，台灣首任巡撫劉銘傳主持修建從基隆到新竹的鐵路，清軍築路官兵用粗笨的工具，耗時 30 個月才打通全長僅有 235 米的中國第一條鐵路隧道——獅球嶺隧道。

到 20 世紀 60 年代，新中國修建了穿越太行山的驛馬嶺隧道，其長度已突破 7 千米。20 世紀 80 年代，穿越嶺南山地的大瑤山隧道開始大量採用重型機械作業，長度已突破 14 千米。

到 2020 年年底，中國已建成 11 座長度超過 20 千米的特長鐵路隧道，公路與鐵路隧道合計 3.8 萬條，總長達 4.2 萬千米，相當於沿著地球赤道繞了一圈。

放眼全國，崑崙山、祁連山、天山、橫斷山、秦嶺、呂梁山、太行山、燕山、雪峰山、武夷山、武陵山、南嶺等一眾山脈，已全都被大小隧道貫穿，山兩側不再有阻隔。

就這樣，跨越大江大河，跨越高山峽谷，跨越海灣海峽，連接島嶼島礁，穿越沙漠戈壁，穿越高原凍土，終於形成了一個連接全國的交通網絡，這一網絡包括 519.81 萬千米的公路網（其中高速公路網 16.1 萬千米）和 14.6 千米的鐵路網（其中高速鐵路網 3.8 萬千米）。這個網絡還以巨大的魄力兼顧東西部平衡，打通城鄉。它就像毛細血管一樣延伸至邊疆，延伸至各個村莊。

此外，12.77 萬千米的內河航道通航里程，以及 2.2 萬個港口泊位，連接著全國主要水系和口岸。241 個民用航空機場又織成了一張天空之網。

雅葉高速穿過瀘定隧道／攝影　姜曦

雅葉高速是四川雅安到新疆葉城的高速，在瀘定大渡河附近，它要穿過多個
隧道、橋樑。圖上從右至左，依次是新二郎山隧道口瀘定出口、瀘定隧道、
大渡河興康特大橋和沙灣隧道。

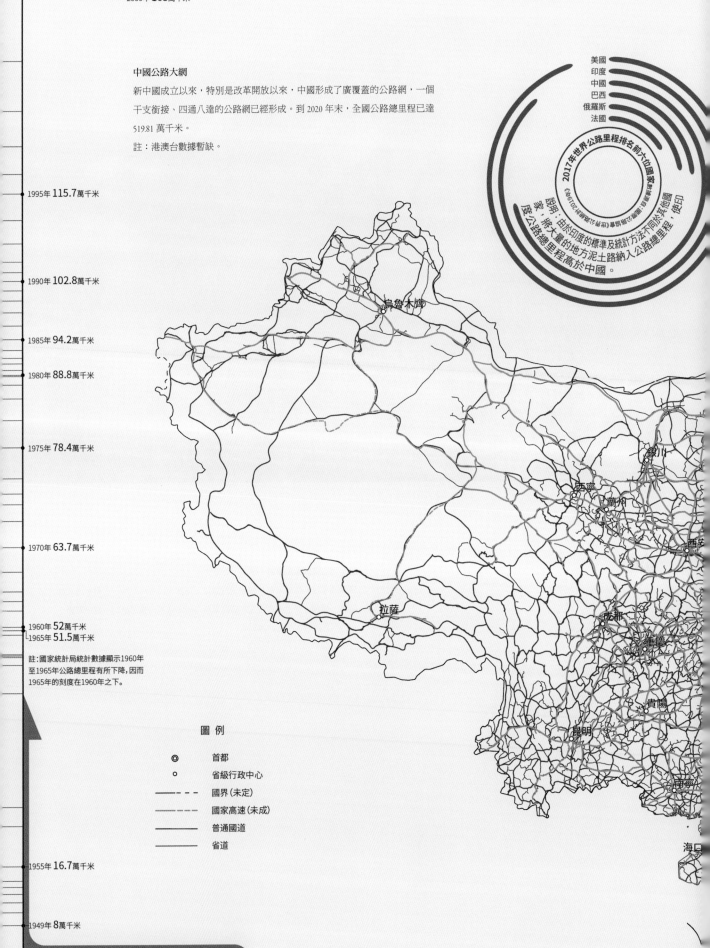

2000年 **168**萬千米

中國公路大網

新中國成立以來，特別是改革開放以來，中國形成了廣覆蓋的公路網，一個
干支銜接、四通八達的公路網已經形成。到 2020 年末，全國公路總里程已達
519.81 萬千米。

註：港澳台數據暫缺。

1995年 **115.7**萬千米

1990年 **102.8**萬千米

1985年 **94.2**萬千米

1980年 **88.8**萬千米

1975年 **78.4**萬千米

1970年 **63.7**萬千米

1960年 **52**萬千米
1965年 **51.5**萬千米

註：國家統計局統計數據顯示1960年
至1965年公路總里程有所降下，因而
1965年的刻度在1960年之下。

美國
印度
中國
巴西
俄羅斯
法國

2017年世界公路里程排名前六位國家

1955年 **16.7**萬千米

1949年 **8**萬千米

1 9 4 9 年 以 來
中國公路總里程變化(每刻度代表一年中公路里程增長量)

烏魯木齊

銀川

西寧
蘭州

西安

拉薩

成都

重慶

貴陽

昆明

南寧

海口

圖 例

◎　　首都
○　　省級行政中心
—— - - -　國界 (未定)
——————　國家高速 (未成)
————　普通國道
————　省道

國家高速
普通國道
省道

2005年 **334.5**萬千米
（2005年起公路里程包括村道）

2010年
400.8萬千米

2015年
457.7萬千米

哈爾濱

長春

瀋陽

海特

北京

天津

石家莊

青島

鄭州

蘭州

合肥

南京

上海

武漢

杭州

南昌

長沙

福州

台北

廣州

香港

澳門

南寧

廣州

香港

澳門

海口

2020年 **519.8**萬千米
（數據源自：2020年交通統計公報）

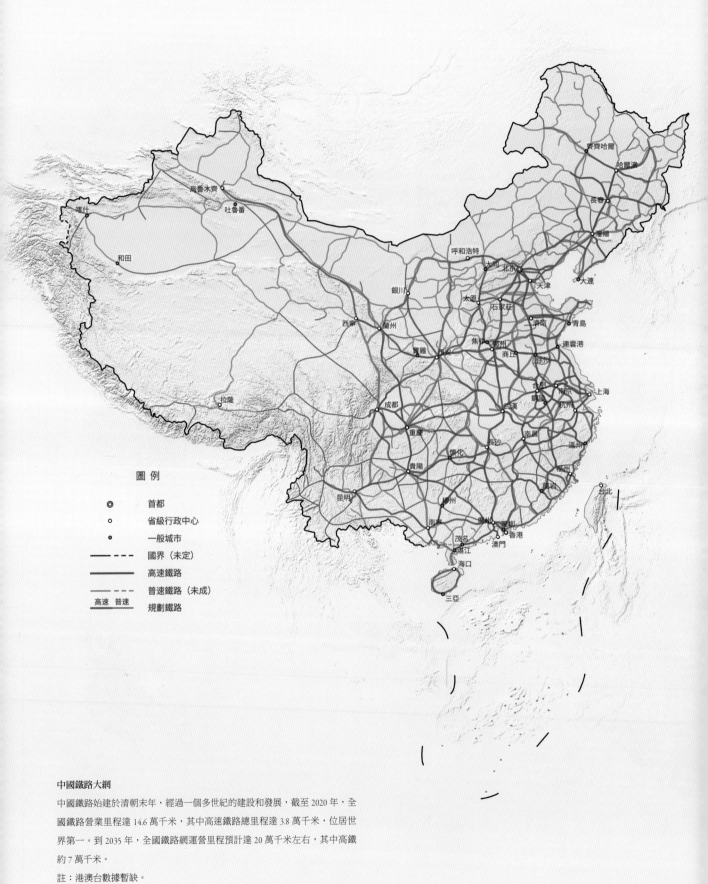

齊齊哈爾
哈爾濱
長春
瀋陽
大連
呼和浩特
烏魯木齊
大同
北京
天津
喀什
吐魯番
銀川
太原
石家莊
青島
和田
西寧
蘭州
濟南
連雲港
焦作
鄭州
寶雞
西安
商丘
徐州
拉薩
成都
合肥
蚌埠
南京
上海
武漢
杭州
溫州
重慶
南昌
長沙
懷化
貴陽
福州
廈門
台北
昆明
柳州
南寧
湛江
茂名
廣州
深圳
香港
澳門
海口
三亞

圖 例

◎　首都
○　省級行政中心
•　一般城市
——— - - -　國界（未定）
━━━━━━　高速鐵路
──── - - -　普速鐵路（未成）
高速 普速　規劃鐵路

中國鐵路大網

中國鐵路始建於清朝末年，經過一個多世紀的建設和發展，截至 2020 年，全
國鐵路營業里程達 14.6 萬千米，其中高速鐵路總里程達 3.8 萬千米，位居世
界第一。到 2035 年，全國鐵路網運營里程預計達 20 萬千米左右，其中高鐵
約 7 萬千米。

註：港澳台數據暫缺。

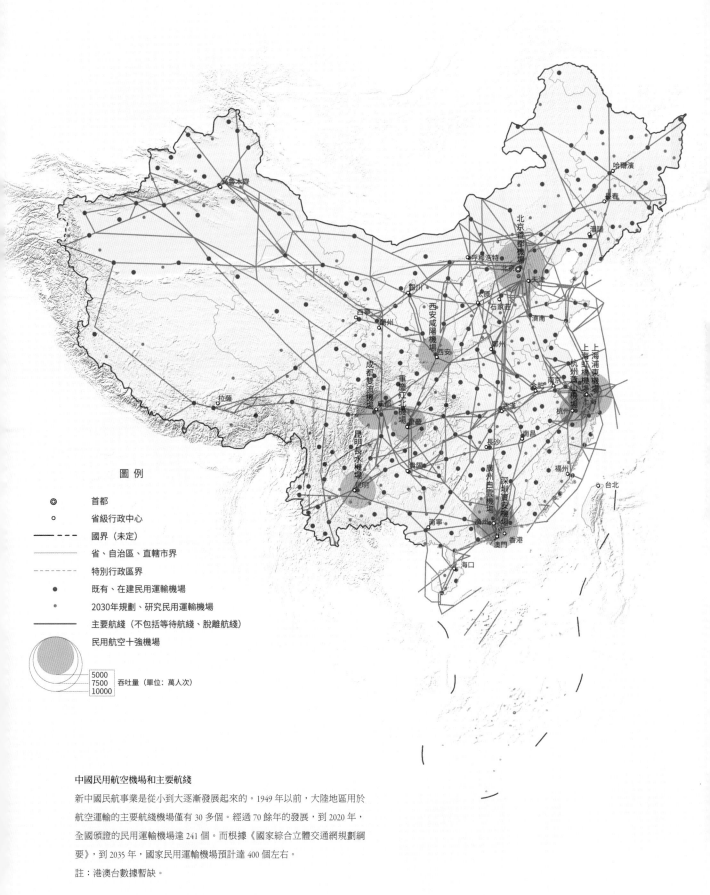

圖例

◎　首都

◦　省級行政中心

━━━ ----　國界（未定）

───────　省、自治區、直轄市界

--------　特別行政區界

●　既有、在建民用運輸機場

·　2030年規劃、研究民用運輸機場

━━━━　主要航綫（不包括等待航綫、脱離航綫）

民用航空十強機場

5000
7500　吞吐量（單位：萬人次）
10000

中國民用航空機場和主要航綫

新中國民航事業是從小到大逐漸發展起來的。1949年以前，大陸地區用於
航空運輸的主要航綫機場僅有30多個。經過70餘年的發展，到2020年，
全國頒證的民用運輸機場達241個。而根據《國家綜合立體交通網規劃綱
要》，到2035年，國家民用運輸機場預計達400個左右。

註：港澳台數據暫缺。

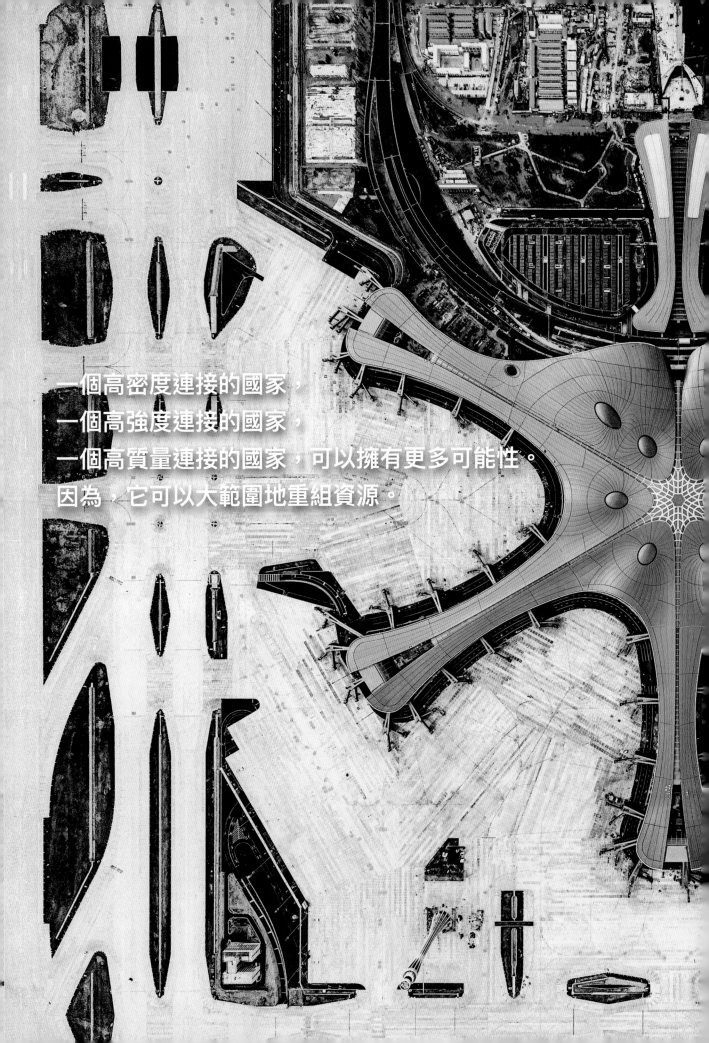

一個高密度連接的國家，
一個高強度連接的國家，
一個高質量連接的國家，可以擁有更多可能性。
因為，它可以大範圍地重組資源。

北京大興國際機場全景／攝影　陳肖

北京大興國際機場形如展翅的鳳凰，2019 年 9 月 25 日開始通航運營。其定位為大型國際航空樞紐，滿足年旅客吞吐量一億人次需求，已是中國的「新國門」。

被全面連接的中國，每年可以完成 176 億人次的營業性客
運運輸、1279 億人次的城市客運運輸及 462 億噸的貨物運
輸。[1] 相當於全國 14 億人，每人每年乘坐鐵路、民航、公交
等 104 次，每人每年分得 33 噸的貨物。龐大數字的背後，
是對全國各類資源的大範圍調配重組。

重組 叁

1　數據源自中國交通運輸部發佈的《2019 年交通運輸行業發展統計公報》。

中國人口分佈圖
中國人口空間分佈的東西差異十分明顯，一些地區形成人口分佈的「山峰」。
根據第七次全國人口普查的數據，中國東部地區人口佔到 39.93%，中部地區
佔 25.83%，西部地區佔 27.12%，東北地區佔 6.98%，人口向經濟發達區域、城
市群進一步集聚的趨勢明顯。
註：港澳台數據暫缺。

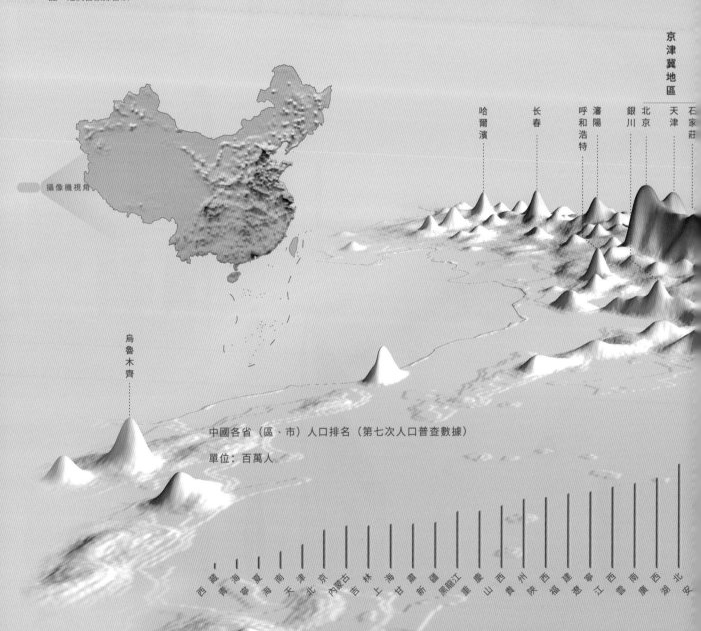

京津冀地區

哈爾濱　长春　瀋陽　呼和浩特　銀川　北京　天津　石家莊

攝像機視角

烏魯木齊

中國各省（區、市）人口排名（第七次人口普查數據）

單位：百萬人

首先是人口資源的重組。人口不斷向東部沿海地區聚集，向大、中城市聚集。聚集的人口帶來了這顆星球上最大規模的城鎮化，包括 6 個城區常住人口超 1000 萬的超大城市、10 個城區常住人口超 500 萬的特大城市，以及 77 個城區常住人口超 100 萬的大城市 [1]。

人口的聚集會帶來顯著的規模效應，既能節約有限的國土空間，又能帶來公共服務水平的提升，並催生更大的市場。人們在這裏能夠獲得更好的醫療資源、教育資源和文化資源，並找到更多的商業機會。各個城市、各個區域又分別形成各自的優勢產業群，再通過便捷的交通網絡與全國乃至全球進行物資交流。長沙的大型機械、唐山的鋼鐵、重慶的筆記本電腦、鄭州的智能手機、深圳的電子產品、大連的船舶製造等，都是在當地形成的產業集群典型案例，它們不斷向海內外輸送著優勢產品。

1　根據國務院 2014 年 11 月 20 日發佈的《國務院關於調整城市規模劃分標準的通知》，城區常住人口 100 萬以上 500 萬以下的為大城市，500 萬以上 1000 萬以下的為特大城市，1000 萬以上的為超大城市。根據中國住房和城鄉建設部 2020 年 12 月 31 日發佈的《2019 年城市建設統計年鑒》，2019 年，北京、天津、上海、廣州、深圳及重慶 6 座城市的城區常住人口在 1000 萬以上，瀋陽、南京、杭州、濟南、青島、鄭州、武漢、東莞、成都和西安 10 座城市的城區常住人口為 500 萬至 1000 萬，石家莊、唐山、秦皇島等 77 座城市的城區常住人口為 100 萬至 500 萬。

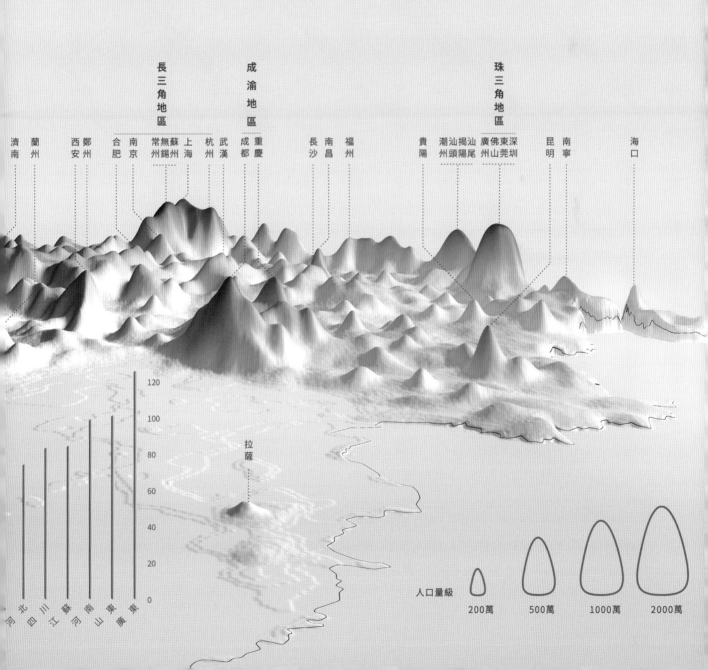

在農業領域，水利設施以及各類農業技術的應用促進了北方糧食產量提升，南方的土地則被更多地用來種植經濟作物，並進行非農業開發，從而在今天形成北糧南運的格局。與此對應的是，南方豐富的水果又大量北運，形成南果北上的供應特點。在礦產領域，山西、內蒙古、陝西、新疆、貴州等省區的煤炭不斷被運往東部、南部地區，這便是北煤南運或西煤東運。

此外，還有更多的資源重組發生在更大的領域。

2000 年，貴州烏江幹流上的洪家渡水電站開工建設，標誌著中國開始系統性地利用西部電力資源，並向東部輸送。在西南地區，高差巨大的地勢讓這裏的江河急劇下切，使其蘊藏極其豐富的水電資源。而在西北和北方地區，豐富的煤炭資源也並不需要全部進行遠距離運輸，人們在煤礦附近直接建設火力發電站，再將電力向外輸送，這便是西電東送。得以實現西電東送的基礎設施，是全國統一的電力網絡。截至 2019 年，中國 330 千伏及以上的輸電綫路長達 30.2 萬千米，構成了世界上規模最大的互聯互通的大電網。

水電資源之外，還有一種資源也在國土上進行著調配重組。2002 年，一條全長 4200 千米的管道工程開工，它要把直徑約 1 米的管道從新疆一直鋪到上海，途經 10 個省（市、區），穿越大小河流 1500 多條。管道中輸送的正是西部富集、東部短缺的天然氣，這便是西氣東輸一綫工程。

之後，川氣東送工程、西氣東輸二綫工程、中緬油氣管道、西氣東輸三綫工程、中國—中亞天然氣管道、中俄東綫天然氣管道等相繼開工建設。到 2019 年，中國已經形成一個長度超過 8.7 萬千米的全國性天然氣主幹管道網絡，每年可將數千億立方米的天然氣從中國西部及俄羅斯、中亞等地輸送到全國各地。

同樣在 2002 年，南水北調工程正式開工。它將用數十年時間，在中國大地上建設東、中、西三條大型水道，每年可將 400 多億立方米的水流，從富水的南方調往乾渴的北方。這樣的跨流域調水不只南水北調一個工程，中國已經建成或在建的還包括河北與天津之間的引灤入津、山東的引黃濟青、陝西的引漢濟渭、甘肅的引大濟秦、安徽的引江濟淮等調水工程。

上左圖　河西走廊農村機械化收割場面 / 攝影　劉忠文
甘肅河西走廊，狹小的農田在全面推行機械化收割。新的農業機械、技術的
使用，促進了糧食產量的提升，保障著中國的糧食安全。

上右圖　廣西貴港百香果田與水稻田 / 攝影　傅鼎
廣西貴港的百香果田與水稻田在大地上如一組拼貼畫。南方因地制宜種植經
濟作物，讓人們的餐桌、果籃日益豐富。

西藏昌都的輸電塔／攝影　趙永清
2014 年，川藏電力聯網工程正式投運，輸電綫路跨過一片又一片無人區，
將電力送往四川甘孜、西藏昌都等電力短缺的地區，與當地民眾共享中國
電力事業的發展成果。

就這樣，人口遷移、產業聚集、北糧南運、
南果北上、北煤南運、西電東送、西氣東
輸、南水北調，一個個大範圍、大規模的資
源重組，讓這個原本資源分佈極不平衡的國
家，得以釋放潛力，高速運轉。

高速運轉的中國，歷經上下五千年，尤其是最近 100 多年的劇烈開發，還面臨著一個
嚴峻的問題，即如何修復受損的生態環境，恢復綠水青山。

肆 修復

1978 年，一項超級工程與改革開放同期啟動。它沒有鋼鐵洪流，主角是一棵棵看似柔弱卻充滿生命力的草木。它至今仍未完成，其規劃工期長達 73 年，直到 2050 年才能收官。它雄心勃勃，要在西北、華北、東北的 13 個省區市和新疆生產建設兵團實現防風固沙、水土保持等生態修復。它就是迄今世界上最大的林業生態工程——三北防護林體系建設工程。

雖然三北防護林工程在實施之初走過彎路，比如喬木灌木比例設置不合理、林木撫育不及時，造成工程前期成林率偏低，但仍然大幅改善了三北地區的生態環境。區域內水土流失面積減少了 66% 以上，科爾沁沙地、毛烏素沙地、河套平原等地的沙化土地得以減少，生態狀況明顯好轉。

此後，中國又先後實施了長江中上游防護林體系建設工程、沿海防護林體系建設工程、岩溶地區石漠化綜合治理工程、天然林保護工程、退耕還林還草工程、京津風沙源治理工程等一系列生態工程。這些工程平均每年種出 1.25 個深圳市面積的森林，全國的森林覆蓋率從 1949 年的約 11.4% 增加到 2020 年的 23.6%，新增森林面積與內蒙古自治區面積相當。

經過一系列的整治，生態惡化了千年的黃土高原已是滿目綠色，水土流失情況顯著好轉。僅在延安，在 1999 年到 2015 年，累計的退耕還林面積就高達 1070 萬畝左右。這也讓氾濫千年的黃河年均輸沙量驟降 90% 以上，就連曾經因黃河泥沙不斷而擴大的黃河三角洲，也開始以年均 2.53 平方千米的速度在萎縮。黃河水清如許，真是時移世易，滄海桑田。

上圖　甘肅白銀段黃河鸇陰古渡處／攝影　王生暉

鸇陰古渡是兩漢時期的繁忙渡口，悠悠千年，如今農田和防護林點綴兩岸的綠意，涵養黃河上游水土。黃河流域的生態環境治理，大大減輕了黃河中上游地區嚴重的水土流失，黃河年均輸沙量大幅度減少，「黃河清」的時間越來越長。

下圖　廣西北海紅樹林生態海岸／攝影　梁傑

紅樹林是生長在熱帶、亞熱帶海岸潮間帶灘塗上的木本植物群落，有「海岸衛士」、「防浪先鋒」之稱，它對保護海洋生物多樣性、固岸護堤、淨化海水和空氣有著重要的作用。

除了國土綠化，我們還需要保衛藍天。大氣污染成因的複雜性，注定了對抗霧霾必須是一場持續的全民運動。數百萬戶家庭通過「煤改氣」或「煤改電」，結束了燒散煤的歷史，變化的背後又是西氣東輸、西電東送等一系列工程的支撐。全國所有煤電機組均安裝了廢氣處理設施，並淘汰了落後的煤炭產能。在農村，大量秸稈變身為肥料、飼料，而非直接焚燒。在城市，軌道交通佔比幾乎成倍增長，大量城市對燃油汽車實行限購、限行。2020 年，全國新能源汽車的年產銷量連續 6 年世界第一，累計銷售 550 萬輛。

經過一系列的行動，以曾經霧霾最嚴重的北京為例，2020 年北京全年四分之三的時間為空氣質量優或良，而全國 337 個地級及以上城市平均空氣質量為優或良的天數比例更是達到 87%。

在中國，還有為實現「碧水」而進行的水環境治理工程。以長江為例，長江流域幹、支流沿岸鐵腕治江，大力關停或轉遷化工企業，水質迅速改善，水質優良（Ⅰ～Ⅲ類）斷面比例為 83.4%，劣 Ⅴ 類斷面比例為 0.6%。[1] 還有為保護土壤而進行的淨土保衛戰，這包括禁止「洋垃圾」入境、實施重金屬減排等諸多舉措。

1　數據來自生態環境部 2021 年 1 月 16 日通報的 2020 年 1—12 月全國地表水、環境空氣質量狀況。

西安高新區霧霾天和藍天對比 / 攝影　王警
隨著經濟的迅速發展，污染物排放量也在快速增長，霧霾天氣越來越頻繁，如何治理霧霾、保衛藍天，這成為新的挑戰。

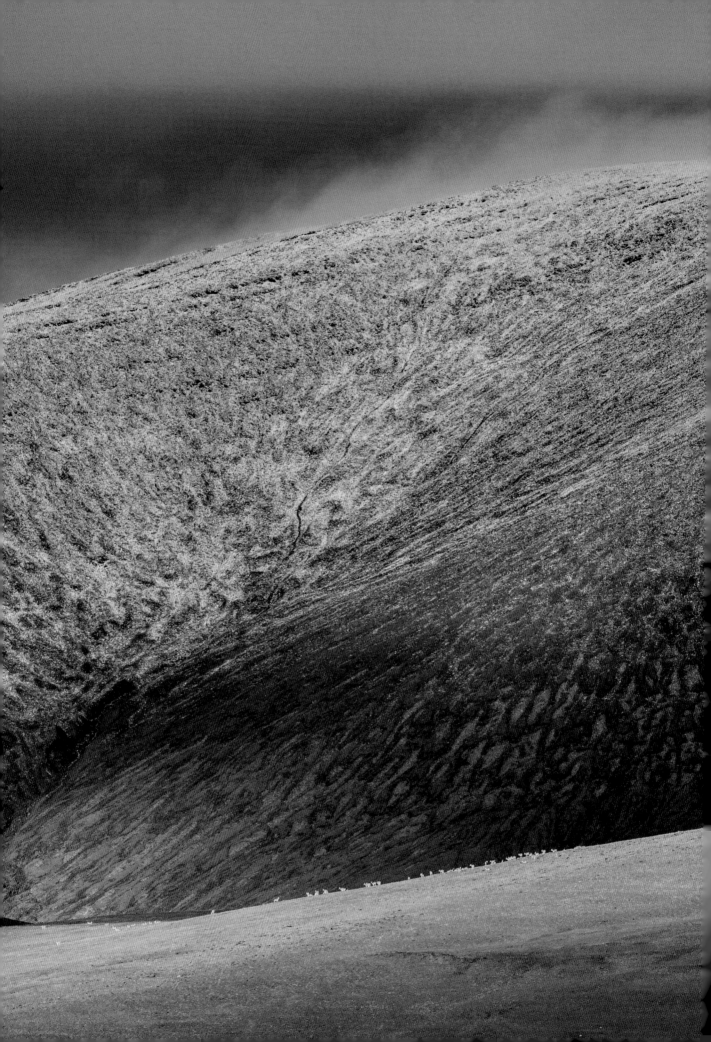

在這片國土之上，我們不僅要改善人類的生存空間，還要實現與其他物種和諧相處。
截至 2019 年年底，全國共建立 1.18 萬個各類保護地，保護面積佔全國陸地國土面積的
18%、管轄海域面積的 4.1%。建成東北虎豹國家公園、祁連山國家公園、三江源國家
公園、大熊貓國家公園等 10 處國家公園體制試點，總面積約 22 萬平方千米，比東部
許多省份的面積還大。[1]

綠化、藍天、碧水、淨土及各類保護地，是我們為修復生態環境所做努力中的一部分。

---

[1]　數據來自生態環境部發佈的《2019 年全國生態環境質量簡況》。

可可西里荒野中渺小的藏羚羊群 / 攝影　秦暉

2018 年 7 月 7 日，早晨 8 時左右，一縷陽光灑在遠處的草地上，把羊群和草
地照得金黃。可可西里國家級自然保護區位於青海玉樹西部，生活著藏羚
羊、藏野驢等珍稀野生動物。為了獲得更好的生態環境，人們開始探索建設
國家公園，它將為我們保護生態環境提供新的解決方案。

梧桐山附近看深圳林立的高樓 / 攝影　龔強

經過 40 餘年的改革開放和發展，深圳從一個落後農業縣迅速發展成為現代
化、國際化的大都市，建成區面積從 3.8 平方千米增加到 1000 餘平方千米，
人口由 1979 年的 31 萬人增長到 2020 年的 1756 萬人，創造了世界工業化、城
市化、現代化發展的奇跡。圖中三座最高的建築，從左至右，分別是平安國
際金融中心、地王大廈和京基 100 大廈。

就這樣，連接、重組、修復，使我們打破了國土原有的環境限制。

我們創造了新的「高山」，即世界上最大規模的城市群。

我們創造了新的「河流」，即世界上最高效的交通網絡。

我們也努力修復了生態環境，啟動了世界上最大規模的生態行動。

我們曾經落後，但我們重塑了山河。

當地理上的「窮根」被斬斷，我們也由此完成了世界上惠及人口最多的脫貧攻堅戰。我們的 GDP（國內生產總值）由數百億增長到 2020 年的 101 萬億。

這是藍色星球上前所未有的地表塑造。

伍 新征程

太行山王莽嶺崑山掛壁隧道／攝影　張子玉
崑山掛壁公路位於山西省陵川縣，是太行山 7 條掛壁公
路中最為驚險的一條。

回望這 100 年，我們的中學歷史教材曾向一代又一代的少年訴說：

> 中國人民是帶著八國聯軍侵佔清朝都城北京的民族恥辱，進入 20 世紀的。（北師大
> 版《歷史》八年級上冊）

覺醒的人們逐漸意識到：

> 央求和哀號自然無用，救國的辦法，只能改造和強大自己的國家。（楊奎松《「中間
> 地帶」的革命：國際大背景下看中共成功之道》）

也由此，一代又一代的建設者用智慧與汗水在重塑山河。

1905 年，詹天佑在清末混亂的時局中，開始主持修建中國人自行設計、建造、運營的第
一條鐵路。

1959 年，蘇聯撤走所有專家之後，梅暘春開始帶領中國年輕一代的橋樑工程師，修建長
江上第一座中國人自行設計、建造的公鐵兩用橋樑。

1960 年，中國最大的油田正迎來大會戰，鐵人王進喜在危急時刻跳進泥漿池，用身體攪
拌水泥漿。

1972 年，河南輝縣郭亮村村民，開始在太行山絕壁上人工開鑿掛壁公路。

今天的我們，仍處在建設國家的浪潮之中。

根據 2021 年 2 月黨中央、國務院印發的《國家綜合立體交通網規劃綱要》，到 2035 年，

中國鐵路里程將達到 20 萬千米左右，比 2020 年增加 5.4 萬千米；高鐵里程將達到 7 萬千米，比 2020 年增加 3.2 萬千米；國家高速公路將增長至 16 萬千米，比 2020 年增加 4.7 萬千米；民用運輸機場將達到 400 個，比 2020 年增加 159 個。

根據 2020 年 6 月國家發改委、自然資源部聯合印發的《全國重要生態系統保護和修復重大工程總體規劃（2021—2035 年）》，到 2035 年，中國的森林覆蓋率將達到 26%，相當於種出一個面積接近廣西的森林，75% 以上的可治理沙化土地將得到治理，海洋生態惡化的狀況將得到全面扭轉，瀕危野生動植物及其棲息地將得到全面保護。

京張鐵路穿過秋季的水關長城 / 攝影　姚金輝

京張鐵路建成於 1909 年，是中國第一條完全自主設計、建造、運營的鐵路，

其設計師詹天佑被譽為「中國鐵路之父」。

我們曾有無與倫比的輝煌，我們也曾面臨一片殘破的國土。如今，我們建設它，改造它，美化它，讓子子孫孫擁有更好的生存空間。

港珠澳大橋航拍／攝影　吳亦丹

2017 年 9 月 21 日傍晚，從香港返回北京的航班上航拍港珠澳大橋。港珠澳大橋全長 55 千米，是目前最長的跨海大橋，它包含橋樑、海底隧道、人工島等設施，將香港、珠海、澳門連接在一起，是連接珠江口兩岸的重要通道之一。

一
連
接

①

鐵路：
鐵骨中國的煉

今天的中國

從內陸到海洋

從荒漠到雨林

從都市到鄉村

縱橫交錯的鐵路

構成一張四通八達的鋼鐵網絡

到 2020 年年末

中國鐵路營業總里程已達 14.63 萬千米

高鐵營業總里程達 3.8 萬千米 [1]

是世界上唯一高鐵成網運行的國家

回望歷史

中國鐵路從一片空白發展至今

是一段 140 餘年的往事沉浮

1　數據來源：國家鐵路局《2020 年鐵道統計公報》。

青藏鐵路經過崑崙山／攝影　陳方翔
青藏鐵路起於青海西寧，止於西藏拉薩。其中西寧至格爾木段在 20 世紀
80 年代建成通車，而格爾木至拉薩段在 2006 年 7 月 1 日正式建成通車。
建成後，青藏鐵路成為世界上海拔最高和最長的高原鐵路。

海南環島高鐵經過陵水黎族自治縣海岸 / 攝影　吳坤錦

2015 年，世界首條環島高鐵在海南開通。環島高鐵把海南省東部、西部沿海的市縣串聯起來，打造海島「三小時經濟圈」，構築起海南現代交通運輸體系。

雪後的哈爾濱南站車輛段 / 攝影　全思明
哈爾濱因中東鐵路的修建而立市、興起，
位於由濱洲、濱綏、哈大鐵路構成的「T」
形鐵路網的交會點，是中國東北地區重要
的鐵路樞紐。

第壹
一張網

時間回到 1877 年。這一年，清政府拆除了英國人擅自修築的吳淞鐵路，中國
的鐵路里程重歸於零。而在當時，世界鐵路里程早已超過 20 萬千米。

不過，沒人能阻擋歷史的洪流。在拆除吳淞鐵路的 4 年後，為滿足實業對煤
炭的需求，清政府自行出資，建成 9.3 千米長的唐胥鐵路[1]。這便是中國鐵路落
後而寒酸的起點。

隨後，西方列強通過不平等條約攫取在華經濟和軍事利益，其中就包括修築鐵
路的「路權」。

1903 年，沙俄在東北修建中東鐵路，其主綫西起滿洲里，東至綏芬河，支綫
連通哈爾濱、瀋陽和大連。中東鐵路呈「T」字形，一橫一縱，貫穿東北大
地，全長超過 2400 千米。與此同時，唐胥鐵路不斷延展，里程從 9.3 千米增
至 1000 餘千米，打通山海關內外，連接北京和瀋陽，成為老京哈鐵路[2]的一
部分。

中東鐵路和老京哈鐵路構成了今天京津冀 — 東北鐵路通道的雛形，東北鐵路網絡以此為骨架，逐漸鋪開。

到民國末年，東北的鐵路里程已佔全國的 40%，為黑土地奠定了社會和經濟
發展的重要交通基礎。

1　唐胥鐵路為唐山至胥各莊的一條鐵路，胥各莊如今是唐山市豐南區下轄的一個街道。

2　新京哈綫不再繞行天津和唐胥鐵路段，而是經通州、狼窩鋪、灤縣，到達秦皇島。這一段也稱京秦鐵路。

上圖　武漢長江大橋 / 攝影　喻承虎
武漢長江大橋橫臥於漢陽龜山和武昌蛇山之間的長江江面之上，是長江上的第
一座鐵路、公路兩用橋，因此被稱為「萬里長江第一橋」。

下圖　成昆鐵路法拉展綫 / 攝影　李昌華
新中國成立後，中國鐵路迎來大發展。由於當時隧道修建技術的限制，成昆鐵
路通過西南山區的大山時，主要靠修築展綫，讓列車盤旋爬升，「爬」過大山。

民國時期，在國民政府定都南京之前，位於南方的上海、武漢和廣州已是商貿繁榮之地，水路航運發達，但與北方缺乏鐵路交通聯絡。於是上海至南京的滬寧鐵路及南京至天津的津浦鐵路[1]先後建成通車。

在華中和華南地區，由於資金緊張、沿綫地勢複雜，加之局勢動盪，廣州至武昌的粵漢鐵路只能分段修築，時修時停，直到 1936 年才建成。加之北京至漢口的京漢鐵路，縱貫南北的鐵路交通綫雛形初現。隨後，湘桂鐵路在粵漢鐵路旁延伸出來，從湖南直通廣西。

然而遺憾的是，長江在當時是不可逾越的天塹，京漢—粵漢和滬寧—津浦兩組鐵路均被長江阻斷，南北鐵路無法直接連通。新中國成立後，武漢長江大橋和南京長江大橋先後建成通車，京廣和京滬兩條南北鐵路交通幹綫才得以完整地呈現在世人面前。而第三條南北鐵路幹綫的貫通，則待到幾十年之後。它北起首都北京，南抵香港九龍，全綫幾乎平行於京廣鐵路，但其不似京廣鐵路喧鬧和繁華，只經過一座省會城市——南昌，這便是京九鐵路。

京滬、京廣、京九三條南北鐵路幹綫構成了京津冀連通長三角、珠三角的主要鐵路骨架，將中國南北緊密相連。

新中國成立之初，百業待興。為發展經濟，鞏固國防，一條條鐵路穿過崇山峻嶺，深入戈壁，不斷向邊疆延伸。1952 年，成都至重慶的成渝鐵路全綫通車。這是四川境內的第一條鐵路，也是新中國成立後修建的第一條鐵路。隨後的數十年，中國鐵路多次「大戰西南」。成渝、成昆、川黔和貴昆四綫建成通車，它們將成都、重慶、貴陽、昆明四個西南重鎮連為一體。此外，還有西康鐵路（陝西西安至陝西安康）穿越秦嶺，內昆鐵路[2]（四川內江至雲南昆明）爬升高度達 1300 米……一個個鐵路工程奇跡，令人歎為觀止。

在這些工程奇跡中，成昆鐵路尤以地質條件惡劣著稱。其沿途地質情況複雜，地震、塌方、泥石流屢見不鮮，沿綫堪稱「地質博物館」。因此在成昆鐵路的修建過程中，選綫方案的爭論十分激烈。其中，中綫方案里程最短、施工最易，備受蘇聯專家推崇。然而，為了打通沿綫的煤炭和鋼鐵產業基地，連接更多少數民族地區，成昆鐵路最終開啟「困難模式」，選擇了里程最長、地勢最險峻的西綫方案。全綫共架設 991 座橋樑，打通 427 條隧道，在這條「根本不能修築鐵路」的路綫上，開闢出一條穿山越嶺之路。

1　「浦」指位於南京長江北岸的浦口站。

2　1952 年，內昆鐵路的勘測設計工作開始。1956 年 2 月，內昆鐵路正式開工。1960 年建成內江至安邊段。1965 年，內昆綫梅花山至昆明段併入貴昆綫西段並建成通車。至此，內昆鐵路南北兩段建成，只剩下最艱險的中段待建。1998 年 6 月，內昆綫新建鐵路全綫開工。2001 年 9 月 19 日，內昆鐵路全綫鋪通。

在東南地區，同樣有一條可名留青史的山區鐵路。它穿越武夷山區，直指東南沿海的廈門，一度是福建連接外省的唯一鐵路通道，這便是鷹廈鐵路。

在西北地區，中國的第一條沙漠鐵路在 1958 年建成通車。它 3 次跨過黃河，從騰格里沙漠東南邊緣穿過，馳騁在包頭和蘭州之間，是為包蘭鐵路。沿包蘭鐵路向東，經京張鐵路可抵達北京。「中國鐵路之父」詹天佑的故事在這裏流傳了百餘年，讓這條鐵路聲名遠播。曾經因為造價和工期限制被詹天佑忍痛放棄的京張鐵路替代方案，也終於在半個世紀後變為現實，成為北京至張家口的第二條通道，是為豐沙鐵路。

而沿包蘭鐵路向西，還有靠近中蒙國界，橫穿沙漠戈壁的臨哈鐵路（內蒙古巴彥淖爾市臨河站至新疆哈密東站）；在海拔 3000 米處打通天山，連接吐魯番和喀什的南疆鐵路；先後翻越崑崙山、唐古拉山，穿行於大面積高原凍土之上的青藏鐵路。

它們讓廣袤的西北大地、青藏高原與京津冀地區緊密相連，和西南地區的鐵路網一起，組成不可或缺的邊疆通道。

包蘭鐵路 / 攝影　張一飛

連接包頭與蘭州的包蘭鐵路是中國的第一條沙漠鐵路，1958 年建成通車。它與京包鐵路、蘭新鐵路等，構成了京津冀通往西北的重要幹綫。

至此，以京津冀為核心，形成通往五大方向的鐵路大通道。經由這些通道，可一路出山海關，探訪千里冰封的北國；可一路南下，去往長夏無冬的嶺南；可行向東南，抵達江南水鄉和海峽港灣；可奔向西北，領略大漠孤煙和雪域高原；更可轉向西南，體會雲貴川的多姿多彩……

當然，這還遠遠不夠。

青藏鐵路經過長江源特大橋／攝影　張一飛
長江源特大橋即青藏鐵路沱沱河大橋，被譽為「長江源頭第一橋」。大橋位
於青海格爾木市唐古拉山鎮，全長 1389.6 米，跨過約 1300 米的寬闊河床。

1953 年，一條貫穿中國東中西部的大幹綫正式通車。它東起江蘇連雲港，西至甘肅蘭州，是長三角和西北地區之間的運輸大通道，被稱為隴海鐵路。而隨著蘭州到烏魯木齊的蘭新鐵路建成後，隴海鐵路繼續向西延展，在新疆的阿拉山口走出國門，一路奔向大西洋岸邊的荷蘭鹿特丹，以「新亞歐大陸橋」之名聞於世。

1972 年，前後歷時 37 年的湘黔鐵路（湖南株洲到貴州貴陽）建成通車。2006 年，它與滬杭、浙贛、貴昆三條鐵路綫連成一體，鋪就了一條上海至昆明的東西幹綫——滬昆綫。而京滬、寧銅（南京至銅陵）、銅九（銅陵至九江）、武九（武漢至九江）、武襄渝（武漢至襄陽至重慶）、成渝等鐵路，依次串聯起上海、南京、合肥、武漢和重慶，最終抵達成都，再加上數條旁逸斜出的支綫，構成了一條串聯長三角、長江中游、成渝三大城市群的東西通道。

華南地區也不甘落後。在 1955 年到 2018 年的幾十年間，黎湛（廣西賓陽縣黎塘鎮至廣東湛江）、廣茂（廣州至茂名）、南昆和渝貴鐵路相繼通車，西南地區和珠三角的大通道得以貫通。

至此，以長三角和珠三角為起點，又一套輻射網絡全面形成。

其中構成西南地區出海通道的南昆鐵路，同樣是新中國鐵路建設的一大成就：南昆鐵路從南寧盆地一路爬升至雲貴高原，相對高差超過 2000 米。沿途地質複雜，峽谷縱橫，人們凌空架橋，開山鋪隧，部分綫路的橋樑和隧道里程可達總里程的 86%。而當南昆鐵路到達雲南宜良附近時，和 100 多年前建成通車的滇越鐵路「狹路相逢」。兩條路

綫交織並行，彷彿象徵著兩個截然不同的時代。

當西南與華東、華南的連接建立完畢時，從西南到西北的鐵路大通道便登場了。

1958 年通車的寶成鐵路，以 27 千米的展綫群盤旋而上，翻越秦嶺。2017 年通車的蘭渝鐵路，則以 28 千米的超長隧道擊穿山脈。兩條鐵路一東一西，打通秦嶺障礙，成為西南—西北鐵路通道的主要骨架，入蜀之路不再「難於上青天」。在鐵路的加持之下，地處西北內陸的陝甘寧地區優勢凸顯，從這裏南下可到西南，往西北可深入內陸，向東可達海洋。

左頁圖　蘭新鐵路經過甘肅嘉峪關附近 / 攝影　楊誠
蘭新鐵路在 1952 年開工，1962 年建成。東端與隴海鐵路相連，西端與北疆鐵路相接，構成橫貫中國東西的鐵路綫，是新亞歐大陸橋的重要組成部分。目前與蘭新鐵路走向大致平行的高速鐵路，稱作蘭新鐵路第二雙綫。

下圖　南昆鐵路經過雲南石林紅土地 / 攝影　何俊雲
南昆鐵路連接著廣西南寧和雲南昆明，途經廣西、貴州和雲南三省區。它東接湘桂鐵路、黎湛鐵路、南防鐵路，西接成昆鐵路和貴昆鐵路，是中國南方的東西向運輸幹綫。

寧夏石嘴山平汝鐵路 / 攝影　王璐

平汝鐵路是一條運煤鐵路，為包蘭鐵路的支綫。1959 年，石嘴山作為國家
「一五」時期佈局建設的全國十大煤炭工業基地之一，為了運送煤炭等物資，
開始修築平汝鐵路，連接石嘴山平羅縣與賀蘭山深處的礦區。鐵路先後經過
沙漠和山區，進入賀蘭山山區後，紅褐色的丘陵就會進入視野，綿延不絕。

至此，歷經 140 餘年，中國鐵路從無到有，從弱到強。它們運輸鋼鐵、煤炭、木材，連接城市、鄉鎮、村莊，形成 12 條普速鐵路[1]大通道，縱橫交織，通邊達海。鐵路連接了全國，也塑造著國家的凝聚力。

然而，鐵骨中國的故事並未就此停住，而是隨著社會經濟的發展，朝著新目標升級和奮進。

---

[1] 普速鐵路運行速度一般不超過 200 千米／小時，不包含僅運行動車組的路綫。

中國普速鐵路通道
根據 2016 年的《中長期鐵路網規劃》，中國規劃了 12 條普速鐵路網大通道，普速鐵路網將擴大中西部路網覆蓋，完善東部網絡佈局。到 2025 年，普速鐵路網規模將達到 13.1 萬千米左右。
註：港澳台數據暫缺。

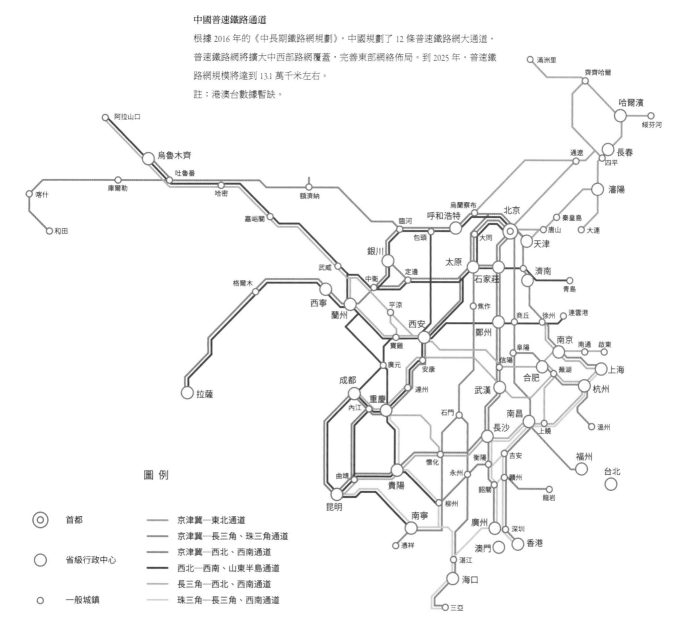

圖例

◎ 首都
○ 省級行政中心
○ 一般城鎮

—— 京津冀—東北通道
—— 京津冀—長三角、珠三角通道
—— 京津冀—西北、西南通道
—— 西北—西南、山東半島通道
—— 長三角—西北、西南通道
—— 珠三角—長三角、西南通道

左頁左圖　行駛在蘭新鐵路上的和諧 1D 型電力
機車／攝影　鄭斐元
和諧 1D 型電力機車是中國鐵路主力準高速客運
電力機車之一，機車車身色彩為中國紅，因此被
火車迷稱為「大紅棗」，主要牽引 K、T、Z 等等
級的客運列車。

左頁右圖　行駛在嘉鏡綫（嘉峪關─鏡鐵山）上
的東風 4 型內燃機車／攝影　張一飛
東風 4 型內燃機車車身為綠色，因此有「西瓜」
的綽號。該機車在 20 世紀 60 年代開始研製，20
世紀 70 年代開始量產，曾是中國鐵路上運用最廣
泛的內燃機車車型。

貳
快一點，
再快一點

時間到了 1993 年，國家經濟增速勢如破竹，GDP 增速達 13.9%。然而當時，在全國近 6
萬千米的鐵路上，火車的平均時速僅有 48 千米，與高歌猛進的經濟增速大相徑庭，與 30
多年前就達到平均時速 166 千米、最高時速 200 千米的日本新幹綫相比更是相形見絀。
改革開放之後，全國的人口流動規模空前。在龐大的客流量面前，緩慢的鐵路系統越發捉
襟見肘。特別是在春運期間，即便加開數百對臨時列車，也難改變「一票難求」的局面。
鐵路系統在客運需求壓力激增時，就不得不「壓貨保客」，致使鐵路貨運形勢同樣嚴峻。
隨著高速公路和民航產業異軍突起，緩慢的鐵路幾無招架之力，客流紛紛湧向公路和機
場，鐵路市場岌岌可危。

如何讓步伐緩慢的鐵路追上快速發展的社會？
對現有綫路進行提速改造成為當時的首選。

於是，一場關乎中國鐵路命運的提速試驗率先在廣深鐵路展開。當廣深鐵路在 1994 年
成功突破 160 千米的時速後，滬寧、京秦、瀋山、鄭武等鐵路也紛紛拉開提速試驗的大
幕，鐵路運行時速紀錄接連被打破：1996 年 11 月，在「韶山 8 型」機車的「加持」下，
京廣鐵路鄭武段運行時速突破 180 千米；1997 年 1 月，在北京環形鐵道試驗基地，「韶
山 8 型」機車再次創下紀錄──時速達 212.6 千米。
試驗的結果讓人備受鼓舞。1997 年 4 月 1 日，中國鐵路第一次大提速吹響號角。以京
廣、京滬、京哈三大幹綫為主，78 列「朝發夕至」的列車全新登場，將最高運行時速提
升至 140 千米。這次提速在第二年就扭轉了鐵路客流量下降的趨勢，為鐵路系統扳回重
要一城。

中國鐵路大提速的進程並未就此停止。1998 年，在京廣鐵路許昌至小商橋區段的試驗中，為中國鐵路提速做出巨大貢獻的「韶山 8 型」機車再次創造紀錄，時速達 240 千米，這是當時中國電力機車的最快速度。此後，第二、三、四次大提速分別在 1998 年、2000 年和 2001 年相繼完成，提速綫路達 1.3 萬千米，佔全國鐵路里程的近 20%，最高運行時速達 160 千米。

還能再快嗎？答案是必然的。

2004 年 4 月 18 日，鐵路系統進行第五次大提速，在京滬、京廣、京哈、隴海 4 條大幹綫上，貨運綫路的最高運行時速突破 160 千米大關，客運綫路則開通「Z」字頭直達列車，最高運行時速提升至 200 千米，離高速鐵路只有一步之遙。

更激動人心的是，在這一年，「四縱四橫」客運專綫規劃問世，一幅宏偉的中國高鐵[1]藍圖展佈在世人面前，一場重大變革山雨欲來。

2005 年 12 月 8 日，中國最後一列運行在幹綫鐵路上的蒸汽機車完成了它的使命。而不到兩年後的 2007 年，中國鐵路第六次大提速開啟，家喻戶曉的「和諧號」動車組橫空出世，它在 18 條鐵路幹綫上呼嘯奔馳。一夜之間，中國大地上有超過 6000 千米的鐵路幹綫，以超過 200 千米的時速投入運營，部分路段的時速甚至可達 250 千米。

至此，歷時 10 年的提速改造落下帷幕，中國鐵路的格局煥然一新。「再快一點」的使命，將交給一個全新的高鐵時代。

1　高速鐵路簡稱「高鐵」，在不同國家、不同時代及不同的科研學術領域有不同標準。中國國家鐵路局將中國高鐵定義為設計時速 250 千米以上（含預留）、初期運營時速 200 千米以上的客運列車專綫鐵路。

京滬高鐵經過安徽蚌埠／攝影　楊誠
京滬高鐵在 2011 年 6 月建成通車，建成時為中國一次建設里程最長、投資最大、標準最高的高速鐵路，是中國高速鐵路建設的重要里程碑，榮獲國家科學技術進步特等獎。

叁

高鐵時代

2008 年北京奧運會開幕前夕，在北京市南部、距離城市中軸綫不到 2 千米處，一座玻璃穹頂的新式車站拔地而起，即北京南站。與之一同亮相的，還有中國鐵路史上第一條設計時速達 350 千米的高速鐵路。它連通北京和天津兩座城市，單程用時僅 30 分鐘。

京津城際鐵路初露鋒芒，中國自此邁入時速 300 千米以上的高鐵時代，高鐵建設更是「日行千里」。

2009 年年底，橫向的石家莊到太原、合肥到武漢，縱向

的寧波經溫州到福州、武漢到廣州等多條高速鐵路相繼通車。其中的武廣高鐵，以超過
1000 千米的長度、350 千米的時速，成為領跑全球的高鐵大幹綫。經由這條綫路，武
漢至廣州坐高鐵僅需 3 小時，而在 70 多年前，粵漢鐵路單程的耗時就長達 44 小時，
今非昔比可見一斑。

繼武廣高鐵之後，時速 350 千米梯隊中迎來 3 位新成員，即鄭州至西安、上海到南京
和上海到杭州的高鐵。「四縱四橫」的「先驅者」悉數登場，中國高鐵的宏偉目標清晰
可見。那麼，「四縱四橫」8 條骨架綫路中，誰將拔得頭籌，率先全綫落成？答案毫無
疑問：連接北京和上海兩大城市的京滬高鐵。

北京至上海沿綫人口密集、經濟發達，老京滬鐵路運行長達半個多世紀，早已不堪重
負，無論是客運還是貨運密度，均超過全國平均水平數倍，高鐵的開通勢在必行。這條
高鐵綫路最終不負眾望，不僅一度在實際運營的綫路上跑出 486.1 千米的試驗時速，更
是在建成後的第三年，客運量便突破 1 億人次。

從北京南站出發的京津城際
高鐵穿過永定門外 /
攝影　饒穎
京津城際鐵路是中國第一條
設計時速達 350 千米的高速
鐵路，標誌著中國鐵路正式
進入高鐵時代。

貴廣高鐵列車駛過陽朔山水／攝影　黃一駿

貴廣高鐵穿越了大面積的喀斯特地貌區，極大縮短了西南地區與珠三角地區的時間距離。

此後，隨著京廣高鐵北京至武漢段通車，哈大高鐵開通，以及沿著東南海岸綫蜿蜒前行的杭福深客運專綫開通運營，中國高鐵「四縱」的主骨架基本形成。與此同時，「四橫」骨架的建設同樣如火如荼。四條東西幹綫平行延伸，或跨過西南的高山峽谷，或溯長江而上，或穿過千里戈壁，或洞穿太行連通海洋，中國東西部的連接更加快速、便捷。

而「四縱四橫」幹綫間的連接綫路也毫不遜色。2014 年年底通車的貴廣高鐵，穿行於溶洞遍佈的喀斯特地貌區域，施工條件異常艱難。2017 年年底通車的西成高鐵（西安至成都），擁有 11 條超過 10 千米長的隧道，爬升坡度幾乎接近設計極限，是首條貫穿秦嶺的高速鐵路。

到 2017 年年底，中國的高鐵里程達 2.5 萬千米，佔世界高鐵里程總量的 66.3%，「四縱四橫」高鐵網提前三年宣告建成。中國高鐵建設並未就此止步，規劃者們更進一步，一張「八縱八橫」的遠大圖景開始醞釀和實施，這堪稱中國鐵路史上最雄心勃勃的建設計劃。

在這項計劃中，預計到 2030 年，將有包括約 4.5 萬千米長的高速鐵路在內，共計約 20 萬千米長的鐵路在中國大地上鋪開，將全國擁有 20 萬以上人口的城市相連。截至 2020 年年底，「八縱八橫」高鐵網絡的主骨架已搭建近七成，預計到 2030 年完成建設目標。

回想一個多世紀前，孫中山曾言道：「今日之世界，非鐵道無以立國。」而彼時，中國鐵路仍在風雨飄搖中篳路藍縷。一個多世紀後，在中國大地之上，鋼鐵脈絡縱橫交錯。藉由密集、便捷和高效的鋼鐵之網，2019 年，約有 36.6 億人次前往天南海北，也有 43.89 億噸貨物被送到四面八方。

中國高鐵「八縱八橫」

2016 年，國家出台以「八縱八橫」高鐵網為主通道的《中長期鐵路網規劃》以來，中國鐵路建設投資連續保持在每年 8000 億元以上，「八縱八橫」高鐵主通道目前建成運營規模達 70%。

註：港澳台數據暫缺。

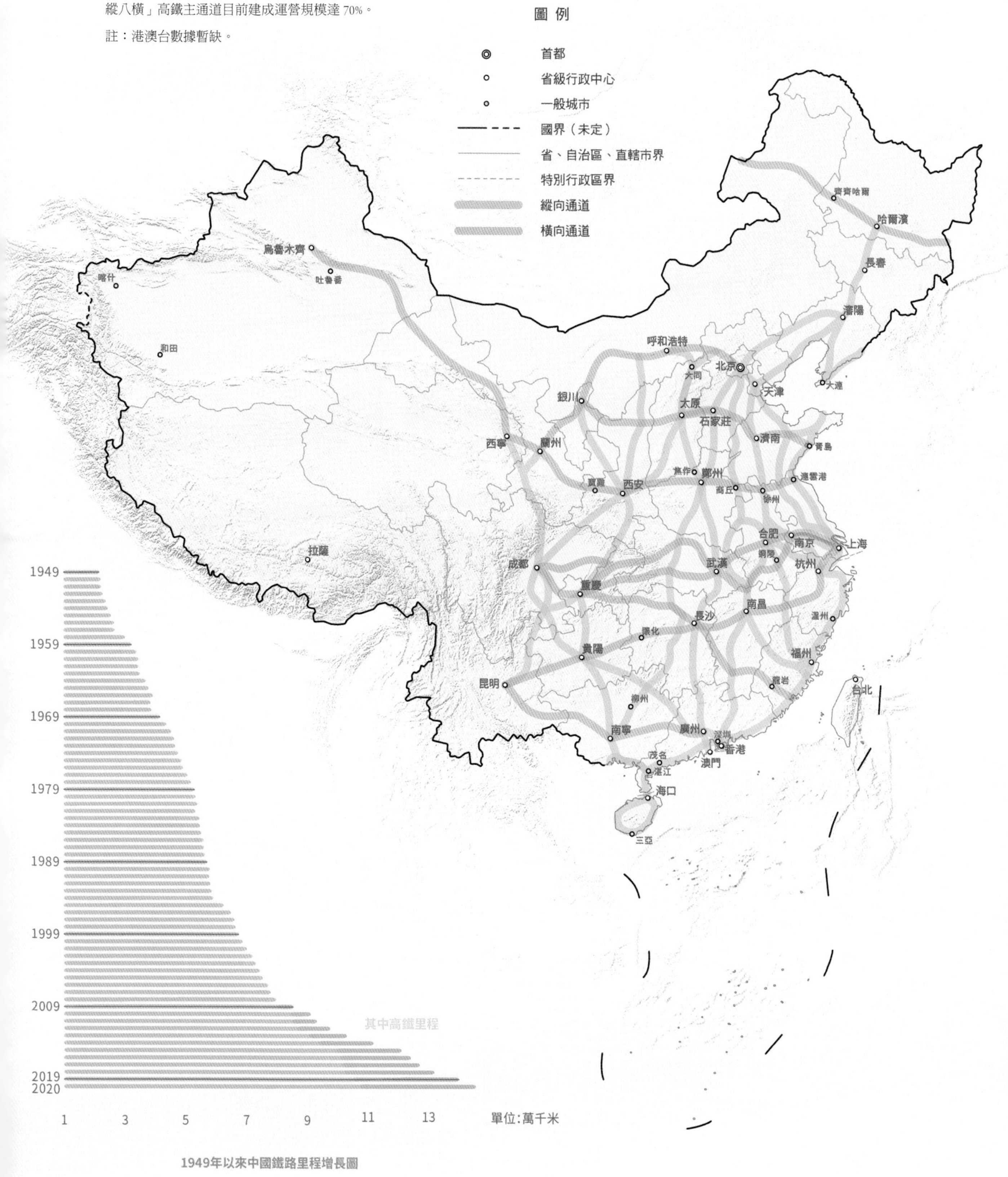

圖 例

◎ 首都
○ 省級行政中心
○ 一般城市
—— —— 國界（未定）
—— 省、自治區、直轄市界
— — — 特別行政區界
▨ 縱向通道
▨ 橫向通道

齊齊哈爾
哈爾濱
長春
瀋陽
烏魯木齊
吐魯番
喀什
和田
呼和浩特
大同
北京◎
天津
大連
銀川
太原
石家莊
濟南
青島
西寧
蘭州
焦作
鄭州
連雲港
寶雞
西安
商丘
徐州
合肥
南京
上海
拉薩
成都
武漢
襄陽
杭州
重慶
南昌
溫州
長沙
福州
景化
龍岩
台北
貴陽
昆明
柳州
廣州
深圳
南寧
茂名
湛江
香港
澳門
海口
三亞

1949
1959
1969
1979
1989
1999
2009
2019
2020

其中高鐵里程

1   3   5   7   9   11   13   單位：萬千米

1949年以來中國鐵路里程增長圖

拉林鐵路上綠色的復興號動車組列車飛馳而過 / 攝影　張澤坤

拉林鐵路是西藏首條電氣化鐵路，它的開通結束了藏東南地區不通鐵路的歷史，實現了復興號動車組 31 個省區市全覆蓋。

140 餘載酸甜苦辣，140 餘載成敗興衰。

這是一部中國鐵路的往事沉浮錄，也是一部
用輪軌寫下的中國復興史。

穿越秦嶺的西成高鐵／攝影　魏方合
西成高鐵連接了陝西西安和四川成都，是「八縱八橫」高速鐵路主通道之
一，西安至成都的旅程縮短至 4 小時左右，它也是中國首條穿越秦嶺的高速
鐵路。

②

橋樑：
進擊的中國跨

從西部高聳的高原山地

到東部廣袤的丘陵平原

中國的地勢呈現明顯的三級階梯

發源自高原的河流順勢逐級而下

在上游劈開山體，形成崖壁陡峭的嶂谷

嶂谷拓寬、加深，便形成典型的峽谷

到了下游，河流在平原上肆意沖刷

寬廣的河道再次將大地遙遙分隔

而在海岸綫一帶，群島破碎，海灣廣闊

太多的天塹阻礙著人們的交通和交流

人們究竟該如何跨越這一切？

陝西延川縣和山西永和縣交界處的黃河蛇曲 / 攝影　許兆超

黃河蛇曲是發育在秦晉大峽中的大型深切嵌入式蛇曲群體，規模宏大，擺蕩
出了幾個 S 形大灣，其中有「天下黃河第一灣」——乾坤灣。河灣蛇曲塑造
出壯美景觀，也分隔了陝西和山西兩省。

壹
架樑為橋

下左圖　泉州洛陽橋／攝影　李文博
洛陽橋又名萬安橋，位於福建泉州洛陽江入海口處。始建於宋代，是一座著名的跨海樑式石橋，有「中國古代四大名橋」之譽。

下右圖　杭州錢塘江大橋／攝影　呂海彬
錢塘江大橋建成於抗日烽火之中，它不僅在中華民族抗擊外來侵略者的鬥爭中書寫了可歌可泣的一頁，也是中國橋樑建築史上的一座里程碑，同時它也是中國橋樑工程師的搖籃。

先民創造獨木橋時，橋樑的歷史便開始了。兩墩架一樑，成了人類橋樑史上最簡潔、最經典的造型，這便是「樑橋」。在木石架橋的時代，樑橋在福建和廣東地區十分流行，這裏盛產的花崗岩，是建造石樑橋的絕佳材料。

隨著煉鋼法的成熟，嶄新的橋樑時代來臨。1874 年，世界第一座以鋼材為主體的橋樑在美國建成。但對當時的中國而言，鋼橋是如此先進、如此昂貴，設計、建造、資金都只能依賴西方國家，基本上也只能用於鐵路橋樑的建設。例如中國首座具有近代水平的鋼橋——天津薊運河橋（也有稱「薊運河鐵路橋」），便是在十多年後的 1888 年，由英國人設計、比利時公司施工建成的。

直到 1937 年，杭州錢塘江大橋建成，中國才有了自行設計和建造的第一座公路鐵路兩用橋。然而，大橋通車後不到 3 個月，日本侵略者就攻陷了上海。為阻止日軍經此快速運兵南下，設計大橋的茅以升先生不得不親手將其炸毀，大橋沉入江中，直到 16 年後才完全修復[1]，重新與世人見面。這座大橋的最大跨度[2] 約為 66 米，相鄰兩墩上各架一樑，稱為「簡支樑橋」。

1　「抗戰」結束後，錢塘江大橋於 1948 年首次修復，但不久後被撤退的國民黨部隊再次炸毀鐵軌，最終於 1953 年全面修復。

2　本篇中的「跨度」是指計算跨度。對於有支座的橋樑，是指橋跨結構中相鄰兩支座中心間的距離；對於拱橋，是指相鄰兩拱腳截面形心點之間的水平距離。

樑橋示意

簡支樑橋

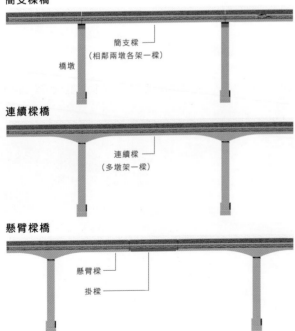

簡支樑
（相鄰兩墩各架一樑）

橋墩

連續樑橋

連續樑
（多墩架一樑）

懸臂樑橋

懸臂樑

掛樑

跨越陽澄湖的京滬高鐵丹昆特大橋 / 攝影　章力凡

京滬高鐵丹昆特大橋全長約 165 千米，東起蘇州昆山市，西到鎮江丹
陽市，高鐵通過也需要開行 40 分鐘，是世界上最長的橋樑。

若要進一步提高跨度，這種橋樑就必須進化，連續樑橋由此誕生。這是一種「多墩架一樑」的橋，其樑體連續不間
斷，前後的彎曲互相約束，因此橋身難以被「折斷」。中國最早跨越長江的橋樑——武漢長江大橋、重慶白沙沱長
江大橋、南京長江大橋等，均採用連續樑結構。其中，武漢長江大橋是中國第一座跨越長江的現代化橋樑，人稱
「萬里長江第一橋」。它的最大跨度達 128 米，正所謂「一橋飛架南北，天塹變通途」。而建成於 11 年後的南京長
江大橋，則是長江上第一座完全由中國人自行設計、建造的大橋，最大跨度為 160 米。

除了鋼橋的突破，另一種技術也在中國被普及。它的原理十分巧妙，人們在混凝土中置入預先被拉伸的鋼筋，鋼筋
如同被拉開的彈簧，自帶強烈的「收縮慾望」。利用這種「內力」去平衡外力，樑體便能承受比原先更大的荷載，
從而可以支持更大的跨度，這就是預應力混凝土技術。相比昂貴的鋼鐵，鋼筋混凝土顯然成本更低。於是在預應力
混凝土技術的「加持」下，公路橋樑如雨後春筍般出現，紛紛登上歷史舞台。

時至今日，各類樑橋的應用已十分廣泛，甚至已形成標準組件，可以在工廠製造、現場組裝。雖然它的單跨跨度有
限，但樑與樑前後相接，便可橫貫江河，跨越海灣，甚至綿延 100 多千米，以取代路面。

平潭海峽公鐵大橋／攝影　趙馬峰

平潭海峽公鐵大橋是連接福州長樂區和平潭縣的跨海公路、鐵路兩用橋，上層是公路，下層是鐵路。大橋全綫長 16.323 千米，其中跨海段長 11.15 千米。大橋由元洪航道橋、鼓嶼門水道橋、大小練島水道橋、非通航孔橋、引橋五部分組成，其中非通航孔橋、引橋等部分均為樑橋結構。

非 似 貳
樑 樑
橋 樑

在生活中，有一種極為「低調」的橋，從外表上看與樑橋十分相似，而實際上它具有截然不同的力學特徵，需要更為複雜的設計和計算，這就是「剛構橋」。

剛構橋的橋墩和樑體之間，不再需要支座支撐，而是成為一個整體，它們「同甘共苦」，共同抵抗樑體的彎曲。這就意味著，剛構橋能夠支持更大的橋樑跨度，或可建造更加輕薄的橋面。尤其是結合預應力混凝土技術的連續剛構橋，這種 1988 年才第一次在國內應用的新橋型兼顧跨度需求和行車體驗，數年間便風靡大江南北。

美中不足的是，剛構橋對溫度變化較為敏感。當溫度變化時，如果橋墩過於「倔強」，便會「束縛」住樑體，令樑體的伸縮變形無法得到釋放，最終可能導致樑體彎曲。但這難不倒機智的工程師們，他們為剛構橋設計了更高的橋墩，讓它變得「柔軟靈活」，從而更好地釋放樑體變形產生的壓力。在高山峽谷地帶，這種高橋墩再合適不過了。

於是，眾多高大巍峨的橋樑在山谷間拔地而起，橋墩從橋面直插谷底，通行其上彷彿騰雲駕霧。

剛構橋示意

門式剛構橋

連續剛構橋

T型剛構橋

挂樑

斜腿剛構橋

斜腿

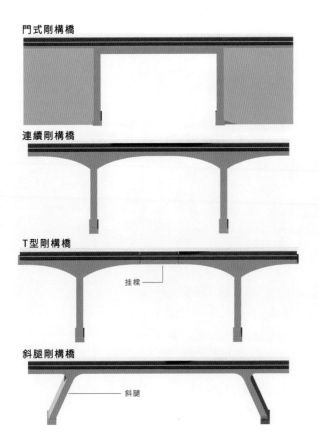

「凌空而過」的滬渝高速湖北恩施段 / 攝影　文林
高大的橋墩支撐起拔地而起的剛構橋，高速以橋代路，穿過高山峽谷，遠方的橋塔處是四渡河大橋。

不過，在平原的大江大河之上，高聳入雲的橋墩便沒有了用武之地。為降低橋樑高度，同時保證橋墩的柔性，則需要為墩柱「瘦身」，如雙支薄壁墩、V 形墩、Y 形墩等；或是採用全新的橋墩形態，如人形墩、A 形墩等。然而，在橋樑建造實踐中，橋墩要薄，橋樑要穩，成本要低，三者互相制約，因而跨度超過 300 米的剛構橋屈指可數。

儘管如此，還是有敢於突破者。2006 年建成的重慶石板坡大橋復綫橋，為給長江江面預留充分的航行空間，其單跨達到 330 米，一舉成為世界上跨度最大的預應力混凝土連續剛構橋。

而緊靠它身旁的，就是長江上游的第一座公路橋樑——重慶石板坡長江大橋，這是一座最大跨度為 174 米的「T」字型剛構橋。儘管當年「全民建橋」的盛大場景已成往事，但如今新老兩橋並駕齊驅，人們據此仍可看到時代變遷的痕跡。

左圖　千島湖大橋 / 攝影　韓陽
千島湖大橋位於浙江西部淳安縣的千島湖上，全長 1258 米，是一座 V
形墩連續剛構橋。

右圖　溫州甌越大橋 / 攝影　倪前輝
甌越大橋是橫跨甌江的一座公路橋，最大跨度為 200 米，主橋採用扁平
的薄壁墩。

至此，從峽谷到平原，從江河到海峽，似乎都已被中國人跨越，但實際上這還遠遠不夠。面對陡峭的崖壁、湍急的水流或是橋下交通的需要，豎直的橋墩已然無處安放，人們需要一種一跨而過的橋樑，比如「拱橋」。

中國人對拱橋再熟悉不過了。被寫進內地小學課本的趙州橋，建於1400餘年前，縱然經歷了歷史上的戰爭、洪澇、地震等，其主體結構依然完好，堪稱「世界橋樑藝術的典範」。拱橋的形象更是深入人心，不僅成為中國古典園林的標配，也是詩詞歌賦中的經典意象：

> 長橋臥波，未雲何龍；復道行空，不霽何虹。（引自杜牧《阿房宮賦》）

在一座現代拱橋中，根據橋面與主拱拱圈的相對位置，可分為上承式、中承式和下承式拱橋。其中的「拱」結構，在自重和橋面荷載的作用下，將向兩端底座釋放「張力」。這意味著兩端的底座不僅要在豎向上托起橋身，還必須提供橫向的推力。正是這樣的推力，牢牢抵抗住「拱」的變形，從而提高了拱橋的跨越能力。這是拱橋獨特的優勢，也是拱橋面臨的挑戰。

叁

長虹臥波

南昆高鐵上的南盤江特大橋／攝影　潘泉

南盤江特大橋位於雲南省紅河州彌勒市與
文山州丘北縣交界處，橫跨南盤江。全長
852 米，主跨達 416 米，橋面凌空高於江
面 270 米，為客貨共用的鐵路上承式混凝
土拱橋。

拱橋示意

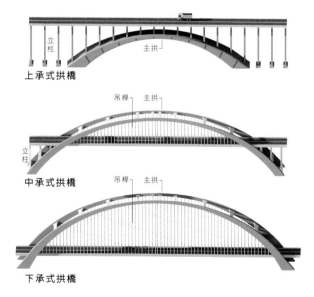

上承式拱橋

中承式拱橋

下承式拱橋

若遇上脆弱的岩石和鬆軟的地基，兩端底座便無法提供足夠的支撐力。此時，為了滿足橋樑跨度，工程師們只能儘量減輕橋樑自重，利用更加「骨感」的外形，以保持底座的穩定。例如由中國首創的混凝土桁架拱橋，其纖細的預應力混凝土骨架讓橋身變得輕盈，最大跨度可達 330 米。不僅如此，在中承式和下承式拱橋中，工程師們還能在拱和樑的交點間固定一「繫杆」，以其拉力代替兩端底座的推力，是為「繫杆拱」。而如果這些繫杆足夠「強硬」、不易彎折，甚至還能幫助拱結構共同承受橋面的荷載。但無論採取哪種方式，繫杆的存在都能讓拱橋的底座不再需要提供橫向的推力，使之對地形的適應性大為提高。

隨著混凝土拱橋達到跨度極限，一種新的拱橋後來居上。工程師們將混凝土填充在鋼管中，令其獲得一層「保護殼」，這會比普通混凝土更加堅固牢靠。同時，鋼管本身便可作為施工骨架，不必另行搭建施工時的拱架和混凝土澆築的模板，這大大降低了拱橋的修建難度。於是，這種「Ｎ全其美」的鋼管混凝土拱橋，一時間成了拱橋圈的寵兒。更有甚者，以填充完畢的鋼管為骨架，在外層再包裹混凝土，由此演變為一種「硬骨頭拱橋」，即勁性骨架混凝土拱橋，如今這種拱橋的跨度已突破 400 米。

自 1993 年起，中國的粗鋼產量躍居世界首位，橋樑建設逐漸走出了「捨不得用鋼」的時代，鋼拱橋隨之崛起。它們可與桁架、剛構等多種結構進行組合，建造效率和跨越能力大幅提高，不僅創造了一個又一個工程奇跡，而且以柔美的造型裝點著一個又一個城市的風景。

如今，拱橋的跨度已達 575 米 [1]，而接下來登場的角色，將幫助中國人突破 1000 米的跨度大關。

---

1 位於廣西平南縣的平南三橋，是跨越潯江的一座特大橋，大橋全長 1035 米，主橋跨度 575 米，為世界最大跨度拱橋，已在 2020 年 12 月底建成通車。

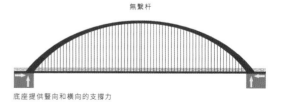

拱橋底座和繫杆作用示意

無繫杆

底座提供豎向和橫向的支撐力

有繫杆

繫杆

繫杆替代底座提供橫向推力

左頁圖　武漢晴川橋／攝影　潘銳之
跨越漢江兩岸的武漢晴川橋，主跨約 303 米，是一座下承式鋼管混凝土繫杆拱橋。繫杆拱可以用拉力代替底座的推力，適用於地基較為鬆軟的漢江兩岸。

肆 鋼鐵琴弦

早在 20 世紀 80 年代末，上海浦東還沒有林立的高樓，黃浦江兩岸相隔近 400 米，擺渡是來往通行的唯一途徑。隨著上海的發展，修建一座跨江大橋成為大勢所趨。然而在當時的中國，還從未有橋樑達到如此跨度。

即使艱難如此，同濟大學的李國豪校長和項海帆教授依然力主自行建造這座「黃浦江第一橋」。項海帆教授在給上海市市長的信中寫道：

> 上海是中國的東大門，黃浦江大橋應成為上海市的標誌傳名於世。建造黃浦江大橋不但是 1000 萬上海人民的夙願，也是上海橋樑工程界的夢想，在學校我們也一直以此激勵橋樑專業的學生們。

於是在 1991 年，以不到日本團隊提出的原方案一半的造價，上海南浦大橋正式建成通車，開啟了中國自主建設超大跨度橋樑的先河。這座大橋的兩端佇立著兩座約 50 層樓高的高塔，兩塔與橋面以 180 根鋼索相連，如同一根根傾斜的鋼鐵琴弦，是為「斜拉橋」。

大橋建成兩年後，原班人馬再次操刀，又一座跨越黃浦江的大橋——楊浦大橋橫空出世，其跨度超過 600 米，一躍成為當時世界斜拉橋之最，和南浦大橋堪稱「一時雙璧」。

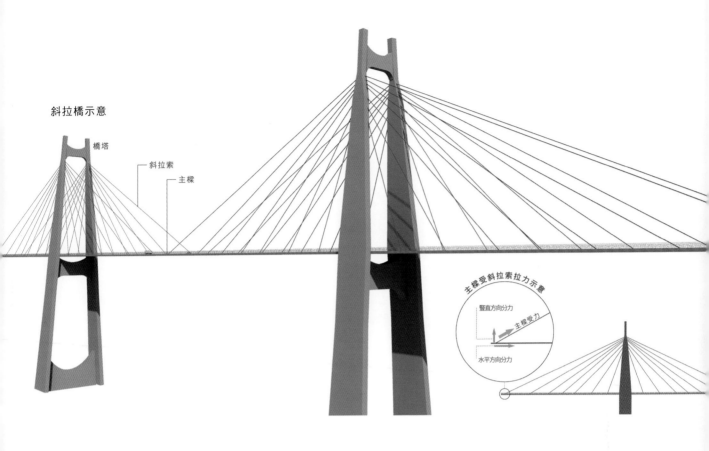

斜拉橋示意

橋塔

斜拉索

主樑

主樑受斜拉索拉力示意

豎直方向分力

主樑受力

水平方向分力

但對斜拉橋來說，這樣的跨度僅僅是「牛刀小試」。由於根根拉索向上提拉，竭力阻止樑體向下彎曲，如同有了一個個「隱形橋墩」，極大地提高了橋樑的跨度潛力。加之工程材料和計算方法的革新，現代斜拉橋從誕生日起，僅用 50 餘年時間，便完成了千米跨度的跨越。[1]

不過，超大跨度的樑體也帶來了巨大的自重，加上來往的車輛行人，以及猛烈的橫風……這些荷載最終多由拉索向索塔傳遞，因此對斜拉橋而言，索塔至關重要，它必須格外穩定、格外堅固。不僅如此，索塔的配置也十分講究，有時「一夫當關」，有時雙塔並立，有時多塔排列……千姿百態的造型，彰顯著大橋的藝術氣質，堪稱工程和藝術的完美融合。更重要的是，與生俱來的對稱形態，讓斜拉橋更容易實現「自錨」[2]。這在「無地可錨」的環境中獨具優勢，成為眾多海灣大橋的符號。

---

1 江蘇省蘇通長江大橋，跨度 1088 米，是中國已建成斜拉橋的跨度之最。

2 自錨是指拉索不需要額外錨碇，直接錨固在自身橫樑上。

仙神河大橋 / 攝影　鄧國輝
仙神河大橋位於晉豫兩省交界的懸崖絕壁地段，是一座矮塔斜拉橋，橋墩高約 150 米，塔高 49 米。

然而，斜拉橋的跨度仍存在瓶頸。因為拉索角度傾斜，所以在豎直方向上提起橫樑的同時，還必須沿著橫樑產生水平方向的「分力」，稱為「軸力」。當橋樑跨度延伸時，拉索勢必增加，橫樑承受的軸力也將逐漸累積，最終導致樑體不堪重負。

雪上加霜的是，當拉索越來越長、越來越傾斜時，巨大的自重將令其自身彎曲下垂，導致其難以拉起巨大的樑體。加之橫風的影響和建造成本的限制，斜拉橋會逐漸達到跨度極限，可謂「成也斜拉索，敗也斜拉索」。而要向 2000 米跨度發起衝擊，只能指望最後一位選手。

錢塘江大潮湧向嘉紹大橋 / 攝影　潘勁草
嘉紹大橋是連接嘉興海寧市與紹興上虞區的過江通道，跨越杭州灣，全長 10.137 千米。主航道橋最大跨度 428 米。

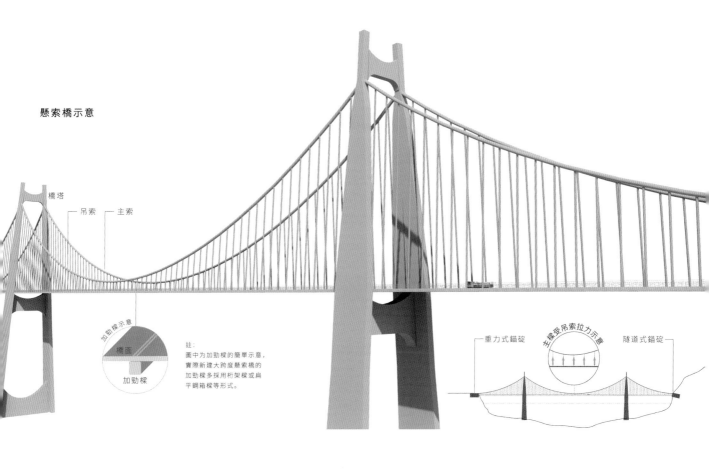

懸索橋示意

橋塔
吊索
主索

加勁樑示意
橋面
加勁樑

註：
圖中為加勁樑的簡單示意，
實際新建大跨度懸索橋的
加勁樑多採用桁架樑或扁
平鋼箱樑等形式。

重力式錨碇　主樑受吊索拉力示意　隧道式錨碇

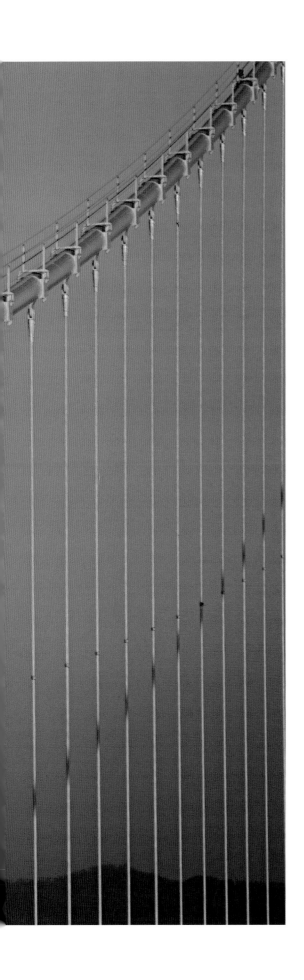

相比巨大的樑體，橋上車馬行人的載重顯得微不足道，因此橋面不再因外力而上下波動，顛簸晃蕩的索橋成為歷史。即便主樑跨度較小、自重較輕，橋面載重不能被忽略，工程師們通過加設「加勁樑」，便能避免樑體上下彎曲。

儘管懸索橋和斜拉橋都是索橋，但懸索橋的吊索垂直於橋面，無論其跨度多大，都不會產生擠壓樑體的水平軸力。根據學者們的推算，懸索橋的跨度至少能達到 5000 米，實在令人驚嘆。正因為有這種跨越的能力，在今天，無論是大江大河，還是高山峽谷，抑或是島嶼海峽，許多難以逾越的天險都被懸索橋一一征服。

獅子洋上的「豎琴」/ 攝影　塗濤

圖中的「豎琴」是南沙大橋的巨大懸索。南沙大橋原稱「虎門二橋」，是一座連接廣州市南沙區與東莞市沙田鎮的跨海大橋，位於珠江獅子洋之上。南沙大橋設計全長 12.89 千米，建有大沙水道橋、坭洲水道橋兩座跨度超千米的懸索橋。

回顧中國橋樑的建造歷史，我們曾領先於世界，也曾落後於他人。雖然充滿坎坷和波折，科學家和工程師們卻從未停下腳步。近百年來，他們不斷突破地理、地質、技術、成本等條件限制，即便在一窮二白的年代裏，也能創造出新的技術，實現一次又一次跨越。

正因如此，今天的中國大地上，僅公路橋樑就已超過 91 萬座，高鐵橋樑達 1 萬餘座。它們跨越高山大川，連通城鎮村莊，共同組成了一座廣袤國土上的「橋樑博物館」。

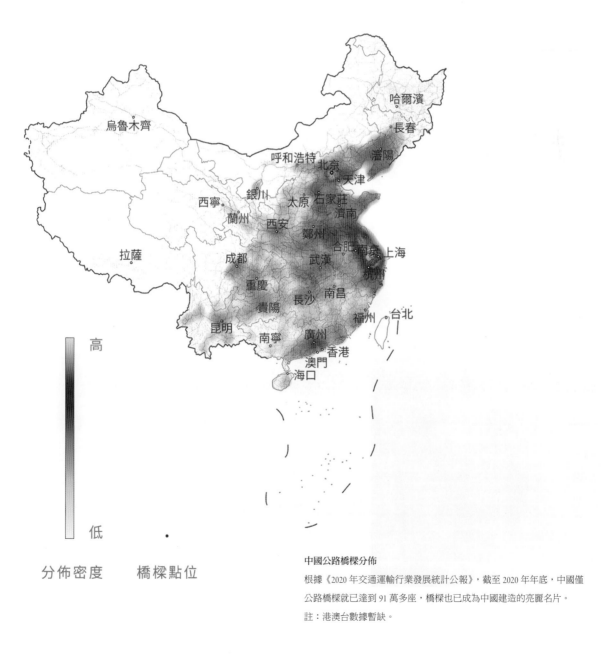

高

低

分佈密度　　橋樑點位

中國公路橋樑分佈

根據《2020 年交通運輸行業發展統計公報》，截至 2020 年年底，中國僅公路橋樑就已達到 91 萬多座，橋樑也已成為中國建造的亮麗名片。

註：港澳台數據暫缺。

③

隧道：
中國人的穿山

放眼全中國

在 960 多萬平方千米的陸地國土之上

有超過 3.8 萬條、總長超過赤道的隧道日夜通行 [1]

為南來北往、東西穿梭的客貨洪流

構建起超級通道網

目前

中國的隧道總里程高居世界第一

從黃土高原,到太行山區

從青藏高原,到天山山脈

隧道正改變著這個山區約佔 2/3 國土面積的國家

中國人究竟是如何挖穿這一條條山嶺的?

1　此篇僅討論山區中的鐵路和公路隧道,不涉及城市隧道和水下隧道。

京通鐵路穿過古北口臥虎山長城下的隧道／攝影　趙斌

京通鐵路沿燕山南麓出古北口長城，過燕山腹地，隧道密集，縱貫內蒙古哲里木區，連通北京和內蒙古通遼，是溝通華北和東北鐵路網的幹綫之一。鐵路穿過崇山峻嶺的燕山山脈時，需要在群山間的隧道中穿梭。

中國公路隧道和部分鐵路隧道分佈

截至 2020 年年底，中國公路隧道達 2 萬多條，鐵路隧道也有 1.6 萬多條。從
分佈區域上看，公路隧道集中分佈於中國第二、三級階梯相接處及西南和東
南地區。隨著經濟的發展及隧道修築技術的提升，隧道也在不斷向山區和
邊疆地區開鑿。從 1980 年至 2020 年的 40 年間，中國共建成 12412 條鐵路隧
道，佔中國鐵路隧道總長度的 90%。

註：港澳台數據暫缺。

燕山隧道21.1千米（張家口－唐山鐵路）

太行山隧道27.8千米（石家莊－太原鐵路）

呂梁山隧道20.8千米（太原－銀川鐵路）

南呂梁山隧道23.4千米（呂梁－日照鐵路）

峭山隧道22.7千米（浩勒報吉－吉安鐵路）

中天山隧道22.4千米（南疆鐵路）

烏鞘嶺隧道20千米（蘭新鐵路）

當金山隧道20.1千米（敦煌－格爾木鐵路）

新關角隧道32.7千米（西寧－格爾木鐵路）

西秦嶺隧道28.2千米（蘭州－重慶鐵路）

青雲山隧道22.7千米（向塘－莆田鐵路）

烏魯木齊

西寧

蘭州

成都

拉薩

昆明

中國公路隧道分佈密度

低

高

· 公路隧道

● 已貫通10千米以上公路隧道（截至2020年年底）

· 鐵路隧道（部分）

● 已投入運營20千米以上鐵路隧道（截至2020年年底）

西山隧道 13.65千米 (太古高速公路)

雲山隧道 11.39千米 (和汾高速公路)

寶塔山隧道 10.48千米 (東呂高速公路)

虹梯關隧道 13.1千米 (長平高速公路)

木寨嶺隧道 15.2千米 (G75渭源－武都段)

麥積山隧道 12.3千米 (連霍高速公路)

秦嶺終南山隧道 18.02千米 (包茂高速公路)

包家山隧道 11.2千米 (包茂高速公路)

米倉山隧道 13.8千米 (巴陝高速公路)

獅子坪隧道 13.15千米 (G4217汶川－馬爾康段)

新二郎山隧道 13.46千米 (雅康高速公路)

泥巴山隧道 10千米 (京昆高速公路)

錦屏山隧道 17.5千米 (錦屏水電站聯絡線)

老營隧道 11.5千米 (保瀘高速公路)

哈爾濱

長春

瀋陽

呼和浩特

北京
天津

石家莊

太原

濟南

鄭州

安

合肥 南京 上海

武漢 杭州

南昌

長沙

福州

台北

廣州

香港

澳門

海口

南寧 廣州 香港
澳門

海口

壹
隧道的
誕生

在中國大地上，隧道或傍山而過，其上方構築頂棚，形成「明洞」；或掛於峭壁，每隔一段開出「天窗」，形成掛壁公路；或沿山坡盤旋，時而鑽入山中，時而出露於外，形成盤山道。但更多時候，隧道隱伏於山體之中，只露出窄窄的出入口——洞門。

一般的洞門牆體直立，造型粗獷。「豪華」的洞門則是在兩側增設立柱，形成柱式洞門，美觀且穩定性更強。而與環境融合得最好的是削竹式洞門，它好似竹竿被斜切一刀留下的截面，造型乾淨利落。

還有一種洞門的造型更為獨特，它多分佈在高鐵隧道的洞口，形似向外敞開的喇叭口。通常情況下，當列車高速通過隧道時，被推擠的氣流產生強烈的衝擊壓會引發噪聲，還會讓乘客身體不適，而喇叭口狀洞門則能夠緩衝氣壓，減輕氣壓變化帶來的影響。

新疆賽里木湖公路隧道 / 攝影　沈龍泉
該隧道位於新疆賽里木湖南，是 G30 連霍高速的重要節點。它分為左右兩綫，左綫長 1802 米，右綫長 1827 米，建成時成為新疆最長的高速公路隧道。隧道洞口為削竹式，造型美觀，與周圍環境融合較好。

經由洞門進入隧道內部，裏面則是暢通無阻的通道。無論裏面是漆黑一片，還是燈火通明，它們都經歷了數次「變身」。

第一次變身，即人們通過鑿孔爆破和挖掘，鑿出一條通道。比如擁有數條「手臂」的鑿岩台車在洞內鑽鑿孔眼以安放炸藥。而精密控制的「爆破」，可以按照預設的方向和形狀炸開岩體。

「爆破」開挖之後，岩體出現空洞，地層進入不穩定狀態，隨時可能出現塌方，於是第二次變身立即開啟，即進行隧道安全支護。在過去，人們使用木材或者鋼材來支撐施工中的隧道。後來，人們發明了新工藝。先是在隧道岩體中打入錨桿，接著佈設一圈鋼筋網，最後噴射一層混凝土，如此便可以控制四周岩體的變形，從而起到支護作用。[1]20 世紀 70 年代，這種方法開始傳入中國，在隧道建設中被廣泛使用。當然，在挖空的隧道內，除了要穩定岩石結構，還需要佈設一道隔水層用於防水。

最後是第三次變身。人們在隧道內架起一輛「模板車」，進而在岩壁與「模板車」之間灌注混凝土，有如在模具中澆鑄金屬一般。其作用是，在加固支護的同時，還能保證壁面整齊平順，這便是「二次襯砌」。若再輔以通風、照明等必要設施，一條隧道的雛形便開始出現。

隧道連接起大山兩側的世界，促進了兩頭的溝通和交流。以 20 世紀 50 年代修建的寶成鐵路為例，它北接陝西寶雞，南連天府成都，是溝通了西北與西南的第一條鐵路幹綫。全綫 80% 的路段是崇山峻嶺，藉助 304 條隧道，這條鐵路才得以穿越秦巴山地，改變了「蜀道難」的局面。

但是，受當時工程技術的限制，寶成鐵路沿綫的隧道長度大多短於 1000 米，最長的隧道也不過 2300 米，一條接一條的短小隧道組成了密集的隧道群，列車只能在隧道與展綫[2]組成的「盤山鐵路」上緩慢爬升，運行速度和運輸效率受到嚴重限制。

所以，我們需要更長，甚至超長的隧道。

1　這種隧道施工辦法由奧地利學者拉布塞維奇首次提出，後來被國際土力學及基礎工程會議正式命名為新奧地利隧道施工方法，簡稱「新奧法」。
2　列車為了爬升至預定高程，常通過延長綫路以實現緩慢爬坡的目的，這樣的鐵路被稱為「展綫」。

右頁上圖　白羅山隧道中的梯架式鑿岩台車 / 攝影　牛榮健

白羅山隧道是杭紹台城際鐵路的一部分，全長近 10 千米。通過梯架式鑿岩台車的鑽機鑽孔、置放炸藥、「爆破」，就能按照預定的形狀和方向在堅硬的岩體中開鑿隧道。

右頁下圖　冉家灣隧道二號斜井 / 攝影　李昌華

冉家灣隧道為成昆鐵路復綫米攀段穿過的隧道，位於攀枝花市仁和區，全長 12754 米（雙綫隧道），最大埋深約 612 米。圖為完成安全支護的隧道斜井。

20 世紀 50 年代，當時中國最長的鐵路隧道是涼風埡隧道，全長 4270 米。到 20 世紀 60 年代，驛馬嶺鐵路隧道突破 7000 米。1988 年，超過 1.4 萬米長的大瑤山隧道正式通車，成為中國第一條萬米長鐵路隧道，也曾是中國最長的雙綫電氣化鐵路隧道。進入 21 世紀，烏鞘嶺隧道的長度突破 2 萬米。

到 2020 年年底，中國投入運營的鐵路隧道約有 1.7 萬條，總里程約 2 萬千米，同時單條隧道的長度已經突破 3.2 萬米。公路隧道也已超過 2.1 萬條，總里程約 2.2 萬千米。其中秦嶺終南山公路隧道長約 1.8 萬米，是目前中國最長的公路隧道。

長隧道和特長隧道的出現[1]，讓原本彎彎繞繞的山路得以「拉直」，人們不再需要大量盤山公路和展綫，可以直接從山腳一洞貫穿。以青藏鐵路為例，20 世紀 70 年代為了翻越關角山，列車需要先通過展綫爬升 600 米，才能通過海拔近 3700 米的老關角隧道，再盤山而下，用時需 2 小時。2014 年，一條全長 32 千米的特長隧道貫通關角山，列車僅需 20 分鐘便可穿過。

---

1 根據《公路工程技術標準》（JTG B01－2014），公路隧道按照長度可以分為：≤500 米的隧道為短隧道，500－1000 米的隧道為中長隧道，1000－3000 米的隧道為長隧道，＞3000 米的隧道為特長隧道；根據《鐵路隧道設計規範》（TB 10003－2016），鐵路隧道按照長度可以分為：≤500 米的隧道為短隧道，500－3000 米的隧道為中長隧道，3000－10000 米的隧道為長隧道，＞10000 米的隧道為特長隧道。

青藏鐵路新老關角隧道綫路對比

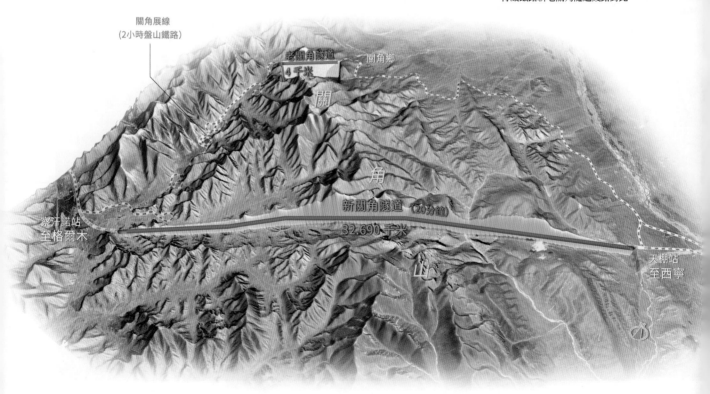

關角展線
(2小時盤山鐵路)

老關角隧道
4千米

關角鄉

關

察汗諾站
至格爾木

角

新關角隧道 (20分鐘)
32.690 千米

山

天棚站
至西寧

秦嶺終南山隧道群 / 攝影　魏煒

自左至右分別是引乾濟石調水隧洞、秦嶺終南山公路隧道和西康鐵
路秦嶺隧道。秦嶺終南山公路隧道是陝西的一條連接西安市與商洛
市的穿山通道。它利用既有鐵路隧道為平行導坑，長隧短打，同時
利用本隧道為平行導坑修建引水隧洞，實現了鐵路、公路、水利三
個行業綜合利用。

引乾濟石調水隧洞
18040 米

秦嶺終南山公路隧道
18020 米

西康鐵路秦嶺隧道
18456 米

這些長隧道、特長隧道是如何修建的呢？

一般的隧道會從兩端向中間同時掘進，但對於長隧道而言，這種方法會使效率變得非常低下。於是，人們將長隧道分割為若干短隧道，在多個點位同時施工，這便是「長隧短打」。例如，在山谷的一側尋找距離隧道較近的地表位置，橫向開挖一個施工洞，即橫洞。一部分施工人員和設備由此進入主洞，開闢出新戰場。

當隧道的埋深較淺時，就在隧道上方地層較薄處開挖與地面連通的坑道。若坑道沿著斜上方延伸，是為「斜井」；若坑道沿著豎直方向延伸，是為「豎井」。

有了橫洞、斜井和豎井，隧道的施工面增加，可同時多點作業，挖掘效率顯著提高。當出現更為複雜的情況時，一個更加高明的幫手——平行導坑挺身而出。

顧名思義，這是一個與主洞平行的先導洞。它先於主洞開挖，既可以為主洞探明前方的地質情況，又能利用橫向通道和主洞連接。每條橫向通道可以增闢兩個作業面，極大地加快施工進度。在個別情況下，一些平行導坑會成功「轉正」，通過拓寬和砌築，成為一條真正的隧道。比如連接西安與安康的西康鐵路上的秦嶺 II 綫隧道，便是由平行導坑「轉正」而來。通過以上種種方式，眾多的長隧道終於有了建設的可能。

不過，中國的地質條件如此複雜，地下工作環境常出現預料之外的難題，隧道建設者必須想盡一切辦法來破除更大的難關。

隧道常用輔助坑道結構示意：

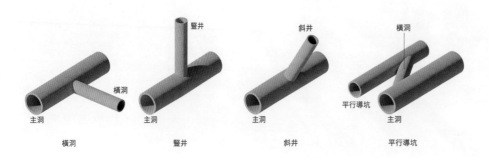

雀兒山隧道的平行導坑洞口與主洞口同框 / 攝影　楊奎
圖上左側洞口為平行導坑洞口，右側為主洞口。雀兒山隧道
是四川省藏族自治州德格縣境內的公路隧道，全長 7079 米。

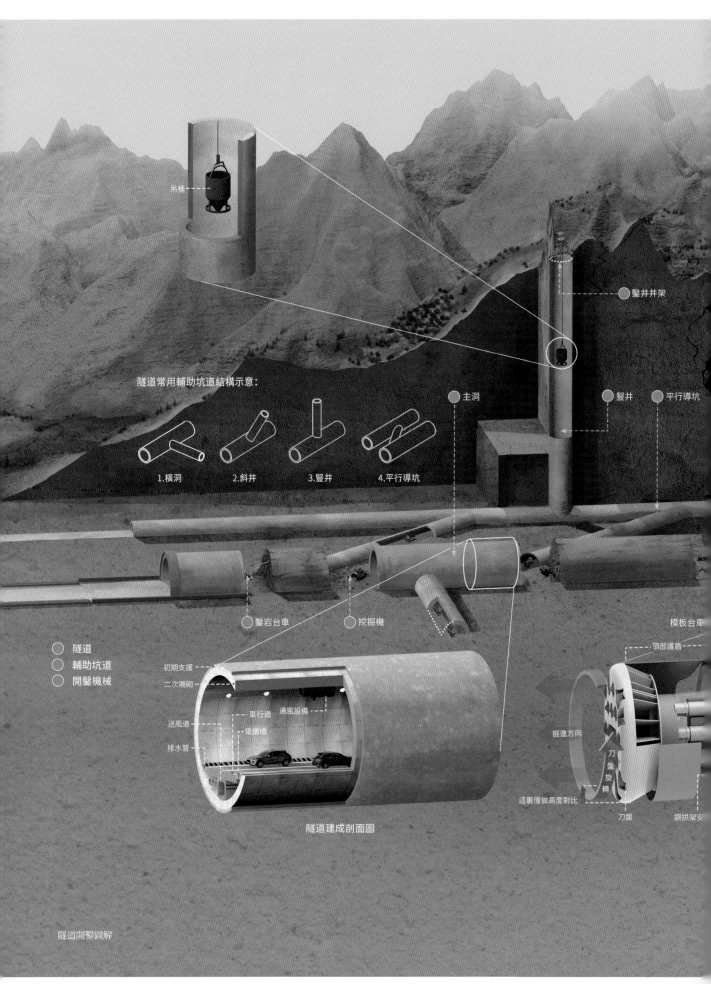

吊桶

鑿井井架

隧道常用輔助坑道結構示意：

主洞

豎井　平行導坑

1.橫洞　　2.斜井　　3.豎井　　4.平行導坑

○ 隧道
○ 輔助坑道
○ 開鑿機械

鑿岩台車　　挖掘機

模板台車

頂部護盾

初期支護
二次襯砌

掘進方向

送風道　　車行道　　通風設備
電纜槽
排水管

刀盤旋轉

這裏僅做高度對比

刀盤　　鋼拱架安

隧道建成剖面圖

隧道開鑿圖解

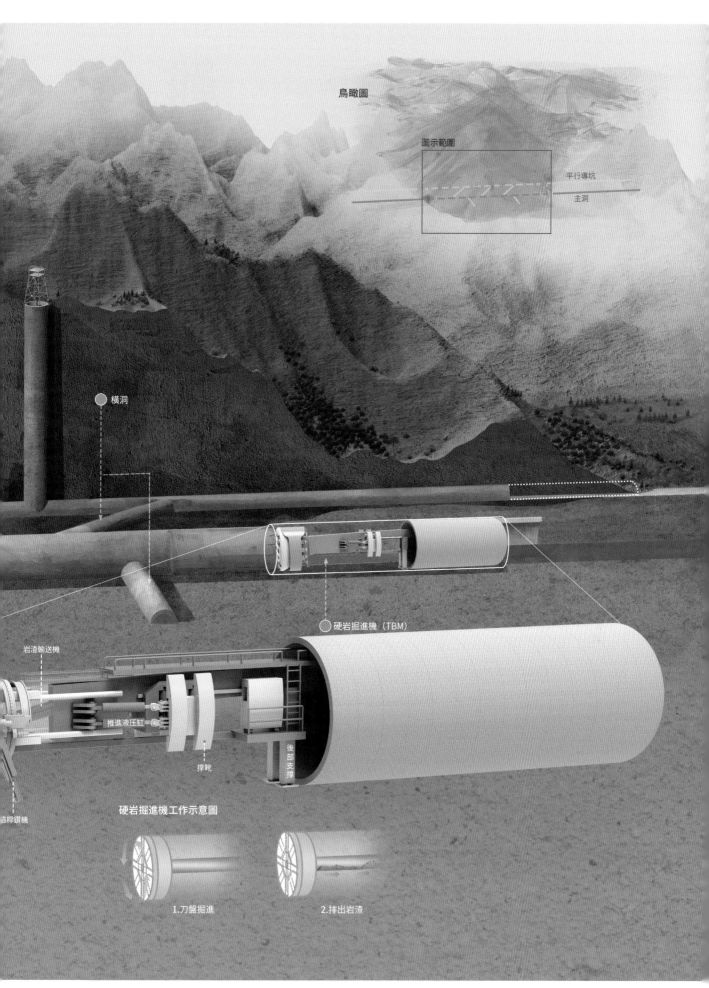

鳥瞰圖

圖示範圍

平行導坑

主洞

橫洞

硬岩掘進機（TBM）

岩渣輸送機

推進液壓缸

撐靴

後部支撐

鑽桿鑽機

硬岩掘進機工作示意圖

1.刀盤掘進

2.排出岩渣

131

難
關

叁

2008 年 8 月 8 日，舉世矚目的北京奧運會開幕；千里之外的瀾滄江畔，大柱山隧道恰巧也在這天開工。它全長 14.5 千米，位於雲南大理至瑞麗的鐵路綫上，原定工期五年半，但工程的難度遠遠超出預期。工期只能一延再延，直到 2020 年 4 月 28 日才得以貫通。

十二年的時間，消磨了許多工程建設人員的青春。大柱山隧道只是中國隧道艱苦建設的一個縮影。放眼整個中國，多樣的地形、多變的地貌、複雜的地質成因⋯⋯各種各樣的難題等待著隧道建設者們去克服。

在黃土高原，地表殘破，溝谷縱橫，黃土質地鬆軟，極易垮塌，受水浸濕後，還會發生下沉。2005 年，連接鄭州和西安的鄭西高鐵動工，沿綫必須多次穿越黃土地層。按照綫路規劃，位於河南三門峽的張茅隧道是全綫最長的隧道，預計最大開挖斷面超過 160 平方米，是全球橫斷面最大的黃土隧道。

想要在鬆軟的黃土中進行大斷面隧道施工，必須想盡辦法減輕擾動，避免隧道垮塌。為此，建設者們採用了一種獨特方式，將斷面自上而下分為三個台階，按七個施工面進行有序開挖，這種開挖方式即「三台階七步開挖法」。

右頁下圖　列車穿過黃土高原的隧道 / 攝影　張一飛
黃土高原經流水長期侵蝕，逐漸形成千溝萬壑、地形支離破碎的自然景觀。黃土地貌區隧道圍岩軟弱，易造成滲水、滑坡、坍塌等，這些是在黃土高原地區修建隧道所需攻克的難題。

三台階七步開挖法示意：

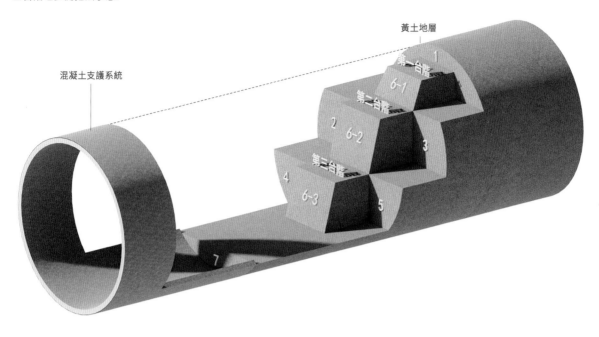

混凝土支護系統

黃土地層

第一台階
1
6-1

第二台階
2
6-2
3

第三台階
4
6-3
5

7

在南方喀斯特地區，廣泛分佈著碳酸鹽岩地層。在長年累月的溶蝕下，大地變得支離破碎。峰巒起伏的地下，溶洞叢生，暗河交錯。這些壯美的景觀同樣是隧道工程的大敵，所以在施工遇到溶洞、暗河時，湧水、湧泥現象屢見不鮮。以位於湖南郴州的南嶺隧道為例，隧道沿線的溶洞密集成網，施工中湧水、湧泥多達 24 次。其中一處溶洞內湧出的泥漿超過 8000 立方米，將隧道堵塞 177 米長。

有時隧道遇有大溶洞，則需要進行跨越處理。以川黔鐵路的蝦子河隧道為例，為了通過一個巨大的溶洞，建設者們只好在溶洞內架設起一座長達 27.7 米的橋樑，「洞中建橋」可謂超越想象。

在青藏高原，平均海拔超過 4000 米，高寒缺氧，氣候惡劣。隧道結構中的水分會在低溫時固結成冰，體積膨脹。而隨著氣溫升高，冰化成水，會導致地層塌縮，這便是凍融作用。循環往復的凍融作用，增加了隧道結構開裂的風險。因此，在高原隧道建設中，防水措施尤為重要。同時，為減小環境溫度對隧道的影響，還會增設保溫層。

2002 年貫通的崑崙山隧道地處海拔 4600 多米的多年凍土區，是世界最長的高原凍土隧道，也是青藏鐵路格爾木至拉薩段最長的隧道。為了適應高寒區的環境要求，專家和建設者們不斷進行試驗，全長僅有 1686 米的隧道歷時一年才終於貫通。

左頁上圖　高鐵穿過桂林喀斯特峰林中的隧道／攝影　盧敏
中國是一個多山、多喀斯特地貌的國家，喀斯特地貌問題是山區隧道建設中的關鍵問題之一，建設者攻堅克難、科學施工，在山嶺奇峻、地質複雜的地區攻克一個個難題，鑿出一條條通道。

左頁下圖　雪山一號隧道／攝影　劉瑞
位於 G0615 德馬高速青海瑪沁段的雪山一號隧道，平均海拔超過 4400 米，是世界上海拔最高的高速公路隧道。它穿越大面積的季節性凍土層和永久凍土層，施工人員採用了「混凝土抗凍融」、「三次襯砌」等特殊工藝，成功破解凍土隧道施工的難題。

相較於集中分佈的黃土、岩溶、凍土等地質條件，各種規模的斷層才是隧道施工中最常見的難題。尤其是斷層發育且地下水豐富的地區，其岩層破碎，極易透水，施工難度極大，人稱「爛洞子」。

以大柱山隧道為例，隧道全綫需要穿越 6 條主要斷層，其中在燕子窩斷層的核心地段，僅 156 米的距離就耗時長達 26 個月，平均每天僅能掘進 20 厘米。在整個隧道的施工期間，抽水工作從未間斷。源源不斷的水流從洞口流出，在半山腰造出了一條人工瀑布。

複雜的地質條件使得洞內工程施工技術面臨挑戰，而洞內惡劣的工作環境同樣考驗著建設者。比如，在煤層、油葉岩等含瓦斯地層施工時，必須藉助通風設備，稀釋隧道內的瓦斯濃度。當隧道越挖越深時，洞內的空氣越發稀薄，再加上施工、運輸等產生的粉塵，隧道內的通風設備就必不可少。有個別隧道由於綫路穿過高地溫區域，洞內異常的高溫條件給施工增添了新的麻煩。例如川藏鐵路綫中的桑珠嶺隧道，洞內溫度可達 89.3℃，建設者們必須藉助冰塊來降溫。

想要在中國的山地修建隧道，凡此種種，不可避免。人們唯一能做的便是「兵來將擋，水來土掩」。

為了突破重重難關，工程師們不斷革新技術，研製新設備，其中值得一提的當屬隧道掘進機（TBM）。它如同巨型怪獸，長達數百米，一個標準足球場都無法將其安放。當其作業時，它會通過旋轉堅固的爪子（刀盤）挖掘前方岩石。相較其他機械，它的掘進速度大幅提升，是目前機械化程度最高的隧道挖掘設備。目前，中國自主研發了「月城涼山號」、「彩雲號」等隧道掘進機，越來越多的自主化設備成為中國隧道工程的有力武器。

右頁上圖　大瑞鐵路大柱山隧道洞口的瀑布 / 攝影　趙子忠
由於地質條件過於複雜，大柱山隧道於 2008 年開工建設，直到 2020 年才完全貫通。頻繁的湧水、突泥等災害，讓排水成為隧道建設的重要工作，巨量的水從平行導坑中流出，如同一道瀑布。

右頁下圖　「月城涼山號」TBM（全斷面岩石隧道掘進機）在大涼山 1 號隧道施工 / 供圖 中國鐵建
「月城涼山號」國內首台應用於高速公路輔助施工的 TBM，其開挖直徑達 7.93 米，整機長度為 176 米，因其工作地點在四川西昌，西昌自古便有月亮城的別稱，故而得名「月城涼山號」。

137

這就是中國人的穿山之路，凝聚著無數工程師的智慧，凝結了無數建設者的辛勞。

在廣袤的中華大地上，隧道與高山同框、與江河為伴、與長城共舞，幫助我們突破地理的限制，快速地連接中國的各個角落。

2010年，嘎隆拉隧道成功貫通，墨脫公路（西藏波密縣扎木鎮至墨脫縣）控制性工程就此打開墨脫之門。3年後，墨脫公路通車，結束了墨脫縣對外無公路的歷史。目前在建的亞洲第一長鐵路隧道——高黎貢山隧道全長34.5千米，建成後大理至瑞麗的通行時間將縮短一半以上。

2020年9月底，川藏鐵路全綫獲批。21座4000米以上的雪山沿鐵路綫分佈。其中雅安至林芝段規劃修建72條隧道，隧道總長838千米，約佔該段全長的83%。川藏鐵路有如穿梭橫斷山區和青藏高原的「地鐵」，未來將成為繼青藏鐵路之後的第二條進藏「天路」。

就這樣，超過4萬千米長的隧道在這片土地上縱橫穿梭，未來隧道的長度還將繼續增長。若千年後，我們回顧歷史，一定會記起中國隧道建設的這個黃金時代。

數十年如火如荼的隧道建設，連接了這個國家，連接了14億人民，也連接了現在與未來。

京原綫（北京至山西原平）上的貨運列車正在通過十渡二號隧道 /
攝影　王偉光

十渡站位於北京市房山區十渡鎮十渡村，十渡二號隧道開鑿在十渡站東側絕壁上，總長59米，為京原鐵路最短的穿山隧道。

④

進藏之路：
此路只應天上有

在中國

有一種公路叫「天路」

它們沿途海拔極高

彷彿可以與天相接

截至 2020 年年底

中國公路里程已達 519.81 萬千米

幾乎能繞赤道 130 圈 [1]

但其中能被稱為「天路」的少之又少

且大部分集中於青藏高原

這裏平均海拔超過 4000 米

氣候寒冷，空氣稀薄，地質複雜

注定每一條道路的修築都是困難重重

---

[1] 根據交通運輸部《2020 年交通運輸行業發展統計公報》，2020 年年末全國公路總里程為 519. 81 萬千米。
赤道周長約為 40076 千米。

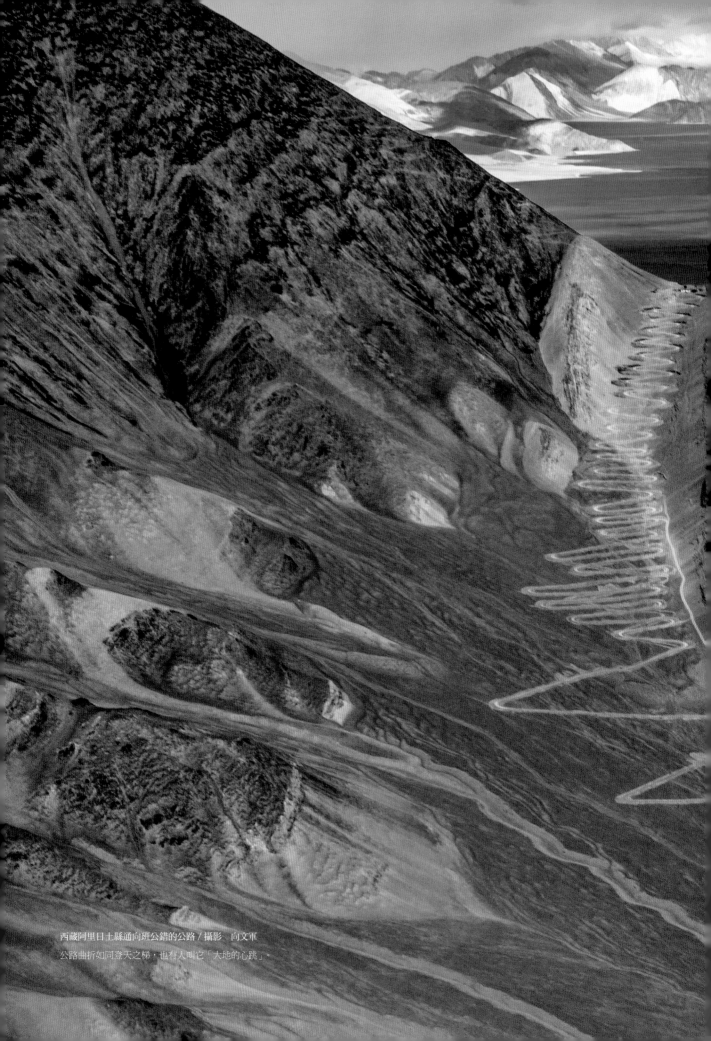

西藏阿里日土縣通向班公錯的公路 / 攝影　向文軍

公路曲折如同登天之梯，也有人叫它「大地的心跳」。

在 1950 年的中國，持續一百多年的紛亂剛剛平息，邊疆亟
待建立全新的防綫。此時的西部邊疆，只有西藏還未解放。
為此，人民解放軍整裝待發，準備進駐西藏。
但自古以來，通向西藏的道路艱險異常，近代著名地理學家
白眉初於 1930 年在《西藏始末紀要》中寫道：

亂石縱橫，人馬路絕，艱險萬狀，不可名態。

正因如此，不僅軍隊難以進入，糧草也難以供應。為了有充
足的力量保衛邊防，一條入藏公路的建設迫在眉睫。

於是，在毛主席「一面進軍，一面修路」的指示下，「入藏第一路」正式開工。這一修就是整整 4 年，最終 2255 千米的道路於 1954 年全綫貫通，時稱「康藏公路」。

康藏公路東起時屬西康省的雅安，西至西藏拉薩，一頭是海拔幾百米的人間天府，一頭是海拔超過 3600 米的高原日光城。然而，自東向西進入西藏，數千米的高差並非最大的阻礙，縱貫南北的橫斷山才是真正的天塹。

大雪山脈 / 攝影　姜曦
大雪山脈是橫斷山脈東列山脈之一，南北延伸 400 多千米，呈南北走向，由北向南有黨嶺山、折多山、貢嘎山、紫眉山等。

位於中國西南地區的橫斷山區，相鄰山脈主脊綫的平均距離僅有約 100 千米，海拔 3500 米以上的高山和極高山更是佔總面積的 73%，密集的高山峽谷如同大地的褶皺一般，「橫斷」了東西方向的交通。

即便在橫斷山區的東部邊緣，還有海拔 3437 米的二郎山聳立於此，與其山腳下天全縣的高差達到近 2500 米，這遠比大名鼎鼎的五嶽巍峨，堪稱康藏公路上的第一道關卡。不過，這僅僅是康藏公路的「開胃小菜」。翻越二郎山後，公路將到達海拔 1321 米的瀘定縣，隨後再直上海拔 4298 米的折多山口，這才正式來到崇山峻嶺的世界。

康藏公路全程最艱險之處莫過於雀兒山山口，這裏海拔 5050 米，是康藏公路的最高點，空氣稀薄，白雪皚皚，冬季氣溫可降至 -20℃ 到 -30℃。70 年前的築路部隊用了近三個月的時間才得以闢出山路，越過山口。抵達雀兒山時，康藏公路已翻越 600 餘千米的山嶺。而在接下來的里程中，便是海拔 4000 多米的業拉山口和安久拉山口。

在橫斷山區的重重山脈間，還有 6 條大江穿行其中，流水侵蝕，千溝萬壑。在沙魯里山和芒康山之間，金沙江聲勢浩大，逶迤南行，康藏公路行至谷底方能跨江而過。在他念他翁山和伯舒拉嶺之間，怒江奔騰咆哮，峽谷幽深，水流湍急。約 70 年前，為了架橋跨江，施工隊與湍急的水流奮戰近 4 天，才將施工便橋的鋼索送到對岸。

從山口到河谷，兩者的高差可達數千米。在沒有穿山隧道的年代，康藏公路只能「貼地而行」，沿著山勢曲折盤旋，隨著海拔或升或降，在橫斷山區「上天入地」。

左頁上圖　二郎山埡口／攝影　鄒滔
站在二郎山埡口，遠處是挺拔的雪山，眼下是不見底的河谷，二郎山是康藏公路需要翻越的第一座高山。

左頁下圖　雀兒山盤山公路／攝影　張明
雀兒山位於四川甘孜，屬橫斷山區沙魯里山脈北段。雀兒山山口海拔 5050 米，是原康藏公路的最高點（此段現為川藏北綫 317 國道）。

然而，即便駛出橫斷山區，康藏公路的艱難之途也並未結束。

1952 年，當康藏公路修至西藏昌都時，它並沒有繼續西進，而是轉頭向南，選擇了經波密、林芝抵達拉薩的路綫。雖然南部氣候溫和，便於就地取材和施工，但這意味著公路要翻越海拔 4728 米的色季拉山口，以及海拔 5013 米的米拉山口，還要經過多個地震區和不良地質地段。

在當時，做出這個決定十分艱難。但為了惠及更多人，為了靠近邊防和鞏固國防，經賀龍、劉伯承、彭德懷、鄧小平、毛澤東等人的層層批覆，康藏公路的路綫才得以最終確定，並在 1954 年年底正式通車。

康藏公路通車的第二年，西康省被撤銷，公路之名便被改為「川藏公路」，起點也從雅安變更為成都。緊接著，川藏公路南綫建設的大幕轟轟烈烈地拉開。南綫道路不再向北繞行，而是從雅安持續向西，在雅江縣跨越大江，在理塘縣翻越高山，經竹巴龍大橋進入西藏，最後在邦達與康藏老路會合，同綫通往拉薩。

左頁下圖　從索松村遠眺南迦巴瓦峰／攝影　高一蒙

索松村位於雅魯藏布江的河谷中，為西藏林芝米林縣下轄的一個自然村。這裏不僅有桃花美景，還可以遠眺南迦巴瓦峰。處在藏南河谷中的索松村，受印度洋暖濕氣流影響，氣候相對溫暖濕潤，植物繁茂，以桃花聞名。

右頁下圖　南迦巴瓦峰和色季拉山口公路／攝影　賈紀謙

色季拉山屬念青唐古拉山脈，是西藏林芝縣東部與中西部的分界帶。色季拉山口海拔 4728 米，川藏南綫經過此山口，從這裏可以遠眺南迦巴瓦峰。

318 國道穿行在毛埡大草原 / 攝影　姜曦

毛埡大草原位於四川省甘孜州理塘縣，屬川西高寒草原，318 國道沿著草原北部穿行。圖上 318 國道旁的河流為無量河，也稱勒曲、理塘河。

左頁圖　從加烏拉山口遠眺喜馬拉雅
山脈／攝影　楊奎

加烏拉山口是前往珠穆朗瑪峰大本營
途中的一個埡口，急折的珠峰公路由
此通過。1978 年，為方便登山者前往
珠峰登山探險，西藏自治區人民政府
修建了珠峰公路，可直達珠峰北坡的
大本營。公路沿途能看到珠穆朗瑪、
卓奧友、希夏邦馬等海拔 8000 米以上
高峰的壯美景色，因此被稱為「世界
之巔的景觀大道」。

右頁右圖　珠穆朗瑪峰／攝影　毛峰

珠穆朗瑪峰山體呈巨型金字塔狀，威
武雄壯，昂首天外。2020 年，測得珠
穆朗瑪峰最新高程為 8848.86 米。

在拉薩的西側，公路建設同樣如火如荼。

為了攀登世界最高峰，一條珠峰專用公路得以建成，它從日
喀則經定日縣一頭鑽進喜馬拉雅山脈，直達珠穆朗瑪峰北
麓。另一條則在定日縣與珠峰公路分道揚鑣，它跨越六座大
山和數條河流，在卓奧友峰和希夏邦馬峰之間飛旋而下，直
至中尼邊境的樟木口岸，這條路被稱為「中尼公路」。

沿著川藏南綫和中尼公路，便可從成都一路直達中尼邊境。
這條公路沿途風光密集，景觀出眾，時至今日依然聲名顯
赫，這就是著名的 318 國道川藏段。

而曾被康藏公路放棄的北綫方案再度被提上日程，隨著昌
都到那曲、成都到爐霍路綫的貫通，又一條從四川連接西
藏的公路建成，它同樣貫穿橫斷山脈，成為 317 國道的一
部分。至此，兩條國道自東向西，將西藏腹地與四川緊密
相連。

貳 凍土天路

在青海，同樣有一條著名的交通動脈連接著西藏，它雖不似川藏公路「跌宕起伏」，卻一樣充滿艱難險阻，修築全程困難不斷。

2006 年 7 月 1 日，青藏鐵路全綫建成通車，「有崑崙山在，鐵路就永遠到不了拉薩」的時代徹底地成為歷史。

在它身旁與之並駕齊驅的，是服役半個多世紀、一度擔負著 80% 進藏物資運輸的青藏公路。這條公路北起青海西寧，途經格爾木，南抵西藏拉薩，沿途翻越崑崙山、唐古拉山、念青唐古拉山三大山脈，是 109 國道的一部分。

在這條公路上，從青海格爾木向南至崑崙山口，一路海拔上升近 2000 米，是全程高差最為顯著的一段。但在此後的近 1000 千米的路途中，公路海拔幾乎一直保持在 4000 米以上，地表最大起伏僅有約 800 米。放眼望去，地勢開闊平坦，只有遠處連綿的雪峰、稀薄的空氣，時刻提醒著人們這裏是「世界屋脊」。因此，如果說川藏公路如同「上天入地」，那麼青藏公路幾乎是「修在天上的公路」。

在青藏公路沿途的荒原中，有一片最為著名，人稱「可可西里」。在可可西里寬淺的谷地中，發源於四周雪山的河流時分時合，如同姑娘的髮辮，寬度可達數十米。其中的楚瑪爾河、日阿尺曲、沱沱河及尕爾曲，最終匯聚為一條家喻戶曉的大河，也就是長江。縱貫這片荒野的青藏公路將依次跨越這些河流，並在翻過唐古拉山口後繼續向南，進入藏北高原。和經過可可西里一樣，它也需要跨過藏北高原的多條河流，最終抵達拉薩。

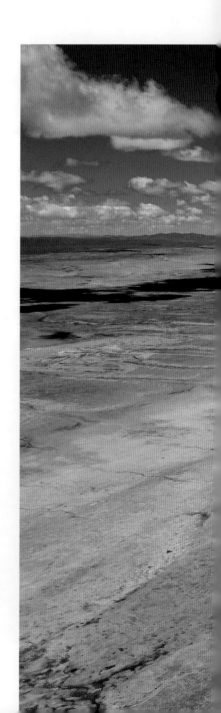

青藏公路和青藏鐵路經過楚瑪爾河 / 攝影　楊奎

圖上近處是鐵路橋，稍遠處是公路橋（一座為新橋，一座為廢橋）。楚瑪爾
河位於青海省玉樹藏族自治州西部，又稱曲麻萊河，意為「紅水河」。其中，
鐵路橋長 2565 米，大橋的 78 個橋孔可供藏羚羊等野生動物自由通過，是青
藏鐵路的重點控制性工程。

左頁上圖　青藏公路西大灘段 /
攝影　鄒小慶

西大灘距離青海格爾木市 130 千
米，海拔約 4300 米，為多年凍土
區。青藏公路修至此地時，為避免
路面溫度對路基的影響，就採用加
高路基的辦法給路基降溫。圖上可
看到，這一段的路基明顯高於兩側。

左頁下圖　公路兩側用以散熱的熱
棒 / 攝影　季康

一般情況下，這些熱棒地下部分能
夠達到 8 米，地上部分能夠達到 4
米，高效的導熱性能讓它將路基下
凍土層中的熱量快速釋放到空氣
中，減緩凍土層的融化。

青藏公路全綫起伏平緩，它最大的挑戰來自地表之下。

青藏高原終年寒冷，岩土溫度常低於 0℃，其中的水分凍結成冰，導致凍土遍佈。尤其在廣袤的可可西里一帶，公路沿綫平均海拔約 4600 米，其下層岩土常年不化、堅硬無比，凍土厚度可達百餘米，是為多年凍土區。隨著海拔或緯度的降低，岩土冬季凍結，夏季消融，成為季節性凍土區。

即便在多年凍土區，上層凍土也會融化和凍結。於是在冬季，岩土膨脹，導致地面隆起；而在夏季，凍土融化，嚴重時甚至如同一團稀泥，導致路基沉陷，成為修築公路的一大難題。不僅如此，公路路面吸收和積聚熱量，會加重凍土融化。黑色瀝青路面受此影響最為嚴重，凍融作用使路面變得坑窪不平，車行其上顛簸異常，常被人們稱為「搓板路」。

人們只能想方設法來為路面「降溫」：或抬高路面，或改換路基材質和結構，或在路的兩側加裝熱棒以散熱降溫，又或者直接以橋代路，以減少路面向地下傳遞的熱量。

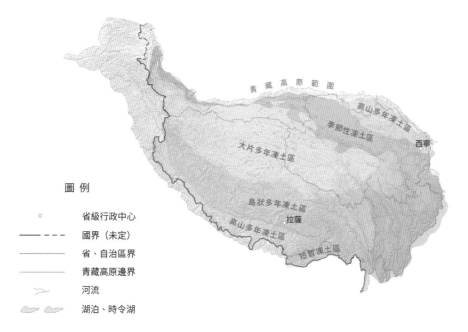

圖　例

○　省級行政中心
—— - - - -　國界（未定）
————　省、自治區界
————　青藏高原邊界
〜〜　河流
〜〜　湖泊、時令湖

青藏高原凍土分佈示意
由於青藏高原獨特的地理位置和氣候變遷史、較高的海拔，這裏長期擁有大面積的凍土，凍土的面積幾乎佔據青藏高原總面積的一半，這裏也成為世界上中低緯度區域凍土面積最大的地區。

不過，對青藏公路而言，凍土僅是眾多難題之一。

青藏公路全程跨越了多個地震活動帶，強震和大震並不鮮見。2001 年 11 月，崑崙山口西發生了里氏 8.1 級地震。由於位於無人區，此次地震未造成人員傷亡，但導致青藏公路多處發生斷裂。

此外，滑坡和泥石流也是屢見不鮮，尤其是在念青唐古拉山一帶。在拉薩西北 90 多千米的羊八井地區，道路兩側雪峰夾峙，山峰海拔多在 6000 米以上，最為高聳的是念青唐古拉峰，其海拔高達 7162 米。陡峭的山坡之上，巨石和泥石流似乎隨時要傾瀉而下。

正因為困難重重，僅用一年時間便建成通車的青藏公路，前前後後歷經兩次改造和兩次整治，用了近 50 年的時間，全程才達到二級公路的標準。

如今，隨著青藏鐵路的建成，公路和鐵路比肩而行。在不久的將來，京藏高速也將沿幾乎相同的路綫抵達拉薩，成為高原上新的工程奇跡。屆時，齊頭並進的三條道路，將是三個鮮明的時代印記。

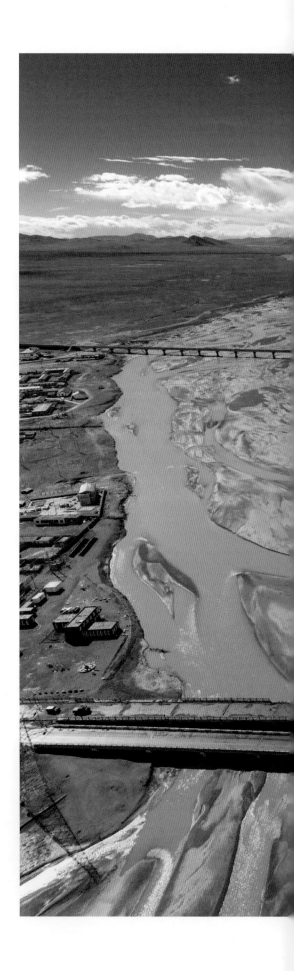

青藏公路和青藏鐵路經過沱沱河 / 攝影　姜曦

遠處是青藏鐵路長江源特大橋，近處是沱沱河公路橋。沱沱河公路橋修建於 1958 年，重建於 2002 年，是長江源頭第一座公路大橋。

白雪皚皚的喀喇崑崙山脈群峰／攝影　許先強

喀喇崑崙山脈平均海拔超過 5500 米，最高峰
喬戈里峰海拔為 8611 米，是世界第二高峰。
高聳入雲的喀喇崑崙山，是新疆、西藏間天然
的阻隔。

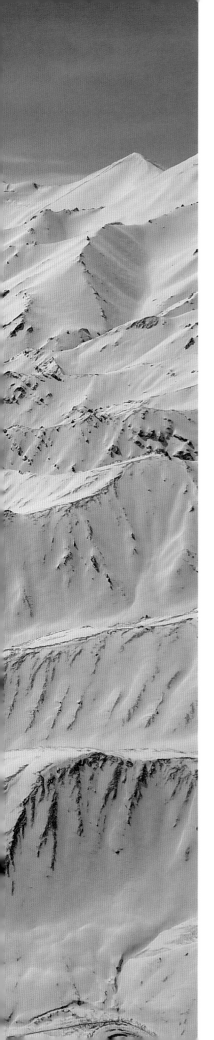

叁

邊境長城

1951 年 8 月底，一支新疆軍區騎兵部隊歷盡艱辛，進入位於西藏最西邊的阿里地區。這裏群山環抱、土地荒蕪、位置偏遠，阿里地區行政公署駐地噶爾縣與拉薩的直綫距離就超過 1000 千米，相當於哈爾濱與北京的距離。

在沒有公路的年代，從拉薩向阿里運輸物資只能依靠犛牛和馬匹，全程耗時可達一月有餘。閉塞的交通讓駐守阿里的官兵常遭補給困難，衛戍邊境沒有保障，建設一條可供汽車行駛的交通命脈勢在必行。

相較之下，從新疆南部和田、葉城等城鎮到阿里的直綫距離僅是拉薩到阿里的一半左右。於是，在川藏、青藏公路通車兩年後，一條連接新疆和西藏阿里地區的公路正式開工。

雖然從新疆進入西藏的距離較短，但橫亘於兩者之間的崑崙山和喀喇崑崙山是兩道無法避開的天險，如遇大雪封山、洪水泥流，更是寸步難行。工程隊別無選擇，只能頂風冒雪，劈山開路。他們僅用 19 個月的時間，便打通了這條邊疆生命綫和戰略交通綫，全程共計 1179 千米。3 年後，公路繼續向拉薩方向延伸，在拉孜縣和中尼公路相連，終結了新疆、阿里、拉薩三地無公路連接的歷史，人稱「新藏公路」。

公路全程沿邊境蜿蜒而行，距離國境綫最近時僅有約 30 千米，如同一條綿延千里的邊境長城，戰略地位不言而喻。

新藏公路的修建同樣艱難異常。它在崑崙山脈翻越十多個雪山達阪，海拔 4000 米以上的路段長達 915 千米，海拔超過 5000 米的路段也達到 130 千米，堪稱「天路中的天路」。

新藏公路的起點是新疆葉城縣，這裏海拔僅為 1480 米，公路從這裏出發，行進不到 100 千米便開始驟然爬升，直至海拔 3150 米的庫地達阪（又稱「阿卡孜達阪」，達阪在維吾爾語中意為「山口」）。這裏地勢險要，被稱為新藏公路上的第一道「鬼門關」。而從崑崙山到喀喇崑崙山，是公路全程最為險峻的一段，海拔 4900 多米的麻扎達阪（又稱「塞力亞克達阪」）和黑卡達阪、海拔 5000 多米的奇台達阪和界山達阪以及海拔高達 5378 米的紅土達阪均集中於此，每一個都讓人心驚膽寒。

離開喀喇崑崙山區，則會到達較為平緩的地帶。從噶爾縣起，新藏公路在岡底斯山脈和喜馬拉雅山脈之間的夾縫中穿行，途經一眾神山的山腳下，串起大大小小的山間谷地，才終於抵達日喀則的拉孜縣。

在西藏，新藏公路的大部分行進於喜馬拉雅山脈和岡底斯山脈之間。受巍峨綿延的喜馬拉雅山脈的阻擋，來自印度洋的水汽難以到達，沿綫乾旱異常，年均降水量最低時僅有約 50 毫米，與巴丹吉林沙漠一帶的降水量相當。乾旱的氣候形成了乾燥疏鬆的粉土，極不適於修築路基，加之凍土融化、邊坡坍塌，致使新藏綫的修建尤為艱難。

1957 年打通的葉城到噶爾段，路面僅以簡易的砂礫鋪就，最窄處僅有 2.5 米，經過前後 40 餘年的改造，才終於達到四級公路標準。直到 2013 年 10 月，新藏公路完成柏油路面改造，全程全年均可通行，成為一條名副其實的國家級公路，是 219 國道的一部分。

右頁上圖　新藏公路經過崑崙山庫地達阪 / 攝影　楊劍
庫地達阪是從庫地區域開始的山口，因地勢險要而聞名。從這裏，新藏公路開始真正進入高原地區。

右頁下圖　經過班公錯的新藏公路 / 攝影　姜曦
班公錯扼守新藏公路要衝。沿著南下的新藏綫路過班公錯和阿里日土縣城，便可到噶爾縣獅泉河鎮。

肆
不凡之路

滇藏公路經過梅里雪山 / 攝影　姜曦

滇藏公路在山體盤旋，遠處是梅里雪山最高峰卡瓦格博峰。公路繼續往前延
伸，就下降到瀾滄江峽谷，再沿瀾滄江峽谷而上，就可從雲南進入西藏。

至此，與西藏相鄰的四川、青海和新疆都已修通連接西藏的國家級公路，只待打通最後一個鄰省，這便是滇藏公路的修建。

和橫穿橫斷山區的川藏公路不同，滇藏公路沿著橫斷山區的縱谷自南向北緩慢攀升，沿途的大理、麗江、香格里拉等地人氣爆滿，遊人如織，充滿煙火氣息。它還有「高冷」的一面，沿途或經過雪山腳下，或掠過大河邊緣。在德欽附近翻越芒康山—雲嶺一脈後，則進入坡陡谷深、滑坡頻發的峽谷，和瀾滄江並排而行。滇藏公路的實際施工期長達 11 年半，最後在芒康與川藏南綫會合，成為 214 國道的一部分。

5 條國道主動脈相繼建成，加上穿越眾多高原湖泊的安獅公路（安多到噶爾縣所在的獅泉河鎮，即西藏自治區區道 S301）以及多條通向國境綫的省道公路，西藏地區的公路交通網絡正式形成「兩橫三縱六通道」的格局。截至 2020 年，西藏的公路通車總里程達 11.7 萬千米，雪域「天塹」正在變成通途。

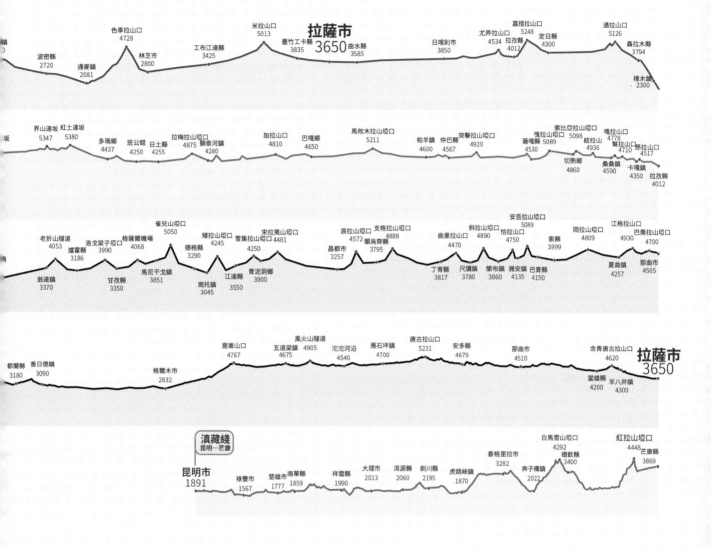

波密縣 2720
通麥鎮 2081
色季拉山口 4728
林芝市 2800
工布江達縣 3425
米拉山口 5013
墨竹工卡縣 3835
拉薩市 3650
曲水縣 3585
日喀則市 3850
尤弄拉山口 4534
拉孜縣 4012
嘉措拉山口 5248
定日縣 4300
通拉山口 5126
聶拉木縣 3794
樟木鎮 2300

界山達坂 5347
紅土達坂 5380
多瑪鄉 4437
班公錯 4250
日土縣 4255
拉梅拉山埡口 4875
獅泉河鎮 4280
加拉山口 4810
巴嘎鄉 4650
馬攸木拉山埡口 5211
帕羊鎮 4600
仲巴縣 4567
突擊拉山埡口 4920
薩嘎縣 4530
切熱鄉 4860
愧拉山埡口 5089
索比亞拉山埡口 5098
桑桑鎮 4590
結拉山 4936
卡嘎鎮 4350
拉孜縣 4012
嘉拉山口 4778
幫拉山口 4710
邦拉山口 4517

老折山隧道 4053
爐霍縣 3186
翁達鎮 3370
洛戈梁子埡口 3990
甘孜縣 3350
格薩爾機場 4068
馬尼干戈鎮 3851
雀兒山口 5050
德格縣 3290
崗托鎮 3045
矮拉山埡口 4245
江達縣 3550
雪集拉山埡口 4481
青泥洞鄉 3900
宋拉夷山埡口 4250
昌都 3257
浪拉山口 4572
穎烏齊縣 3795
支格拉山埡口 4888
丁青縣 3817
曲里拉山口 4470
尺牘鎮 3780
斜拉山口 4890
榮布鎮 3860
恰拉山口 4750
雅安鎮 4135
安吾拉山埡口 5089
巴青縣 4150
索縣 3999
岡拉山埡口 4809
夏曲鎮 4257
那曲市 4505
江格拉山口 4930
巴喬拉山埡口 4700

都蘭縣 3180
香日德鎮 3090
格爾木市 2832
崑崙山口 4767
五道梁鎮 4675
風火山隧道 4905
沱沱河沿 4540
雁石坪鎮 4700
唐古拉山口 5231
安多縣 4679
那曲市 4510
念青唐古拉山口 4620
當雄縣 4200
羊八井鎮 4300
拉薩市 3650

滇藏線
昆明—芒康

昆明市 1891
祿豐市 1567
楚雄市 1777
南華縣 1859
祥雲縣 1990
大理市 2013
洱源縣 2060
劍川縣 2195
虎跳峽鎮 1870
香格里拉市 3282
奔子欄鎮 2022
白馬雪山埡口 4292
德欽縣 3400
紅拉山埡口 4448
芒康縣 3869

通往西藏之路

在 1951 年西藏和平解放之前，西藏沒有一條現代意義上的公路，曾經的交通狀況嚴重制約了西藏社會和經濟的發展。新中國成立以來，為打通進出西藏的道路，國家投入大量人力、物力、財力，「世界屋脊」不再遙遠。其中，從與西藏相鄰的省份出發，形成了 5 條主要的進藏公路。

如今，距離康藏公路鑿開第一塊路石已經過去 70 餘年。這幾十年裏，全國的交通工程高歌猛進，尤其在人口密集的中東部地區，從國道到高速，從動車到高鐵，發展日新月異。然而在世界屋脊之上，每寸公路的修建都艱辛異常。

但正是這些「修在天上」的道路，讓西藏徹底告別了人背畜馱的時代，將西藏與全國各地緊密相連，也形成一條條著名的觀景大道，它們在中國乃至世界公路史上都堪稱「不凡之路」。

它們蜿蜒在雪域高原上，不論是沿途的風景，還是背後的故事，都值得人們去探尋和發現。

2019 年年底

中國的全年發電量達到 73266 億千瓦時 [1]

以一國之力發出超過全球 1/4 的電量

平均每 2 秒所產生的電量

足以滿足一個中國人一輩子的電力需求 [2]

不僅如此，

放眼全球 200 多個國家和地區

中國是第一個

也是唯一一個做到向 14 億國民全民通電的國家

中國究竟是如何做到的？

1　2019 年中國發電量和增速數據來自中國電力企業聯合會 2020 年 6 月發佈的《中國電力行業年度發展報告 2020》，全球
　　數據來自 2020 版《BP 世界能源統計年鑒》。
2　中國人的平均壽命按 76 歲計，人均用電量參考 2018 年數據。

2019年世界部分國家發電量

根據 BP（英國石油）公司在 2020 年發佈的《BP 世界能源統計年鑑》，2019 年
全球總發電量首次超過 27 萬億度。而中國的發電量繼續穩居世界第一，約佔
全球總發電量的 27.8%。自 2011 年起，中國的發電量就一直位居世界第一。

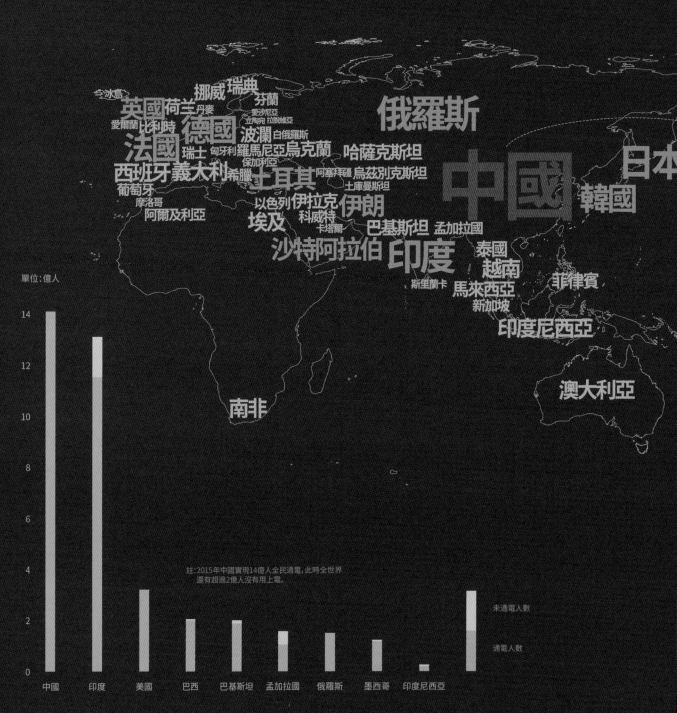

單位：億人

註：2015年中國實現14億人全民通電，此時全世界
還有超過2億人沒有用上電。

未通電人數

通電人數

中國　印度　美國　巴西　巴基斯坦　孟加拉國　俄羅斯　墨西哥　印度尼西亞

2015年世界主要人口大國通電情況

加拿大

美國

墨西哥

特立尼達和多巴哥
委內瑞拉
哥倫比亞
厄瓜多爾

秘魯

巴西

阿根廷

智利

中國

美國

印度

加拿大

墨西哥

義大利

泰國

比利時

卡塔爾

愛沙尼亞

73000—74000

44000—45000

10000—15000

5000—6600

3000—3600

2000—3000

1000—2000

500—1000

100—500

0—100

中國發電量在全球佔比

在這 73266 億千瓦時的電力中，68.9% 來自火力發電，火力發電佔據了全國電力的大半壁江山。

高聳的煙囪或冷卻塔，是火力發電廠（簡稱「火電廠」）最常見的標誌。煤炭、石油、天然氣，甚至秸稈、垃圾等，都可用作火力發電的燃料。由於燃料易得，技術成熟，火電廠在全國分佈廣泛，遍佈大江南北。在中國這個「煤炭大國」，火力發電將注定成為燃煤電廠的天下。

2019 年，燃煤電廠的裝機容量在火電廠中的佔比達到近90%。全國 5300 多處大小煤礦年產約 38.5 億噸原煤，其中近 60% 被運往火電廠，以供發電。[1] 這意味著火力發電必然與煤炭的生產息息相關。到 2018 年，在煤炭資源豐富的北方地區，火電裝機容量的佔比接近 70%，是最主要的電力來源。[2]

右頁圖　火電廠的冷卻塔和煙囪／攝影　林宇先
圖中高度較高的為煙囪，隨著處理工藝的進步，火電廠的煙囪逐漸與脫硫塔合併；高度較低、直徑較大的是冷卻塔，電廠中被加熱的冷卻水將在這裏冷卻後循環使用。

下圖　火電廠球形煤倉內部，取料機正在作業／
攝影　王劍峰
煤炭是火電廠的主要能量來源，火電廠一般建有煤倉來存儲煤炭，可在運輸不均衡時作為緩衝，以保證發電機組穩定、安全運行。

1　數據來自中國煤炭工業協會 2020 年 5 月發佈的《2019 煤炭行業發展年度報告》，報告中寫道：「電力行業全年耗煤 22.9 億噸左右。」
2　「北方地區」包括東北、西北（除青海省外）和華北地區，以及山東、河南兩省。

「出人意料」的是，在火力發電量排名前十的省份中，幾個南方沿海省份位列其中。[1] 這些沿海省份人口密集，經濟發達，對電力的需求格外旺盛，眾多火電廠就近拔地而起，江蘇、廣東等省份的火力發電量甚至遠超北方煤炭大省。

例如 2018 年，廣東一省的火力發電量就達到 3283 億千瓦時，比產煤大省山西還要高近 20%。[2] 要發出如此量級的電量，用於發電的煤炭必將以億噸計算。然而，像廣東這樣的電力負荷中心並非煤炭的主要產區，與距離最近的煤炭基地也有千里之遙，如此大量的煤炭從何而來？[3]

---

1 根據《2019 中國電力年鑒》，2018 年火力發電量前十省區為山東、江蘇、內蒙古、廣東、山西、河南、浙江、安徽、新疆、河北。
2 根據《2019 中國電力年鑒》，2018 年廣東火力發電 3283 億千瓦時，山西為 2739 億千瓦時，廣東比山西高出約 19.9%。
3 中國使用的煤炭包括自產和進口兩部分，但煤炭進口量目前僅為全國煤炭消費量的約 1/10，本篇主要討論自產煤炭的供應。

2018年中國各省（區、市）發電總量排名（單位：億千瓦時）

其中火電
發電總量
註：港澳台數據暫缺。

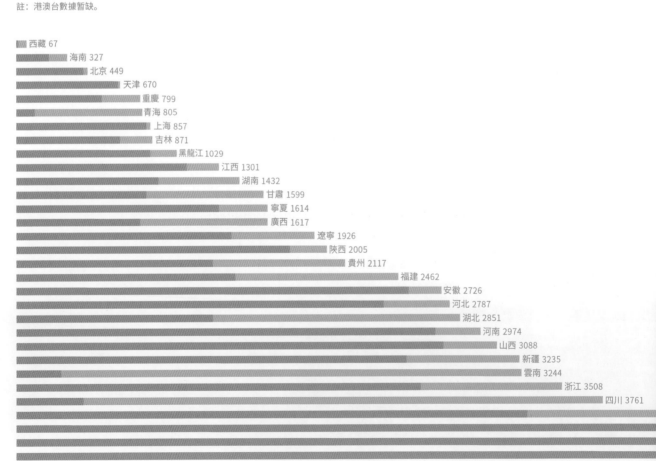

西藏	67
海南	327
北京	449
天津	670
重慶	799
青海	805
上海	857
吉林	871
黑龍江	1029
江西	1301
湖南	1432
甘肅	1599
寧夏	1614
廣西	1617
遼寧	1926
陝西	2005
貴州	2117
福建	2462
安徽	2726
河北	2787
湖北	2851
河南	2974
山西	3088
新疆	3235
雲南	3244
浙江	3508
四川	3761

中國各省(區、市)用電量(單位:億千瓦時)

(數據來源:中國電力企業聯合會)

要回答這個問題,我們不妨先將目光轉移到山西大同和河北秦皇島,一條聲名赫赫的鐵路將兩地相連,這便是大秦鐵路。

大秦鐵路是中國的第一條重載鐵路,單列列車全長可達近 4000 米,相當於 10 到 20 列高鐵列車相連。更厲害之處在於,它以不到全國鐵路 0.5% 的營運里程,完成了全國鐵路系統近 20% 的煤炭量運輸,相當於每秒有 14 噸煤炭從大同運出,奔向渤海之濱的秦皇島,最後以海運的方式被運至東南沿海各省。

2008 年春節期間,南方地區遭遇雨雪冰凍災害,大量輸電和運輸綫路受損,近 17 個省份被迫拉閘限電。這期間,大量的煤炭由大秦鐵路被源源不斷送往南方,其單日運量就突破 100 萬噸,並持續 20 天之久,可謂真正的雪中送炭。

大秦鐵路只是中國煤炭運輸鐵路網絡的冰山一角。2019 年 9 月,世界營運里程最長的重載鐵路——浩吉鐵路建成。這是一條縱貫南北的能源運輸大通道,它北起內蒙古鄂爾多斯的浩勒報吉,途經內蒙古、陝西、山西、河南、湖北、湖南、江西七省區,終點為江西吉安,綫路里程超過 1800 千米。全綫的建成將使北煤南運的規模繼續擴大,對於改善中國能源輸送結構有重要的戰略意義。

隨著經濟發達地區用電需求的持續增長,浩浩蕩蕩的「西煤東運」、「北煤南運」不再一勞永逸。因而,作為補充,在主要的電力負荷中心周邊,還分佈著一些中小型火電廠。這些火電廠建設成本低,建造速度快,但其發等量電力的耗煤量卻比大型電廠高 30% 到 50%。尤其在技術不成熟的年代,這些中小型火電廠排出的大量煙塵、二氧化硫(SO_2)、氮氧化物(NOx)等,無法得到統一、高效的處理,造成嚴重的空氣污染。

廣東 4572
內蒙古 5005
江蘇 5031
山東 5218

大秦鐵路穿過北京昌平段隧道 / 攝影　王嘉

大秦鐵路於 1985 年開工建設，1992 年建成通車，是中國西煤東運的主要通道之一（北通道）。除了主要運載山西北部的煤炭，一些來自內蒙古西部、陝西北部的煤炭也由大秦鐵路運出。

為解決這些問題，大約在 20 世紀 60 年代，在煤炭坑口和中轉港口附近，有眾多大型火電廠開始崛起。例如，位於內蒙古呼和浩特的托克托電廠距離準格爾大型煤田僅 50 千米，裝機容量達到 672 萬千瓦，居世界燃煤電廠第一位。大型坑口、港口電廠的建設，能大大減輕煤炭運輸的壓力，提升燃煤效率，同時能統一控制排放。

但是電廠與負荷中心之間，有時相距數千千米，這又該如何解決？答案其實很簡單：輸電。不過，輸電實現起來並非易事，長距離的輸電首先就讓綫路阻抗無法被忽略。人們只能儘量降低傳輸電流，才能最大限度地減少綫路損耗。這意味著在傳輸功率一定的情況下，保證經濟性的同時，必須儘可能提升輸電電壓。[1]

但面對高電壓，變壓技術、絕緣技術、建設成本、運維難度等，都注定是不小的挑戰。直到 1954 年，中國才擁有了自行設計施工的第一條 220 千伏高壓輸電綫路，但這在當時落後世界大概 30 年之久。到如今，60 多年過去，從高壓到超高壓，從超高壓到特高壓，中國的遠距離輸電技術突飛猛進。[2]

目前中國最高電壓等級已達到交流 1000 千伏和直流 ±1100 千伏，單條綫路的輸電距離更是突破 3000 千米，這相當於烏魯木齊到南京的直綫距離，在全世界首屈一指。

鐵路和輸電兩張網絡縱橫交錯，讓無論是位於負荷中心，還是處在坑口和港口附近的火電廠都能共同發力，組成中國電力工業的中流砥柱。

然而，儘管火電廠的除塵、脫硫、脫硝技術日益成熟，但化石燃料的消耗、溫室氣體的排放，讓人們不得不繼續尋找更為清潔的電力，水電便是其中之一。

1　傳輸中的綫路損耗 Q 可以通過公式 $Q=I^2Rt$ 計算，當電阻 R 無法被忽略時，電流 I 越小，則損耗越小；而輸電功率計算公式為 $P=UI$，因此當 P 值一定時，為了降低電流 I，則必須提升電壓 U。

2　對於交流輸電，35—220 千伏為高壓，330—1000 千伏（不包括 1000 千伏）為超高壓，1000 千伏及以上為特高壓；對於直流輸電，±400—±660 千伏為超高壓，±800 千伏及以上則為特高壓。

右頁上圖　廈門附近海域的輸電塔 / 攝影　趙孟哲
海上輸電塔的建設，有施工範圍小、運輸條件差、安全風險係數高等難點，同時還需兼顧海上航運需求，避讓航道。

右頁下圖　特高壓九華密集通道 / 攝影　丁永清·國家電網
特高壓九華密集通道位於安徽池州，承擔著向華東地區輸送電力的重要任務。該通道五回特高壓綫路和兩回超高壓綫路並行，通道最窄處僅 273 米。

左頁左圖　正在建設的白鶴灘水電站 /
攝影　柴峻峰
白鶴灘水電站位於雲南巧家縣和四川寧
南縣交界的金沙江峽谷。水電站於 2021
年開始蓄水，預計 2022 年完工，裝機
容量僅次於三峽水電站。

左頁右圖　白鶴灘水電站中正在安裝的
水輪機 / 攝影　李亞隆
水輪機是水電站的主要設備之一，它將
水流的能量轉變為機械能，以驅動發
電機。圖中的蝸牛狀結構，簡稱「蝸
殼」，是水輪機的導水設備。

86.7% 貳

中國無論是水力資源的蘊藏總量，還是其中可開發的裝機容量，均穩居世界第一位。如此豐富的水能資源、如此巨大的開發潛力，使得水力發電在中國注定擁有重要地位。

2019 年，全國水力發電量佔全國總發電量的 17.8%，與火力發電一起供給了全國 86.7% 的電力。

水力發電利用流水勢能持續推動水輪機旋轉，繼而帶動發電機產生電力，全程既不需要燃料，也不產生廢氣，十分清潔。2019 年，全國水力發電量達 13021 億千瓦時，相當於節約 4 億噸標準煤[1]。此外，水電站兼具防洪、航運、供水、調水、排沙等功能，還可在上游庫區形成別具一格的景觀。

在中國，水力資源分佈極不均衡。西南地區高山峽谷眾多，大江大河穿流其間，奔騰而下，幾乎集中了全國超過 60% 的可開發水力資源。根據全國水利資源普查成果與現實的情況，中國規劃了十三大水電基地，其中位於西南地區的水電基地便佔了 7 席。[2]

和火力發電不同，水電的「原料」無法進行運輸。若要將電力送往負荷中心，除了依靠輸電工程，別無他法。這意味著水力發電必將與遠距離輸電技術相伴相生。中國第一條萬伏級交流輸電綫路、第一條 110 千伏和 220 千伏高壓交流綫路、第一條 330 千伏超高壓交流綫路及第一條超高壓直流輸電綫路，因此相繼誕生。

1　標準煤也稱煤當量。為了方便比較不同種類的能量大小，人們常將不同種類的能源按照其熱值換算成標準煤的質量。按照中國現行標準，1 千克標準煤發熱量相當於 29307 千焦，相當於約 7000 千卡。

2　中國十三大水電基地包括金沙江、長江上游、瀾滄江幹流、雅礱江、大渡河、怒江、烏江、黃河上游、南盤江紅水河、東北三省諸河、湘西諸河、閩浙贛諸河及黃河中游北幹流。其中，前 7 處位於中國西南地區。

1988 年年底，著名的葛洲壩水電站建成，它是長江上的第一座大型水電站，其大壩被人們稱為「萬里長江第一壩」。與之配套建成的便是中國的首個超高壓直流輸電工程，其電壓等級達到 ±500 千伏，以 1046 千米的輸電距離將華中和華東電網連為一體，葛洲壩水電站的電力得以源源不斷地被送到上海。

世界上規模最大的水電站——三峽水電站的裝機容量可達 2250 萬千瓦，這相當於 8 個葛洲壩水電站，或 3 個內蒙古托克托電廠。2018 年，三峽水電站的全年發電量首次突破 1000 億千瓦時，相當於同年湖北省全省發電量的 36.6%，成為當年全球水力發電量最大的發電站。千里之外的江蘇、廣東和上海三地，通過三條 ±500 千伏的直流輸電綫路與這個「超級發電機」緊密相連。

而隨著雲南小灣水電站開始發電，全球首個 ±800 千伏特高壓直流輸電工程登上歷史舞台。其輸電距離約為 1400 千米，可將電力從雲南一路送至廣東。自此，曾經落後世界數十年的中國邁入特高壓直流輸電時代，水電的輻射空間大幅擴大，眾多大型水電站在西南地區相繼建成，西南的電力源源不斷地被送到遙遠的東部和東南部。

位於金沙江下游的向家壩水電站，通過長約 1900 千米的 ±800 千伏直流特高壓輸電綫路，跨越 8 個省份，每年向上海輸電近 300 億千瓦時，這相當於上海 2018 年用電量的 20%。[1] 同樣位於金沙江的溪洛渡水電站看起來更加宏偉，其拱壩壩高 285.5 米，相當於 90 多層的摩天大樓。其裝機容量則達 1386 萬千瓦，目前為世界第三大水電站[2]。而溪洛渡—浙西 ±800 千伏的輸電綫路，更以 800 萬千瓦的輸電容量，一度躋身全球容量最大的直流輸電工程。位於四川雅礱江的錦屏一級水電站建有世界最高的拱壩，其高度達 305 米，它向蘇南地區輸電的 ±800 千伏直流輸電工程，傳輸距離首次突破 2000 千米大關。

至此，眾多煤炭基地周邊的火電，以及長江中上游、黃河上游的水電，均能夠通過綿延千里的輸電工程向東部地區輸送，世紀工程「西電東送」的格局就此形成。

當然，水電的開發並不是無限的，還面臨著庫區淹沒、移民安置、生態保護等問題。水電之外，人們在尋找更合適的清潔能源，其中最主要的便是風能和光能。

---

1. 該組數據為粗略數據，未考慮傳輸中的損耗等因素。
2. 目前已建成的水電站中，世界排名第一的是三峽水電站，其總裝機容量為 2250 萬千瓦；第二大水電站是位於巴西和巴拉圭界河上的伊泰普水電站，它的總裝機容量是 1400 萬千瓦；溪洛渡水電站總裝機容量則為 1386 萬千瓦，排名世界第三。預計到 2022 年，總裝機容量達 1600 萬千瓦的白鶴灘水電站正式建成時，溪洛渡水電站的排名將降至第四。

右頁上圖　三峽水電站 / 供圖　中國電建
三峽水電站位於長江西陵峽中段湖北宜昌的三斗坪，是世界上已建成規模最大的水電站。總裝機容量為 2250 萬千瓦，遠遠超過目前位居世界第二的伊泰普水電站。

右頁中圖　葛洲壩水電站 / 攝影　李理
葛洲壩水電站位於長江幹流中游西陵峽出口，是華中地區的樞紐電站和重要電源點，其設計裝機容量為 271.5 萬千瓦。

右頁下圖　金沙江溪洛渡水電站 / 攝影　柴峻峰
溪洛渡水電站位於金沙江下游雲南永善縣和四川雷波縣交界的溪洛渡峽谷，是金沙江下游河段開發規劃中的第三個梯級水電站。

右頁上圖　新疆柴窩堡風力發電場 / 攝影　夏軍民
柴窩堡是全國著名風口之一，近 300 座風車整齊地排列在戈壁上，十分壯觀，成為一道亮麗的風景綫。凜冽強勁的長風成為風電發展的不竭動力。

右頁下圖　甘肅敦煌 100 兆瓦熔鹽塔式光熱發電站 / 攝影　曾柏源
該發電站內的 1.2 萬多面定日鏡以同心圓狀圍繞著 260 米高的吸熱塔，鏡場總反射面積達 140 多萬平方米，設計年發電量達 3.9 億千瓦時。

火力和水力兩種發電方式，貢獻了全國發電量的 86.7%，若加上風能和太陽能出力，便能滿足中國人 95.3% 的用電需求。

但風能和太陽能的利用卻並不容易。第一，在風力發電中，氣流推動風機葉片持續旋轉，帶動發電機產生電力。風機葉片的尺寸和重量都十分巨大，單葉長度可達數十米，對運輸和安裝都是巨大的挑戰。在太陽能光伏發電機中，單個太陽能電池的工作電壓一般僅有 0.4 到 0.5 伏，工作電流十分微弱，只有將多個電池串聯或並聯為組件，再將多個組件排列為陣列，才能達到足夠的發電功率。太陽能光熱發電同樣如此，只有利用足夠多的鏡面，才能匯聚足夠多的熱量，從而產生足夠多的蒸汽來推動汽輪機旋轉發電。[1] 所以，無論是風能還是太陽能，若要進行大規模發電，往往需要較大的佔地面積和較高的建造成本。若在人口密集、土地緊張的東部地區，則採用「漁光互補」等綜合利用的方式，以提高土地利用率。

第二，季節、氣候、光照變化，如短短一天內的晝夜交替、風雲變幻，都會影響風能和太陽能發電的連續性和穩定性。為減小這些波動對電網的影響，人們將風、光、水、火等發電方式組合起來，相互調節，以保證較為穩定的電力輸出；在負荷較小時，將多餘的電力轉化、儲存起來，等到用電緊張時再行釋放，維持供電穩定。[2]

1　光伏發電和光熱發電是太陽能發電的兩種主要形式。

2　目前的蓄能方式包括蓄電池、飛輪蓄能、抽水蓄能、電解水蓄能、壓縮空氣蓄能等。對於抽水蓄能電站，電力富餘時可從下水庫抽水至更高的上水庫，用電時可讓水再從上水庫流至下水庫，利用水力發電的原理發電。

191

第三，和水能資源類似，中國的風能和太陽能資源分佈同樣不均衡。

風能資源最為豐富的是東部和東南沿海地區，全國風速超過7米/秒的地區絕大多數集中於此。但由於地形限制，這片區域僅在海岸綫和沿岸的山脈間形成狹窄的風能分佈條帶。相較之下，中國的三北地區[1]不僅風能資源豐富，還能大面積連片分佈。

這讓內蒙古地區成為中國最重要的風電基地之一，2019年風力發電量達到666億千瓦時，佔全國風力發電量的約16%。[2]

中國的太陽能資源豐富區位於西部內陸，包括青藏高原西部、新疆南部、寧夏、甘肅北部等地，這些地區的全年平均日照可達3200到3300小時。相較之下，太陽輻射最為薄弱的四川、貴州等省份，年均日照僅有約1100小時。

1　三北地區即西北、華北、東北地區。
2　根據國家能源局資料，2019年中國風力發電量為4057億千瓦時，內蒙古為666億千瓦時。

內蒙古卓資縣光伏與風力發電場航拍／攝影　焦瀟翔
卓資縣地處內蒙古自治區的風能富集區，一年四季風向穩定，有著穩定度高、連續性好、無破壞風速的風能品位。依託風力資源優勢，卓資著力「打造空中三峽，建設風電之都」。

儘管中國西部地區風能和太陽能資源豐富、風電和太陽能發電規模龐大，但由於人口較少、經濟活力較弱，電力資源供大於求。

例如 2015 年，甘肅省發電裝機容量達到 4531 萬千瓦，但最大用電負荷僅為 1300 萬千瓦。新疆同樣如此，其裝機容量超過 5000 萬千瓦，而用電負荷需求僅為 2100 萬千瓦。若僅依靠本地用電，將有大量能源被浪費。更何況火電還兼備調峰和供熱作用，難以被完全替代，這對於風能和太陽能電力的消納可謂「雪上加霜」。

於是近年來，棄風、棄光等問題層出不窮。即便在 2017 年，整體情況已明顯向好時，全國的棄風、棄光率仍為 12% 和 6%。在甘肅、新疆等地，棄風率甚至高達 33% 和 29%。一面是西北地區大量的新能源無處安放，一面是東部沿海嗷嗷待哺的用電需求，在這種形勢下，遠距離、跨區域的輸電工程必須再次扛起重任。

2014 年和 2017 年，兩條從西北地區向外輻射的 ±800 千伏直流輸電工程相繼完工。第一條從新疆哈密出發，途經 6 個省份到達河南鄭州，全程約 2200 千米，每年可將新疆地區的火電、風電等，共計約 370 億千瓦時的電量，源源不斷地送往中原大地。第二條則從甘肅酒泉出發，途經 5 個省份，直奔湖南湘潭，全程 2383 千米，在其每年送出的約 400 億千瓦時的電力中，有超過 40% 是來自西北地區的風電和光電。

2018 年，又一個大名鼎鼎的特高壓輸電綫路工程開通，其電壓等級高達 ±1100 千伏，年均輸電量高達 660 億千瓦時，憑此一條輸電綫路便可外送相當於整個青海省全年的發電量，這便是準東—皖南特高壓輸電工程，也稱昌吉—古泉特高壓輸電工程。

該綫路從新疆昌吉回族自治州出發，途經新疆、甘肅、寧夏、陝西、河南、安徽 6 省區，以 6079 座鐵塔支撐起約 3300 千米的輸電綫路，沿途接連跨越秦嶺、長江等天塹，最終抵達安徽宣城。無論是電壓等級、傳輸容量，還是傳輸距離、技術難度，均為世界範圍內的「開山之作」，是名副其實的「超級工程」。藉由這條超級電力走廊，新疆地區 520 萬千瓦的風電，以及 250 萬千瓦的光伏發電，能夠被打捆送往長三角地區。

穿越戈壁的酒泉—湖南 ±800 千伏特高壓直流輸電工程 / 攝影　陳劍峰
該工程橫跨 5 個省市，綫路全長 2383 千米，將甘肅的風能和太陽能電力直接送往華中地區，總投資達 262 億元。

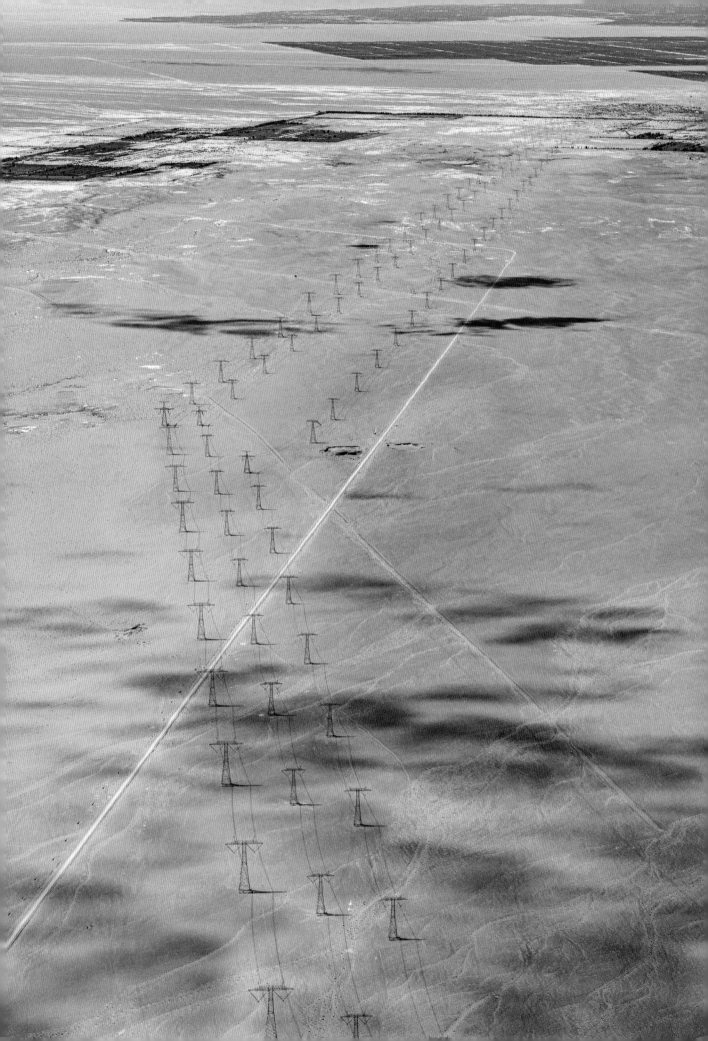

截至目前，中國仍是全球唯一能夠建設 ±1100 千伏特高壓直流輸電的國家，也是特高壓
輸電領域的國際標準制定者之一。這對中國來說，雖是時代發展的必經之路，但也是當前
能源格局下的「無奈之舉」。

**讓更多人用上更便宜、更清潔的電力，是無
數電力工作者孜孜以求的目標。**

電力建設者攀爬在昌吉—古泉 ±1100 千伏特高壓輸電綫上／攝影　宋鵬濤

昌吉—古泉 ±1100 千伏特高壓輸電工程起於新疆昌吉換流站，止於安徽古泉換流站，其間翻過天山，穿行河西走廊，跨越黃河與長江天塹。電力建設者要克服沿途的各種惡劣地理與氣候條件，才能完成綫路搭建。

肆 100%

風、光、水、火四種方式，已生產了全國
95.3% 的電量，衝擊 100% 的最後一棒是
核電。

和火力發電類似，核電燃料可以運輸，能量產出穩定，基本不受氣候、時間的影響。但和
火力發電不同的是，裝機容量 100 萬千瓦的核電廠每年僅需核燃料 25 到 30 噸，為相同
容量火電廠耗煤量的十萬分之一。[1] 這就意味著核電的燃料運輸成本能大大降低，因此中國
目前建設的核電站均遠離原料產地，位於東部和東南沿海的用電負荷中心附近。

不過，中國的核電起步較晚，直到 1991 年浙江秦山核電站開始發電，才有了第一座自行
設計和建造的核電站。而當時世界上其他國家已有 420 餘台核電機組投入運行，提供著
全球 16% 的電力。

隨後的近 30 年間，在引進國外先進技術的基礎上，中國核電技術逐漸自主化。2018 年併
網發電的廣東台山核電站是全國首次引進的第三代核電技術，也是目前世界上單機容量最
大的核電機組。而到 2021 年 1 月 30 日，「華龍一號」在福建福清核電站投入商業運行，
這是中國首個擁有完全自主知識產權的第三代核電機組。

2020 年，中國核電裝機容量達到 5102.72 萬千瓦，產生了超過 3662.43 億千瓦時的電
量，相當於減少火力發電 10474.19 萬噸標準煤的燃燒，減排 27442.38 萬噸二氧化碳，為
節能減排貢獻了巨大力量。[2]

然而核電技術複雜，安全標準嚴格，因此核電廠的建造成本十分高昂，單位造價更是火電
廠的數倍。歷史上的核電站安全事故也令核電在爭議中發展。但隨著技術進步（包括核聚
變技術的突破）和社會認知的深入，核電將在未來扮演更加關鍵的角色。

1　現在商用的核電站利用的核反應均為裂變反應，燃料為鈾核燃料。

2　數據來自中國核能行業協會核電運行分會 2021 年 1 月 27 日發佈的《2020 年 1—12 月全國核電運行情況》。

位於福建福清的「華龍一號」核電機組 / 供圖 中核集團
「華龍一號」是中國具有完全自主知識產權的第三代核電技術，是中國核電
走向世界的「國家名片」。其每個機組每年可發電近 100 億千瓦時，相當於
減少標準煤消耗 312 萬噸、減少二氧化碳排放 816 萬噸，對助力碳達峰、實
現碳中和目標具有重要意義。

回首新中國成立前夕，全國發電裝機容量僅 184.86 萬千瓦，歷經 38 年的披荊斬棘，才終於突破 1 億千瓦大關。而從 1 億到 2 億千瓦、再從 2 億到 3 億千瓦，分別用了 8 年和 5 年。到 2009 年，中國發電裝機容量超越美國，躋身世界第一位，之後更以每年約 1 億千瓦的速度突飛猛進，堪稱世界電力史上的奇跡。

不僅如此，截至 2019 年年底，全國 220 千伏以上輸電綫路共計長 754785 千米，足足能繞赤道 18 圈。其中 24 條特高壓輸電綫路在東西南北間交織穿梭，堪稱中國大地上又一工程奇跡。除華北和華東地區，全國各區域間均已實現跨區供電，輸電綫路翻越高山峽谷，跨過江河湖海。即便是高寒的世界屋脊，也能與全國各地連為一體。2019 年，全國跨區、跨省送電量分別達到 5405 億千瓦時和 14440 億千瓦時，分別相當於當年全年發電量的 7.4% 和 19.7%，它們就通過這張大網奔向東西南北。

今天的中國，14 億人實現全民通電，但人均用電量在世界僅居第 63 位，未來的路依然漫長。

但是，每當夏天人們打開空調和電扇，每當城市在黑夜中燈火通明，我們便不由得想起千里之外發電機的隆隆轟鳴，因為那就是這個跑步進入現代化的國家中，最波瀾壯闊的聲音。

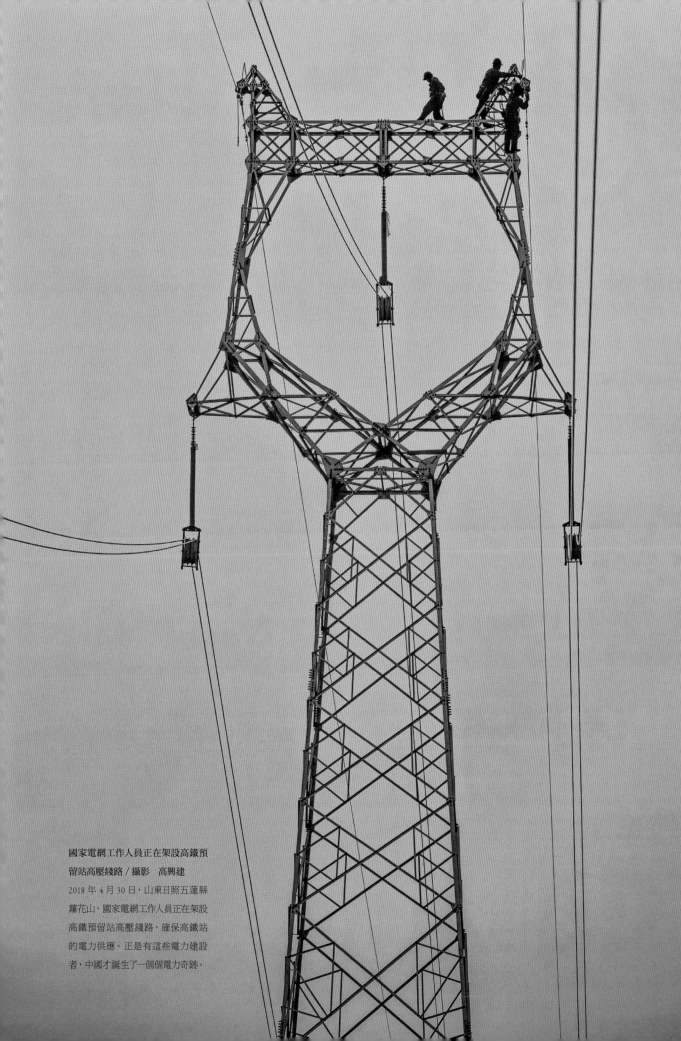

國家電網工作人員正在架設高鐵預
留站高壓綫路 / 攝影　高興建

2018 年 4 月 30 日，山東日照五蓮縣
蘿花山，國家電網工作人員正在架設
高鐵預留站高壓綫路，確保高鐵站
的電力供應。正是有這些電力建設
者，中國才誕生了一個個電力奇跡。

②

煤炭：
中國 60% 的能

這是一個由能源驅動的世界

放眼全國

大大小小的煤礦散佈各地

連續 10 年年總產量超過 30 億噸

2020 年的總產量更是高達 39 億噸 [1]

時至今日，煤炭消費量

仍佔中國一次能源消費量的近 60% [2]

正是這些巨量而飽受爭議的煤炭

保障了我們的生產與生活

成為社會發展的基礎動力

煤炭與我們到底有著怎樣的故事？

我們的生產能力又為何如此驚人？

這一切要從煤炭的形成講起

1　數據來自中國煤炭工業協會 2021 年 3 月發佈的《2020 年煤炭行業發展年度報告》。

2　根據《中華人民共和國 2020 年國民經濟和社會發展統計公報》，2020 年，煤炭在中國能源消費總量中佔比 56.8%。

源來源

秦皇島港的煤炭碼頭 / 供圖 中科星圖股份有限公司

秦皇島港自近代開埠起，距今已有 120 多年歷史。新中國成立後，秦皇島港承擔起「北煤南運」的重要使命，是大秦鐵路綫的主要配套港口。改革開放至今，秦皇島港累計運輸煤炭 40 多億噸，成為名副其實的「國民經濟晴雨表」。

壹

滄海桑田

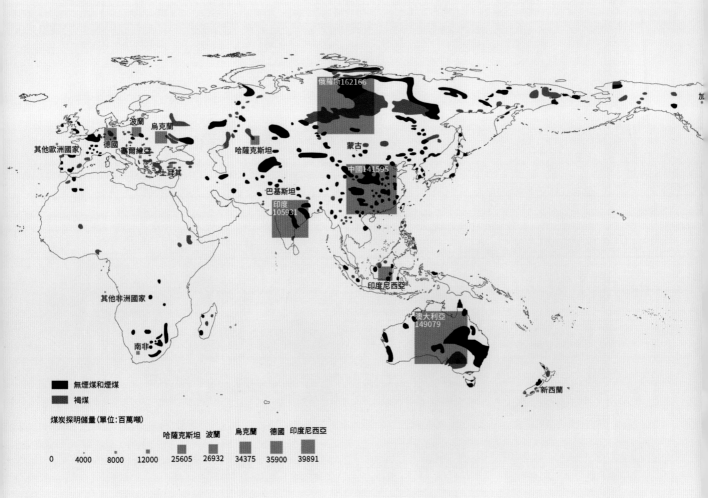

世界煤田分佈

俄羅斯162166

哈薩克斯坦

蒙古

波蘭
烏克蘭

其他歐洲國家

德國
塞爾維亞

土耳其

中國141595

巴基斯坦

印度
105931

其他非洲國家

印度尼西亞

澳大利亞
149079

南非

新西蘭

■ 無煙煤和煙煤
■ 褐煤

煤炭探明儲量(單位:百萬噸)

			哈薩克斯坦	波蘭	烏克蘭	德國	印度尼西亞
0	4000	8000	12000	25605	26932	34375	35900	39891

億萬年來，中國大地上的很多地方都曾經歷這樣一幕：在溫暖濕潤的沼澤窪地中，各種植物競相生長，鬱鬱蔥蔥，欣欣向榮。伴隨著水體的時進時退，大量的植物遺體迅速被掩埋、堆積，與空氣隔絕。在還原環境中，它們被部分分解，形成一片片泥炭沼澤。而後，滄海桑田，海陸升降，泥炭被掩埋於地下，在高溫、高壓等特殊條件下發生一系列物理化學變化，最終形成煤炭。

這一幕還不止發生過一次。植物一次次倒下，地層一層層覆蓋，煤炭也一次次形成。於是，在今天的中國大地之上，煤炭的探明儲量多達 1400 億噸[1]，含煤區面積超過 80 萬平方千米，比東北三省的總面積還要大，佔全國陸地面積的 8.3%，幾乎每個省份都有煤炭資源分佈。

放眼全球，如此大的儲量，在 200 多個國家和地區中高居第四位。

如此來看，我們的煤炭「家底」足夠厚實。可是要想將這些地下礦藏開採出來，我們還需用盡十八般武藝。

---

1 此處數據來自 2020 版《BP 世界能源統計年鑒》。

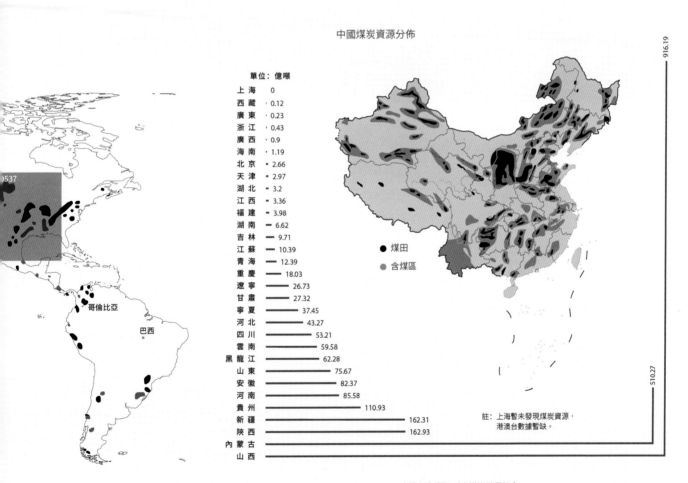

中國煤炭資源分佈

中國各省(區、市)煤炭儲量排名
(數據源自：國家統計局，2016)

貳　搬山卸嶺

在內蒙古鄂爾多斯附近，起伏的山丘變成了一個個平整的立面，伴隨而來的是越發清晰的機器轟鳴聲。循聲望去，映入眼簾的是一個碩大無比的窪地。窪地的上部，是煤層上覆蓋的岩土，只有將岩土剝離，煤炭才能重見天日。

完成這項工作的，是一支由各種機械組成的龐大裝甲「軍團」。吊斗鏟憑藉高大的懸臂，輕而易舉地將鬆散的岩土挖掘並轉移至100米遠。龐大的輪斗鏟更加引人注目：它的前端是由數個一人高的鏟斗組成的齒輪，尾端連接著數百米長的運輸帶，能夠以極高的效率完成挖掘加運輸的流水綫作業。

岩土被剝離之後，黑乎乎的煤炭露出，靈活的單斗鏟等機械揮舞著長臂，鏟裝、運輸破碎的煤炭。電鏟在纜繩的拉扯下，將身邊的煤炭裝入卡車。當然，它們也可以直接與運輸帶連接，組成更加連續、便捷的工作系統。之後，勤勞的「搬運工」卡車在坑場與地表之間穿梭，將煤炭和土石運出窪地。

轟鳴聲此起彼伏，各種機械有條不紊地密切配合，形成一派熱火朝天的景象。經年累月的挖掘使山丘夷為平地，平地被掏空成窪地。從高空俯瞰，竟呈現出一層層、一圈圈的台階，蔚為壯觀。這便是露天採煤的現場。

伊敏河露天礦／攝影　劉瑞

伊敏河露天礦位於內蒙古自治區呼倫貝爾市鄂溫克旗，採礦範圍內剩餘保有資源量為 20.31 億噸。1984 年，該煤礦便建成為一座百萬噸級露天礦。目前，該煤礦核定產能為每年 2200 萬噸。

一年之內，這裏採出的煤炭將超過 2000 萬噸。如此規模的露天煤礦，在全國範圍內都屈指可數。

但是，這樣驚人的生產能力卻來之不易。

空中俯瞰平朔安太堡露天煤礦 / 攝影　翟鴻宇

年產 2000 萬噸的安太堡露天煤礦，是中國最大的露天煤礦之一。這些開採出的巨量煤炭，會通過如蟻群般的卡車被運出。

時間回溯至 70 多年前，舊中國遺留下來的煤礦大都規模較小、設備簡陋、技術落後，而百廢待興的新中國，急需煤炭資源來進行工業建設。

於是，在蘇聯的援建之下，十幾個年產量在 500 萬噸左右的現代化露天礦出現在大江南北。在雲南，有紅河的小龍潭露天礦；在遼寧，有撫順的撫順西露天礦，也有阜新的海州露天礦。

這些露天礦有一個共同特點，就是配備了當時最先進的設備——挖掘可靠的鏟車和裝載量大的蒸汽機車，二者強強聯合，能夠保證產量的最大化。正因如此，遼寧阜新的海州露天礦還一舉成為當時亞洲最大的露天煤礦。礦坑裏，一列列滿載煤炭的蒸汽機車，頭頂著滾滾白煙，沿著鐵軌奮力爬升，是那個年代最動感的畫面。

20 世紀 80 年代，隨著露天開採技術的進步，我們獨立設計和建設了平朔、霍林河、伊敏河、元寶山、準格爾一眾聲名顯赫的大型露天礦，人稱「五大露天」。

彼時的中國，汽車工業取得較大的發展，靈活的卡車逐漸成為新的煤炭運輸工具。與擁有大運量的列車相比，雖然單輛卡車的運力有限，但是眾多卡車一齊出動，便組成了一支靈活的機動部隊，總運力絕不遜色。在鏟車與卡車這對新組合的「加持」下，生產效率得到大幅提升，這些煤礦的年產量可突破 1500 萬噸。

可是，隨著礦坑越挖越深，卡車的運輸距離變得越來越長，運輸效率也變得越發低下。

於是，一項新設備——膠帶輸送機應運而生。它的運輸能力可與標準鐵路抗衡，而成本只有卡車的 50%，具有多重優勢。此外，根據實際的地形條件，煤炭還可以「乘坐」索道，橫跨峽谷，完成運輸。

至今日，露天煤礦裏的裝甲軍團成員越來越多，性能也越來越強大。它們靈活配合，使得露天煤礦的年生產能力突破 3000 萬噸。

右頁左圖　新疆哈密三道嶺露天礦中行駛的蒸汽機車 / 攝影　姚金輝
三道嶺煤礦曾是西北地區最大的露天煤礦之一，由於煤炭資源逐漸枯竭，如今這裏已不復往日盛景，中國最後一批運煤蒸汽機車也已在這裏退役，成為歷史。

右頁中圖　雲南紅河小龍潭露天礦中運煤的卡車 / 攝影　饒穎

右頁右圖　內蒙古伊敏河露天礦中的露天採煤設備 / 攝影　劉瑞
鏟車、移動式破碎機、膠帶運輸機三者相互配合，實現了煤炭開採與運輸的連續作業。

進入 21 世紀，一大批露天礦更是噴薄而出。2008 年，內蒙古烏珠穆沁的白音華露天礦建成投產。2014 年，內蒙古鄂爾多斯的哈爾烏素露天礦建成投產。2019 年，陝西神木的西灣露天礦建成投產。

截至 2017 年，全國露天煤礦約有 420 座，其中年產量超過 1000 萬噸的大型露天煤礦達到 19 座。

不過，露天開採只適用於那些埋深較淺且厚度較大的煤層。到 2017 年，全國露天煤礦年產量僅有 5.28 億噸，只佔當年全國煤炭總產量的 15% 左右。那麼，面對深部的煤層，在沒有像露天開採那樣寬敞的作業空間時，我們又會遇到怎樣的難題？

左頁上圖　小龍潭煤礦布沼壩礦坑階梯操作面全景 / 攝影　祁凱
小龍潭煤礦從 20 世紀 50 年代開始開採，礦區以南盤江為界分為兩個井田，江北井田由小龍潭露天礦開採，江南井田由布沼壩露天礦開採。到 20 世紀 80、90 年代，小龍潭露天礦成為雲貴煤炭基地重點礦區，附近電廠承擔著雲南電網的主力發電任務。

左頁下圖　布爾台煤礦 / 攝影　任世明
布爾台煤礦位於內蒙古鄂爾多斯市伊金霍洛旗，井田面積 193 平方千米，礦井設計可採儲量為 20.16 億噸，礦井設計生產能力為每年 2000 萬噸，是一座集生產、洗選、儲裝、外運綜合佈局的特大型高產高效現代化礦井。

叁 地下世界

在中國，超過29億噸、約佔全國煤炭總產量85%的煤炭是從黑暗的地下世界中開採出來的。可是，地下煤層往往深達數百米，有的甚至超過千米。怎樣才能採出規模如此巨大且埋藏如此之深的煤炭？

首先，人們必須想方設法在地表和煤層之間，開鑿出一條條或水平、或傾斜、或垂直的通道，搭建起一個合理的井下生產空間。這些通道不僅是輸送煤炭、土石的運輸通道，也是輸送人員和設備的運輸通道，更是深井之下人員、運輸、通風、排水、供電、通信、救援等的安全保障通道。沿著這些通道，人們終於能夠觸及深埋於地下的煤層。

然而有些煤層過於龐大，它們橫向延伸超過數千米，厚度達到上百米。在沒有機械的時代，面對這樣的「龐然大物」，人們只能手刨肩背，將煤炭一點點從煤層上剝落，再一筐筐背送至地面。在條件相對優越的地方，可以使用炸藥炸碎煤層，藉助井下軌道和礦車完成煤炭運輸。即便如此，其難度仍然超乎想象。

幸好機械化的進步給井下作業帶來了轉機，煤層破碎、被裝載、被運輸，以及地下空間的支護等工作開始逐漸被機械取代，開採效率也隨之大幅提升。其中，最先進的地下開採工作均由機械完成，這意味著人工採煤的時代將徹底終結。

以內蒙古鄂爾多斯神東礦區的上灣煤礦為例，在200多米深的礦井下，工作人員通過控制台便可操控世界最大採煤機，一次性可採出8.8米厚的煤層。與此同時，在開採的工作面上，128台液壓支架一字排開，長度接近300米。液壓支架接收指令，有序進退，實現對採煤現場頂部岩石的安全支護。採下的煤炭則沿著數千米長的運輸膠帶，被及時輸送至地表。所有工作井然有序，一氣呵成。

截至2019年，全國已有98%的大型煤礦實現了機械化採煤，井下事故遇難的人數從2004年的6027減少至316，事故發生係數[1]下降超過97%。

1　事故發生係數即百萬噸死亡率，指的是每生產100萬噸煤炭造成的死亡人數比例。

液壓支架

採煤機

刮板運輸機

江蘇徐州姚橋煤礦智能工作面 / 攝影　李新建

在一些機械化智能生產煤礦，從採煤機割煤、支架移架，到刮板輸送機推
溜等採煤動作，已全部實現自動化。煤炭生產不再需要人員直接接觸，只
需在集中控制室完成操作指令，這不僅讓工作人員的安全得到了保障，也
大大提高了生產效率。

此外，在多種機械的助力之下，即使面對錯綜複雜的地下世界，採煤工作也變得遊刃有餘。對於近水平狀、厚度小於 7.5 米、賦存條件簡單的煤層，人們可以沿著煤層推進，一次性將煤炭採出，此即長壁採煤法。

對於近水平狀、厚度一般超過 5 米的厚煤層，人們可以自上而下，分多層開採。當然，也可以自下而上進行放頂煤開採，這種開採方法是先在煤層底部採出 2 到 3 米的高度，再利用頂板壓力或者人工方法，使頂部煤層直接垮落、破碎、放出。

任憑地下煤層肆意展佈，人們只管見招拆招。至今日，中國的採煤方法多達十幾種，是世界上採煤方法種類最多的國家。

相較於露天開採，從挖掘各種地下通道到應對不同形態的煤層和地表，地下開採的每一步都異常艱難。當然，煤層開採的「藝術」並非一成不變，人們可根據實際情況，在兩種開採方式間切換或組合使用。

當露天開採的成本超出合理的經濟範圍時，就需要轉向地下開採。而當地下環境變得惡劣時，人們就不得不轉為露天開採。以寧夏石嘴山的大峰煤礦為例，煤層的自燃使得地下溫度居高不下，嚴重危害作業人員的安全。所以，自 2007 年起，該煤礦的開採方式從地下轉向了露天。

如果煤層向地層深處延伸極大，可以露天和地下同時開採。例如山西平朔的安家嶺煤礦，人們在其露天礦場的周圍同時進行地下開採，是中國第一座「露井聯採」的現代化大型煤礦。

至此，從淺部煤層的露天開採到深部煤層的地下開採，近 4700 座大大小小的煤礦在中國大地上遍地開花。它們熱火朝天，日夜不休，讓中國成為名副其實的「煤炭帝國」。

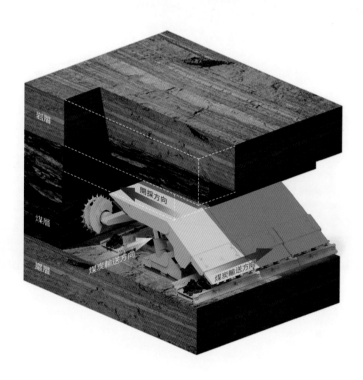

放頂煤開採示意

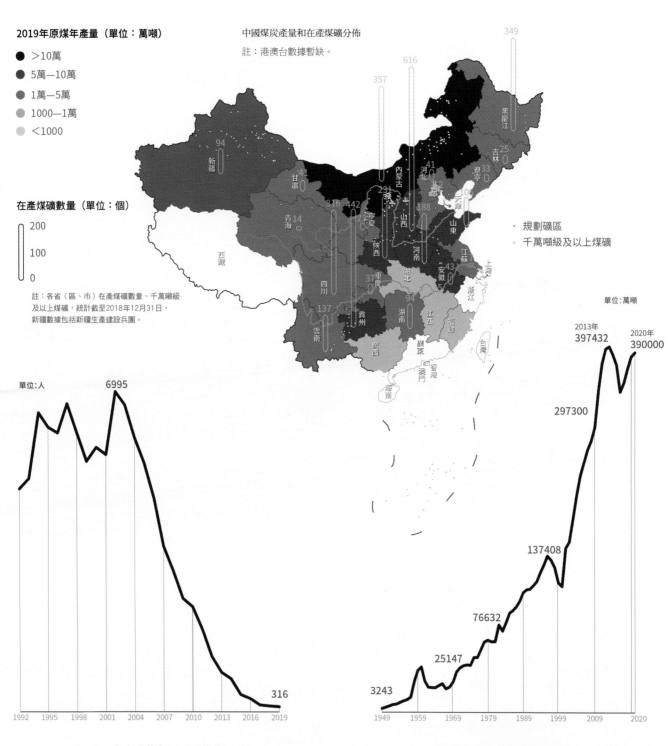

2019年原煤年產量（單位：萬噸）

● ＞10萬
● 5萬—10萬
● 1萬—5萬
● 1000—1萬
● ＜1000

中國煤炭產量和在產煤礦分佈
註：港澳台數據暫缺。

在產煤礦數量（單位：個）

200
100
0

註：各省（區、市）在產煤礦數量、千萬噸級
及以上煤礦，統計截至2018年12月31日，
新疆數據包括新疆生產建設兵團。

○ 規劃礦區
‧ 千萬噸級及以上煤礦

單位：萬噸

349
616
357
94 新疆
41 甘肅
316
442
14 青海
西藏
231
188
四川
37 重慶
137 雲南
貴州
湖北
湖南
94
43
5
安徽
江蘇
江西
福建
浙江
上海
山東
河南
陝西
寧夏
山西
內蒙古
河北
北京
天津
10
遼寧
33
25 吉林
黑龍江
41
2
廣西
廣東
香港
澳門
台灣
海南

單位：人

6995

316

1992 1995 1998 2001 2004 2007 2010 2013 2016 2019

1992—2019年全國煤礦死亡人數變化

單位：萬噸

2013年
397432
2020年
390000

297300

137408

76632

25147

3243

1949 1959 1969 1979 1989 1999 2009 2020

1949年以來中國原煤產量變化

煤炭從哪裏來？

億萬年的地質演變，將巨大的生物能量封存在地表之下，人們用盡十八般武
藝才讓它們重見天日。如今，煤炭正以各種各樣的方式，支撐起人類龐大的
能源需求。這種黑漆漆的東西到底從哪裏來，人們又是如何開採和利用它們
的，我們嘗試在這裏給出答案。

註：製圖中升降機圖片攝影師為胡寒。

煤炭產業結構

煤 炭 開 採

露天開採　適用於開採埋深較小且厚度較大的煤層

地下開採　絕大部分煤炭來源於埋深較大的地下，產量佔比高達85%

*以2017年數據為例

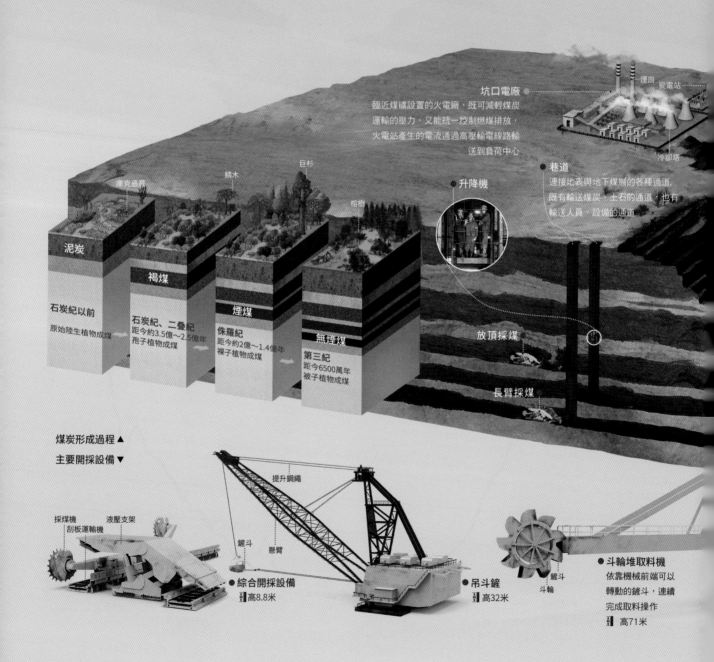

坑口電廠
臨近煤礦設置的火電廠，既可減輕煤炭
運輸的壓力，又能統一控制燃煤排放，
火電站產生的電流通過高壓輸電線路輸
送到負荷中心

煙囪　變電站

冷卻塔

巷道
連接地表與地下煤層的各種通道，
既有輸送煤炭、土石的通道，也有
輸送人員、設備的通道

升降機

庫克遜蕨　鱗木　巨杉　榕樹

泥炭
石炭紀以前
原始陸生植物成煤

褐煤
石炭紀、二叠紀
距今約3.5億～2.5億年
孢子植物成煤

煙煤
侏羅紀
距今約2億～1.4億年
裸子植物成煤

無煙煤
第三紀
距今6500萬年
被子植物成煤

放頂採煤

長臂採煤

煤炭形成過程▲
主要開採設備▼

採煤機　液壓支架
刮板運輸機

● 綜合開採設備
高8.8米

提升鋼繩

鏟斗　懸臂

● 吊斗鏟
高32米

鏟斗
斗輪

● 斗輪堆取料機
依靠機械前端可以
轉動的鏟斗，連續
完成取料操作
高71米

- **鐵路運輸** 大部分煤炭通過煤運鐵路調運至消費中心或港口，鐵路煤炭調運量佔比達60.5%
- **公路運輸** 憑藉公路靈活的優勢，主要解決貨運到門的問題
- **水路運輸** 主要利用沿海和沿江港口完成煤炭的調運
- **管道運輸** 中國已建成首條長距離輸煤管道，設計年輸送能力1000萬噸

*以2020年數據為例

煤炭消費 2019年中國煤炭消費總量達40億噸

- **電力行業** 主要用於火力發電，耗煤佔比達58.8%
- **鋼鐵行業** 主要用於鋼鐵等金屬冶煉
- **建材行業** 生產水泥等建築材料
- **化工行業** 煤化工廠生產煤製油、煤製烯、化肥等
- **其他行業** 民用、服務業等

*以2019年數據為例

● 斗輪堆取料機

鐵路運輸

運輸方向

排土場

吊斗鏟

運輸車隊

重型卡車

煤層
通常情況下，
煤層埋深越
大，煤質越好

● 重型卡車
高7.9米

時至今日，中國的煤炭年產量已經達到 39 億噸，是 70 多年前的 120 倍。與此同時，全國的火力發電裝機容量增長了 708 倍，總量居世界第一；鋼鐵產量增長了 6300 倍，總量居世界第一。熊熊燃燒的煤炭，點亮了萬家燈火，築起了鋼鐵森林，也融入了 14 億人的生活，更成為這個覺醒的東方大國拚命追趕、飛速前進的動力。然而，我們也付出了不小的代價。

煤炭的大規模生產佔用了大量土地，尤其是露天開採，直接破壞了地表土層和植被。地下開採則導致地下水污染，引發地面沉陷，讓生態脆弱區不堪重負。而煤炭的直接燃燒，將煙塵、二氧化硫、氮氧化物等大量污染物排入大氣。如此粗獷的使用造成了酸雨、霧霾等環境污染問題，給人們的生活帶來了極大的挑戰。

我們對煤炭的開採和利用真的就一定要付出沉重的代價嗎？答案顯然是否定的。

人們正在努力改善煤炭的開採方式，比如將開採產生的矸石用作採空區回填的材料，以

減少地面沉陷；對露天礦場進行覆土造田，重新種植植被。以山西平朔煤田為例，截至 2017 年，土地復墾面積超過 4 萬畝，形成了採礦、復墾、還地的綠色開採模式。曾經的露天開採現場，也可以變身為綠色的礦山公園。礦井水會被統一潔淨處理，再用作礦井及礦區的生產生活用水。

正是通過這些方式，如今中國煤礦區的土地復墾率達到 52%，煤矸石綜合利用率達到 71%，礦井水綜合利用率已經超過 75.8%。

不僅如此，人們也在改變著煤炭的使用方式。比如在大型露天煤礦附近直接建造起坑口火電廠，改煤炭運輸為電力運輸，實現污染物的統一管理和排放。煤炭燃燒之後，還要經過除塵、除硫、脫硝等程序，確保氣體達標排放。

正如中國工程院院士謝克昌所說：「實現了清潔高效利用的煤炭就是清潔能源。」

與此同時，人們還在積極尋找和開發利用煤炭資源替代品。除了石油、天然氣等傳統化石能源，水能、風能、光能、核能等新型清潔能源已經逐漸成為人類能源的重要構成部分。以中國一次能源消費來看，煤炭的消費佔比已經從 70 多年前的 90% 以上下降至今日的 60% 左右，未來還會繼續降低。

內蒙古呼倫貝爾扎賚諾爾國家礦山公園 / 攝影　趙高翔
內蒙古呼倫貝爾扎賚諾爾國家礦山公園是中國首批建設的國家礦山公園之一。扎賚諾爾是一座因煤興起的城鎮，經過百年的開採，這裏的煤炭資源漸趨枯竭，人們便將廢棄的礦山建設為公園，修復受損的環境。

在未來的某一天，煤炭的能源效用或許會被徹底取代，從此在我們的世界中消失。

但到那時，當再次談及煤炭時，我們一定還會感慨萬千：正是它，點燃了新中國的第一把工業之火；正是它，點燃了一個熱火朝天的時代。

洛陽礦山機械廠／攝影　黃政偉
「一五」時期建成的洛陽礦山機械廠，是中國第一座現代化礦山機械廠。它曾攻克多項鑄鍛件難題，為中國採礦機械化、現代化貢獻了巨大的力量。

③

南水北調：
超級工程，談⋯

和全國所有的地鐵站一樣

北京五棵松地鐵站的站台之上

乘客日復一日來往匆匆

但不一樣的是

在站台之下僅 3.67 米處

來自千里之外的滔滔江水

經由兩條巨大的管道奔騰北上

也許站台上的人們

永遠不會感受到腳下澎湃的水流

整個華北平原之上的約 1.2 億人

也幾乎不會感受到

因為一項史無前例的超級工程

自己的生活和城市正在悄然發生改變

這項工程便是「南水北調」

陶岔渠首樞紐重建的閘壩／供圖 南水北調中綫幹綫工程建設管理局宣傳中心

陶岔渠首樞紐位於河南省淅川縣陶岔村，是南水北調中綫輸水總幹渠的「水龍頭」。

壹 乾渴的 華北

在中國，若以人均水資源量計算，最為「乾渴」的並非沙漠廣佈的西北地區，而是華北平原，特別是京津冀地區。這裏養育著全國 8% 的人口，但人均水資源量卻遠遠低於國際通行的人均 500 立方米的極度缺水紅綫。

不僅如此，日益膨脹的人口、快速擴張的城鎮、迅猛發展的工業讓華北平原一度成為全國地表水質量最差的地區，最嚴重時流經的黃河、淮河和海河幾乎是「有河皆枯、有水皆污」。水量短缺、水體污染，可用的地表水所剩無幾，於是人們不得不超採地下水、回用再生水、甚至擠佔維繫生態功能的水源，以填補龐大的用水缺口。到 21 世紀初，京津冀的地下水開採程度均已超過 100%[1]，一個面積超過 9 萬平方千米，並且在不斷擴大的地下水超採區在華北平原之下迅速形成。

在北京，僅在 1999 年到 2003 年的 4 年，供給城市生活用水的密雲水庫庫存水量就減少了 3/4，全市超過 70% 的用水只能靠抽取地下水維持，這導致北京平原地區的地下水位以每年 1 米的速度持續下降。在濟南，地下水的嚴重超採令大量湧泉景觀徹底消失，昔日的「泉城」岌岌可危。而在開採力度更大的河北省部分地區，預計不到 20 年，便會面臨無地下水可採的局面。

儘管從 2003 年起，北京通過各項節水措施，使萬元 GDP 用水量下降近七成，22% 的用水被再生水替代，但地表水稀缺的現實和用水量增長的趨勢依然難以改變，地下水位仍然在逐年下降。

中國的南北大地本應擁有相同的發展機會，但水資源的極度短缺卻成了限制華北地區發展的枷鎖。乾渴的華北大地迫切地需要新的水源。

而千里之外的浩蕩長江，多年平均徑流量約 9600 億立方米，是黃淮海三河總徑流量的近 7 倍。長江之水能否北上？人們懷抱著一綫希望。然而，要建設一個跨越 1000 多千米的調水工程，談何容易？

---

1 地下水開採程度可用開採係數表示，即實際開採量與可開採量之比，若係數大於 100% 則為超採。

中國人均水資源與世界對比 ▶

中國各省(區、市)人均水資源排名 ▼
(單位:立方米)

註:

1. 中國人均水資源與世界對比,數據
   為 2008—2017 年平均值(數據源自:
   聯合國糧農組織)。
2. 中國各省(區、市)人均水資源排
   名,數據為 2010—2019 年 10 年平均值
   (數據源自:國家統計局)。

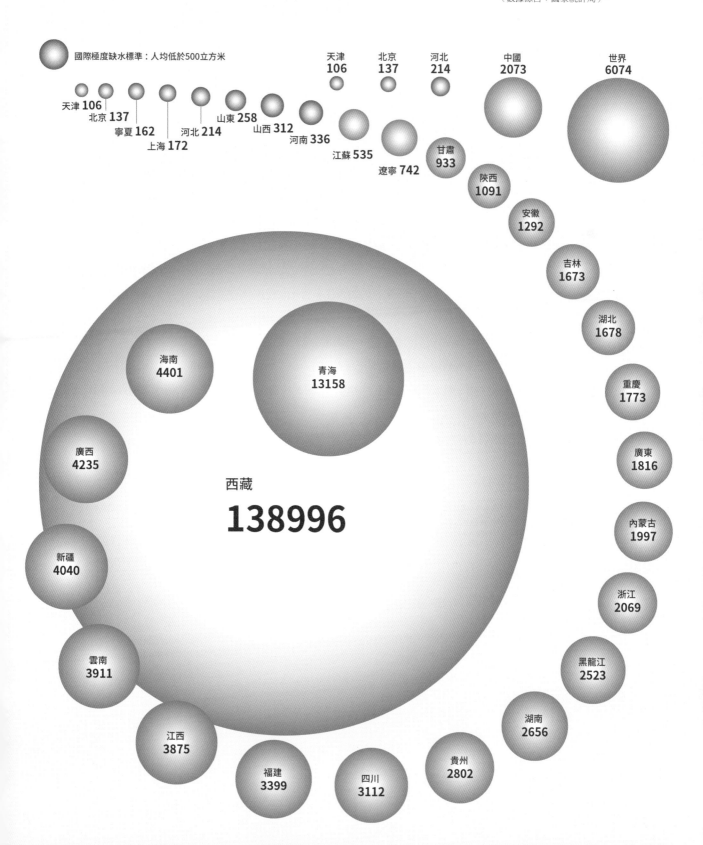

國際極度缺水標準:人均低於500立方米

天津 106
北京 137
寧夏 162
上海 172
河北 214
山東 258
山西 312
河南 336
江蘇 535
遼寧 742

天津 106
北京 137
河北 214
中國 2073
世界 6074

甘肅 933
陝西 1091
安徽 1292
吉林 1673
湖北 1678
重慶 1773
廣東 1816
內蒙古 1997
浙江 2069
黑龍江 2523
湖南 2656
貴州 2802
四川 3112
福建 3399
江西 3875
雲南 3911
新疆 4040
廣西 4235
海南 4401
青海 13158

西藏
138996

貳 艱難的 工程

早在 1952 年，南水北調的設想就已誕生。但大到綫路佈局、規模設置，小到渡槽結構、管道材質，不計其數的論證長達半個世紀。直到 2002 年，工程的總體規劃才正式出爐。

這意味著，在規劃提出的數十年後，中國大地上將有東綫、中綫、西綫三條大型水道縱貫南北，與東西流向的海河、黃河、淮河、長江形成「四橫三縱」的巨型水網，最終調水規模將達 448 億立方米，約為長江多年平均徑流量的 4.7%，卻幾乎是黃河多年平均徑流量的 80%。[1]

儘管那時國內外已建成近 400 項調水工程，但南水北調工程的規模之大、涉及面積之廣、覆蓋人口之多，均堪稱史無前例。2013 年 11 月 15 日和 2014 年 12 月 12 日，東、中綫一期工程先後通水。南來之水第一次湧入北方大地之時，便成為世界水利史上的歷史性時刻。

這滾滾水流背後，又有著什麼樣的故事呢？

---

1 規劃中，東、中、西綫最終調水規模分別為 148 億、130 億和 170 億立方米，已建成的東、中綫一期工程調水規模為 88 億和 95 億立方米，西綫工程還在論證中。以上調水規模都為多年平均值，實際調水量則要根據當年供需情況確定。

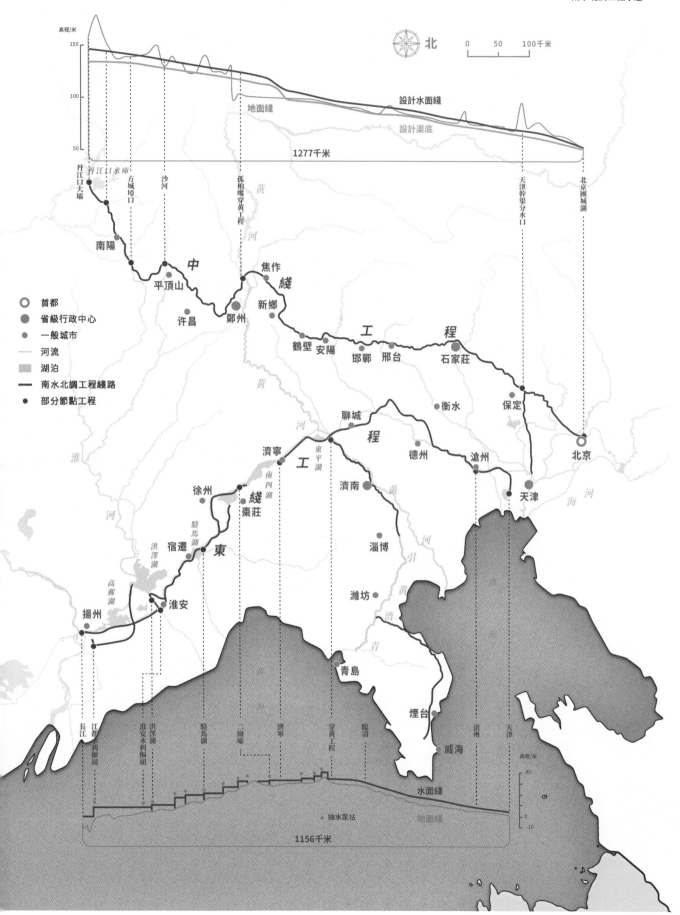

① 東綫：水往高處流？

南水北調東綫工程[1] 從江蘇揚州一路北上，上跨淮河，下穿黃河，最終將長江之水送到山東半島和天津城區。沿途包括京杭大運河在內，有數條南北向的河道可作為江水北上的現成通道，洪澤湖、駱馬湖、南四湖、東平湖等數個南北串聯的湖泊可作為天然的調蓄水庫，加之江蘇省的江水北調工程基礎，東綫工程的建設有著地利的優勢，只待水到渠成。

然而事情卻沒有這麼簡單。從調水起點到黃河南岸，地面高程升高近 40 米。這意味著，南水想要北上，必須實現「水往高處流」，直至水流越過最大的高程點，才可順流而下，抵達天津，或沿引黃濟青工程，奔向山東半島。

於是，僅東綫一期工程沿綫，便建有 34 處站點、160 台水泵，共計 13 級泵站。這個世界最大的泵站群，從揚州江都水利樞紐開始，將長江之水逐級提升近 40 米，一路送至黃河南岸。

為了降低泵站群的能耗，沿途 1/3 的水泵均使用中國技術人員耗時 3 年自行研製的燈泡貫流泵。這種裝置擁有平直的流道，水流不需轉彎便可直接通過。與傳統的立式軸流泵相比，燈泡貫流泵的電能轉化率可從 65% 提高至 81%，大大提高了運行能效。

經由這些泵站，東綫一期工程的年調水能力可達 88 億立方米，相當於每年為沿綫的江蘇、安徽、山東各省供給 600 多個西湖的水量。

相較之下，南水北調中綫工程則顯得「節能」多了，其幹綫上僅建有一座泵站，卻依然完成了 1432 千米的超長距離調水，這是如何實現的呢？

1　目前已建成的東綫工程一期，幹綫長 1467 千米。

右頁下圖　揚州江都水利樞紐 / 攝影　楊奎
揚州江都水利樞紐連通了長江、淮河、京杭運河等水系，具有灌溉、排澇泄洪、發電、航運等多種功能。如今它已成為南水北調東綫工程的起點。

燈泡貫流泵與立式軸流泵結構對比示意

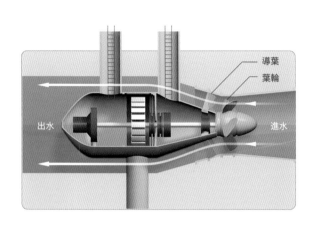

燈泡貫流泵

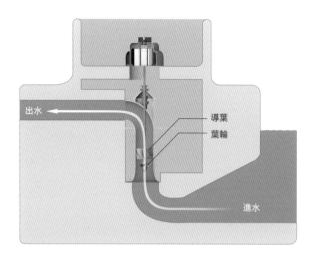

立式軸流泵

② 中綫：一渠清水向北流

2005 年 9 月，在湖北省漢江與丹江交匯口下游的 800 米處，一聲爆破響徹群山之間，丹江口大壩的表層開始被拆除。不久之後，人們在其上方澆築新的混凝土，讓大壩加高 14.6 米，水庫面積增加至 1022 平方千米，幾乎與三峽庫區的水面面積相當。

然而，在一座已服役近 40 年的老壩上，重新澆築一座新壩並非易事。倘若新、老混凝土因溫度變化產生不均勻的熱脹冷縮，將會令壩體產生裂縫，後果不堪設想。因此，除了嚴格控制混凝土的澆築溫度，人們還在大壩堰體的老混凝土上切割出一道道鍵槽，然後植入一根根鋼筋，用以加強新老混凝土間的咬合和錨固。同時，人們在大壩頂部向 20 個垂直佇立的閘墩中植入 1164 根鋼筋，令閘墩更加堅固。這一工程歷時近 8 年才得以完成。

經過升級改造的丹江口大壩變得更高、更厚，不僅庫容量能滿足調水需求，水位高程也達到了 170 米，比北京高 100 餘米。這就意味著，來自丹江口水庫的汩汩清水，不再需要泵站逐級提升，便能一路自流到達北京，或是經位於河北保定的西黑山分水口，轉而向東，流入天津。

更幸運的是，分隔長江和淮河流域的秦嶺，在河南方城縣附近的連綿群山中留出一道「縫隙」，人稱「方城埡口」。此處兩側山地的高程在 200 米以上，但埡口處卻僅有 145 米，中綫工程的水渠可經此「縫隙」穿行而過，避免挖掘數千米的穿山隧洞。

丹江口水庫及大壩 / 供圖 南水北調中綫幹綫工程建設管理局宣傳中心

位於河南省淅川縣與湖北省丹江口市交界處的丹江口水庫，是南水北調中綫工程的起點。丹江口水庫初期工程壩頂高程為 162 米，設計蓄水水位為 157 米。經過加高後，大壩壩頂高程達到 176.6 米，設計蓄水水位達到 170 米。

然而魚和熊掌不可兼得，雖然中綫工程不需要大量建設泵站，但由於沒有任何現成河道可以利用，1432 千米的水道必須全部從零新建，漫長的修建過程注定困難重重。

中綫工程沿途需穿越 686 條大小河流，為保證輸水水質，避免洪澇和污染的影響，一座座龐大的「水上立交」橫空出世。在其中的 27 座大型樑式渡槽上，南來之水源源不斷凌空而過，如同一條蜿蜒北去的「天河」。

河南省境內，在全長達 11.9 千米的沙河渡槽中，巨大的 U 形槽段重達 1200 噸，每次吊裝都相當於一次性起吊約 1000 輛轎車。

而位於其南面的湍河渡槽，體量則更為驚人，其內徑達 9 米，單孔跨度達 40 米，每孔槽段的重量可達 1600 噸。面對如此巨大的重量，工程師們乾脆放棄了吊裝設備，轉而採用大型造槽機，現場完成混凝土澆築，就這樣一段接一段地築造出世界上規模最大的 U 形渡槽。

左圖　穿過河南平頂山的沙河渡槽 / 供圖　南水北調中綫幹綫工程建設管理局宣傳中心

沙河渡槽跨越沙河、將相河、大郎河，全長 9050 米，綜合流量、跨度、重量、總長等指標排名世界第一，被譽為「世界第一渡槽」。

上圖　沙河渡槽所採用的巨大的 U 形渡槽 / 攝影　何進文

沙河渡槽採用的是 U 形渡槽，不用特別加厚就能達到較高的結構強度，能夠較好地減輕重量、節約成本。

但更多的時候，中綫工程的輸水水道是以倒虹吸 [1] 的方式，在地表之下穿越的。其中難度最高、規模最大的，便是穿越黃河的「穿黃工程」。

黃河北岸，巨大的圓筒形豎井深入地下，其內徑可達 16.4 米，井深 50.5 米，幾乎可以容納一座 15 層的高樓。負責掘進隧道的大型盾構機要從這裏出發，在深厚的砂土中前行超過 4000 米，才能穿越黃河天塹。

然而規模龐大的穿黃隧洞在建設中並非一帆風順。盾構機的刀盤日夜不休地旋轉，被粉碎的砂礫土石隨泥漿排出，但由於砂土中石英含量較高，致使盾構機的刀片產生嚴重破損。工程人員只能依靠人力，前後進出近 400 次，才能在充斥著泥水的盾構機前端完成刀盤的修復和加固。最終，在大河之下穿行 500 多個日夜後，巨大的盾構機在河道對岸重見天日。而河床下平均 30 米處，有兩條內徑達 7 米的巨大隧洞出現在世人眼前。由此，南來之水得以跨越黃河天塹，繼續北上。

---

1 倒虹吸是指利用上下游水位差，令水流在垂直方向上呈弓彎向下的弓形流動，從而實現渠道立交。

空中俯瞰南水北調中綫「咽喉」工程——穿黃工程 / 攝影　焦瀟翔

穿黃工程位於河南省鄭州市黃河上游約 30 千米處，人們在這裏的黃河河床底部開鑿兩條隧道，北上的長江水通過兩條穿黃隧洞與黃河立體交叉，成功穿越黃河。穿黃工程過河隧洞全長 3450 米，是南水北調中綫難度最大的工程。

倒虹吸剖面示意

水道「上天入地」固然艱難，但在中綫工程約 1/3 的渠段內，即便是平地修渠，也面臨著膨脹土的考驗。這是一種吸水膨脹、失水收縮的土壤，極易造成渠道塌陷。在當時，全國上下尚無類似的工程先例，這意味著連設計施工標準都必須從零開始制定。

同樣必須從零起步的，還有在北京市境內為防止污染、減少佔地面積而修建的預應力鋼筒混凝土管道（PCCP）。這是一種複合結構管材，層層包裹的結構令其防滲、抗震、可靠、耐久。然而，中綫工程中的 PCCP 管道直徑達 4 米，單管重 78 噸，巨大的體積和重量帶來了極大的施工難度，工程人員經過大量實驗，才最終確定建設標準。

一路過關斬將，中綫工程再經過長約 13 千米的北京西四環暗涵工程，便可抵達終點——北京團城湖。這些南來之水將進入城市的各大水廠，或經京密引水渠反向注入曾不堪重負的密雲水庫。至此，中綫工程全綫貫通，再沒有什麼能夠阻擋滔滔江水一路北上。

中綫工程水道穿山越嶺，穿越城鎮，與 31 條水渠、51 條鐵路和 1238 條公路相互交錯。全程有 27 座渡槽、102 座倒虹吸、17 座暗渠、12 座隧洞、1 座泵站、476 座排水建築物、303 座控制建築物，將這條千里水脈逐一串聯。

然而，無論是東綫工程龐大的泵站，還是中綫工程巨大的水渠，都只是整個南水北調工程的冰山一角。水質如何保障？污染如何治理？移民如何安置？文物如何保護？造成的生態問題又該如何補償？種種問題擺在人們眼前，讓這項本已困難重重的工程愈發舉步維艱。

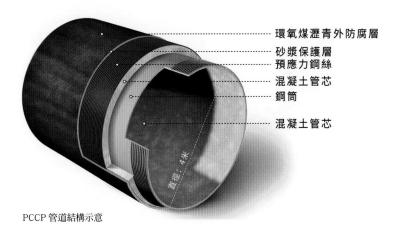

環氧煤瀝青外防腐層
砂漿保護層
預應力鋼絲
混凝土管芯
鋼筒
混凝土管芯

直徑：4 米

PCCP 管道結構示意

南水北調中綫穿過崗頭隧洞 / 供圖　南水北調中綫幹綫工程建設管理局宣傳中心

崗頭隧洞位於河北滿城，這裏處於太行山東麓的低山丘陵地帶，南來之水必須穿山而過，才能抵達終點。

2002 年，南水北調工程終於正式開工，但東綫工程沿綫的城市卻顯得憂心忡忡。畢竟在當時的工程沿綫，黃河以南的 36 個水質斷面中，僅有 1 個達到地表水 Ⅲ 類標準[1]，有的斷面污染物甚至超標百餘倍，完全無法作為飲用水源。這意味著，東綫工程必須在 10 年內達到全綫 Ⅲ 類及以上水質，才能達到通水要求，實施一項龐大的**污染治理工程**刻不容緩。

於是在這 10 年間，山東有超過 700 家造紙廠，江蘇有超過 800 家化工企業因排放不達標紛紛被關停。水面上，山東和江蘇兩省約 4000 艘水泥船、24000 艘掛槳機被淘汰或拆改。河岸邊，僅江蘇一省沿綫就建成 17 座船舶垃圾收集站和 43 座污水（油）回收站。到 2016 年，江蘇省內沿綫共 9650 千米的污水收集管網，以及接近全省 1/5 的污水處理能力，時刻鎮守著沿綫的排放關卡。此外，還有大面積的湖泊濕地等 426 項治理工程，如「鎧甲」一般「裝備」在 1000 多千米長的東綫工程調水綫路之上。在 2012 年東綫通水前夕，沿綫主要污染物入河總量減少 85%，全綫 36 個監測水質斷面終於全部達標。

而在中綫工程中，其幹渠水道全程封閉，兩側還劃出嚴格的水源保護區，基本杜絕了外界污染帶來的影響，堪稱一條「清水走廊」。但人們真的可以高枕無憂了嗎？

在中綫水源地丹江口水庫，20 世紀 80 年代時，水質達到 Ⅰ 類的時間約有 2/3，到了 21 世紀初卻僅有 1/3。如何維持水源地的水質，成為無法被忽略的問題。然而，丹江口水庫的上游流域涉及陝西、湖北、河南三省的 8 市及其下轄的 43 個縣和 600 多個鄉鎮，若要溯流清源，將是一項浩大工程。

但人們別無選擇。於是在上游流域，採礦冶煉、黃薑生產、汽車電鍍等高污染工廠相繼被關停。截至 2014 年，在上游流域，城市污水處理廠由 5 座增至 174 座，垃圾處理場由 1 座增至 99 座，1.7 萬平方千米的水土流失土地得到治理。中綫工程通水至今，輸水水質達到 Ⅰ 類的斷面比例從 30% 增長至 80%，歷時超過 8 年的**水源保護工程**開始逐漸顯現效果。

1　根據中國地表水環境質量標準，地表水質量按功能高低被劃分為五類。其中 Ⅲ 類主要適用於集中式生活飲用水地表水源地二級保護區、魚蝦類越冬場、洄游通道、水產養殖區等漁業水域及游泳區。

右頁上圖　京杭大運河經過駱馬湖 / 攝影　李瓊
位於江蘇北部的駱馬湖，在明清時期就成為保障京杭運河暢通的蓄洪湖泊。圖上右側的航道即京杭運河。

右頁下圖　丹江口水庫庫區 / 攝影　徐欣
丹江口水庫控制流域面積超過 9 萬平方千米，佔漢江流域集水面積的 60%。為了保障水質，人們必須嚴格控制水庫上游的污染排放。

然而，青山綠水的丹江口水庫，為中綫工程提供了清澈的水源，卻也為之付出了巨大代價。

當水庫水位成功抬高 13 米時，庫區周邊超過 300 平方千米的土地將被淹沒在茫茫碧波之下。這意味著曾經生活在周邊 40 個鄉鎮、441 個村莊的超過 34 萬人，不得不搬離原本的家園。此外，工程幹綫沿途佔用土地，又需搬遷安置約 9 萬人。所以，中綫工程也是一項浩大而艱巨的**移民安置工程**。

於是，在預計被淹沒的遷出地，每一村、每一戶、每一間房、每一塊地、每一口水井、每一片果樹，都開始被調查、統計和公示。離開原有土地的人們，將按照這些土地被徵收前三年平均產值的 16 倍獲得徵地補償款和移民安置費。而在遷入地，移民新村的建設同樣緊鑼密鼓。由於每家每戶情況不同，政府設計了十餘套不同戶型的住房，供移民選擇。在新村社區中，交通、供電、供水、排水、學校、環保等公共基礎設施一應俱全。大多數人的居住條件，從人均 20 平方米的土木房、土坯房，上升為人均 24—34 平方米的磚混樓房。此外，為了讓移民有田可耕、有地可種，遷入地必須在有限的耕地中，擠出一部分分配給移民。

至此，萬事俱備，超過 34 萬移民搭乘浩蕩的車隊，揮別祖祖輩輩生活的故土，到達一片陌生的土地，重新建設家園。丹江口水庫的移民安置，要求在 2 年內基本完成，搬遷工作強度之大在世界水利移民史上前所未有。但艱難的並不只是工程本身，數十萬移民告別的也不只是房屋和田地，而是他們最熟悉的土地，是他們賴以為生的生活方式，也是他們世世代代的生活記憶。因此，若要他們真正融入新的家園，需要的不僅僅是政府的支持和補償，還需要當地人的一視同仁、自己的汗水和勇氣，以及一段漫長的時間。

丹江口水庫水位抬升後，受到淹沒威脅的除了村莊和農田，還有 214 處文物保護點，這當中就包括世界文化遺產武當山古建築群重要組成部分——遇真宮。它建於明朝永樂年間，距今已有近 600 年歷史。

1967 年丹江口水庫初次蓄水時，武當山古建築群中的淨樂宮，就因技術限制永遠地被淹沒在水底。40 多年後，遇真宮絕不能重蹈覆轍。人們提出原址墊高、圍堰和異地搬遷三種保護方案，最後採用了原址墊高的方案。

該方案首先是將遇真宮現存的主體建築和宮牆整體拆除，構件拆卸後標記存放，待地面墊高後予以復原。然後將山門和東、西宮門三座建築，從地面整體抬升 15 米。從 2011 年經國家文物局批復同意施工，到 2019 年通過工程技術性驗收，遇真宮墊高保護工程耗時長達近 9 年，是南水北調工程中保護級別最高、單體投資額度最大的文物保護項目。

在南水北調東綫和中綫工程沿綫，總共涉及 710 處文物，這讓此項龐大的調水工程也成為一項規模空前的**文物保護工程**。從規劃到施工，為了保護沿途文物，工程歷經多次讓路、改綫，沿綫區域的考古調查和緊急發掘從未停止，其中有多個考古項目先後被列為「全國十大考古新發現」。

左頁上圖　丹江口庫區就近遷移的移民新村／攝影　徐欣
丹江口水庫的加高，將淹沒近 300 平方千米土地，超過 34 萬移民將搬遷至湖北、河南 2 省 14 市中的移民新村。

左頁下圖　頂升完成後的遇真宮／攝影　石耀臣
武當山遇真宮始建於明永樂年間，傳說張三豐曾在此地修煉，明成祖在此下令修建遇真宮以示紀念。丹江口水庫加高後，原址被淹沒。

2013年11月14日，距離中綫工程正式通水還有不到400天，在丹江口水庫下游約400千米處，一座橫亘於漢江之上的水利工程竣工，即興隆水利樞紐。不到一年後，在其下游不遠處，一條從西南方向延伸而來的水渠將長江之水輸送到這裏，每年約有30億立方米的長江水注入漢江河道，這就是引江濟漢工程。

作為南水北調配套建設的**生態補償工程**，這兩項工程為避免南水北調中綫工程調水導致漢江下游水位降低，進而影響兩岸農田灌溉和流域生態，做出了重要貢獻。通過上游蓄水和下游補水，漢江上游的灌溉面積增加了60%以上，下游多年平均水位抬高了0.15—0.30米。

當流入華北的滔滔江水帶來新機遇時，很少有人會注意到，南水北調已不僅僅是一項輸水工程，而是涵蓋污染治理、水源保護、移民安置、文物保護、生態補償等諸多配套的一項系統性工程。

荊州引江濟漢渠與長湖／攝影　傅鼎

「引江濟漢」幹渠全長超過60千米，將長江荊江段的江水補給到漢江興隆以下河段，並通過節制閘與長湖相通，在乾旱時可以向長湖補水，洪水來臨時也可藉助引水渠進行分洪。2020年7月長江流域發生洪水時，人們就利用引水渠將長湖水排入漢江進行分洪，成功減輕了長湖的防汛壓力。

肆 下一個奇跡

南水北調一期工程幹、支渠總長達 5599 千米，混凝土澆築量約為 6300 萬立方米，相當於三峽工程的兩倍，可謂中國水利工程建設的又一大奇跡。

一期工程通水後，長江水可直接供應給近 300 個縣市，提供了北京城區的七成以上供水、鄭州中心城區的全部供水、天津 14 個區的全部供水，以及石家莊、邯鄲、保定、衡水等城市主城區的 75% 以上的供水。沿途上萬平方千米的農田，也可新增近 20 億立方米的灌溉用水。此外，曾經被城市擠佔的農業用水及污水淨化處理後的再生水，共計近 60 億立方米的水資源將重新流入農田。

在南水的補給下，密雲水庫的蓄水量逐年刷新紀錄，一度突破 26 億立方米，是 2003 年的 3 倍。可用水源的增加，讓北方地區每年可以減採近 50 億立方米的地下水，甚至還有餘量回補原先的虧空。截至 2020 年末，北京平原區地下水的埋深為 22.03 米，較 2015 年末回升了 3.72 米，並實現連續 5 年回升。而隨著地下水使用的削減，北京的自來水硬度下降了近 70%，華北地區超過 500 多萬人結束了長期飲用高氟水和苦鹹水的歷史。繁華的天津中心城和荷花搖曳的白洋淀，由於得到充足的生態補水，水體污染情況也得到明顯改善。

此外，東綫一期工程建成後，京杭大運河自黃河以南直通長江，新增運力達到 1350 萬噸，相當於在水上架設了一條新「京滬鐵路」。

上圖 北京密雲水庫／攝影 魏建國

南水北調工程實施前，密雲水庫的蓄水量曾連年下降，不少地區露出庫底。
當有了南水的回補後，乾涸的庫區逐漸恢復曾經碧波萬頃的模樣。

密雲水庫水域面積多年變化

2013
2014
2016
2015

註：水量均採用年末數據
（當年12月份平均值）

不得不說，南水北調是一個奇跡，是一個在重重難關中規劃
論證、在重重限制中建設運營、曾面臨種種爭議，卻最終實
現的奇跡，也是一個由幾十萬移民、數十萬工程建設者、數
千名科技工作者共同創造的奇跡。

今天，南來之水為長年乾渴的華北大地帶來了片刻的喘息，
帶來了發展的機遇。

在未來，如何用好南水？如何節約用水？如何讓翻山越嶺而來的長江水不至於如同杯水車薪？

對受益於南水北調的 40 多座大中城市、260 多個縣區以及近 1.2 億人來說，這些問題正等待著他們去尋找答案。

這片土地的下一個奇跡，正等待著他們去創造。

華北明珠白洋淀 / 攝影　魏建國

白洋淀位於河北省中部雄安新區一帶，南水北調中綫工程建成後，源源不
斷的江水開始對白洋淀一帶進行生態補給，水波盪漾、舟楫穿梭的景觀回
到了這裏，極大地改善了這裏的生態環境。

西氣東輸：
一場乾坤大挪和

天然氣正在深刻地影響中國

放眼全國，每年必須將數千億立方米的天然氣
通過里程約 11 萬千米的天然氣管道，送往全國各地
才能讓 96% 的城市和近 5 億中國人，維持生產和生活的運轉

這些天然氣的源頭，位於中國的西部
中亞的大漠戈壁、西伯利亞的茫茫雪原
甚至是相隔萬里的大洋彼岸

它們翻山越嶺、遠渡重洋
穿越數百、數千乃至數萬千米
最終進入中國的城市和千家萬戶

這是一場天然氣的「乾坤大挪移」
我們為何要建設如此浩大的工程？
它們又是如何建成的？

翻越山嶺的西氣東輸二綫工程 / 攝影　佘海

西氣東輸二綫工程西起新疆霍爾果斯，東達上海，南抵廣州、香港，它與中國一中亞天然氣管道銜接，是中國第一條引進境外天然氣資源的大型管道工程。「西二綫」管綫全長 8819 千米，年輸氣能力為 300 億立方米。

壹 清潔能源

時間回到 1999 年,當時中國的 GDP 以近 8% 的速度迅猛增長。為了支撐日新月異的經濟發展,這一年全國消耗的煤炭多達 13 億噸,同時有 1100 萬噸煙塵、1800 萬噸硫氧化物和 1100 萬噸氮氧化物被排放到空氣中。

也是在這一年,空氣污染物讓全國超過 60% 的城市的空氣質量無法達到國家二級標準。排入空氣的硫氧化物和氮氧化物進一步給環境造成危害,它們溶於雨水並發生反應,形成的酸雨腐蝕著地表上的一切,植被、建築、土壤、水體,無一幸免。[1]

污染的發生並非偶然。作為一個煤炭資源大國,煤炭在中國一次能源中的地位幾乎無可撼動,其佔比至今仍高達近 60%。而在清潔利用技術普及之前,粗放的煤炭利用使脆弱的生態不堪重負,高速發展的中國從未如此迫切地渴望一場能源變革。於是,許多煤炭清潔利用研究紛紛被提上日程,人們也在馬不停蹄地尋找更加清潔的替代能源。

此時,天然氣進入了人們的視野。這種以甲烷為主的氣體燃料,燃燒時主要產生二氧化碳和水,幾乎不排放硫氧化物和煙塵。另外,在產生相同熱量的情況下,天然氣的二氧化碳排放量僅是煤炭的 56%、石油的 71%。既清潔又低碳的特性,讓天然氣在化石能源中脫穎而出,被世界各國競相開發利用,它在世界能源結構中的地位也越發重要。

歷經近 20 年的發展,天然氣走進了中國的工廠和家庭,涉及社會的方方面面。2020 年,全國的天然氣消費量達 3280 億立方米,相當於 58 個太湖的水容量。

可是,如此大量的天然氣從何而來?

1　pH 值小於 5.6 的雨水、凍雨、雪、雹、露等大氣降水均被稱為酸雨,酸雨最主要是由二氧化硫和氮氧化物在大氣或水滴中轉化為硫酸和硝酸所致。

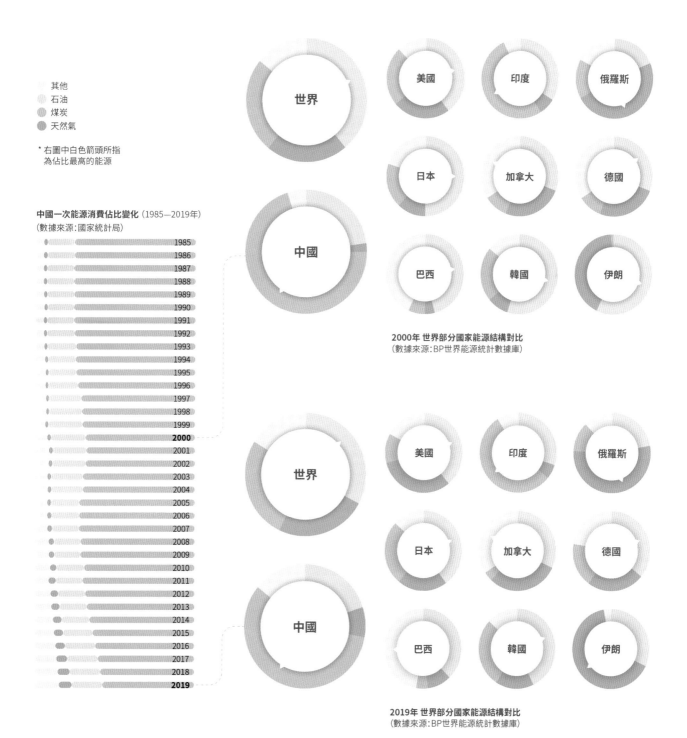

其他
石油
煤炭
天然氣

* 右圖中白色箭頭所指
　為佔比最高的能源

中國一次能源消費佔比變化（1985—2019年）
（數據來源：國家統計局）

1985
1986
1987
1988
1989
1990
1991
1992
1993
1994
1995
1996
1997
1998
1999
2000
2001
2002
2003
2004
2005
2006
2007
2008
2009
2010
2011
2012
2013
2014
2015
2016
2017
2018
2019

世界
中國

美國　印度　俄羅斯
日本　加拿大　德國
巴西　韓國　伊朗

2000年 世界部分國家能源結構對比
（數據來源：BP世界能源統計數據庫）

世界
中國

美國　印度　俄羅斯
日本　加拿大　德國
巴西　韓國　伊朗

2019年 世界部分國家能源結構對比
（數據來源：BP世界能源統計數據庫）

氣在何方　貳

要回答這個問題，我們就必須將目光聚焦地下深處。

億萬年來，在這顆藍色星球上，形形色色的生物接連登場，牠們生長、繁衍、死亡，完成一次次生命的更替。牠們的遺骸隨著經年累月的地層沉降，而被層層掩埋，進而在高溫、高壓和微生物的作用之下，轉變為化石能源。

其中，以高等植物為主的生物遺骸最終轉變為煤炭，被固結和封存於地層之間。以浮游生物為主的生物遺骸則最終轉變為石油和天然氣，成為地球上最主要的油氣來源。[1]

液態的石油和氣態的天然氣有時並不「安分」，在「出生地」生成後便會向孔隙、裂縫等更為寬敞的空間運移、聚集，它們最終可能共佔一處空間，也可能互相獨立存在，成為人類大規模開採的常規油氣資源。有的時候，它們按兵不動，直接賦存在「出生地」。由於開採難度大、成本高等原因，它們被視為非常規油氣資源。[2]

21 世紀初，在中國的廣袤大地之下，天然氣的探明地質儲量達 2 萬億立方米，其中的71% 集中於西部眾多的沉積盆地。反觀東部地區，這裏人口密集、經濟發達，能源消費需求更大，但天然氣資源稀少，對清潔能源的需求也更為迫切。

資源在西，需求在東，一個巨大的矛盾日益凸顯。為了將供求雙方連接起來，一項橫跨中國東西的能源輸送工程勢在必行。

1　自然界中還有部分天然氣屬無機成因氣，即在沒有生物參與的條件下，由不同元素經地殼運動、岩漿作用、變質作用等反應形成的天然氣。
2　本篇討論的主要是常規天然氣。

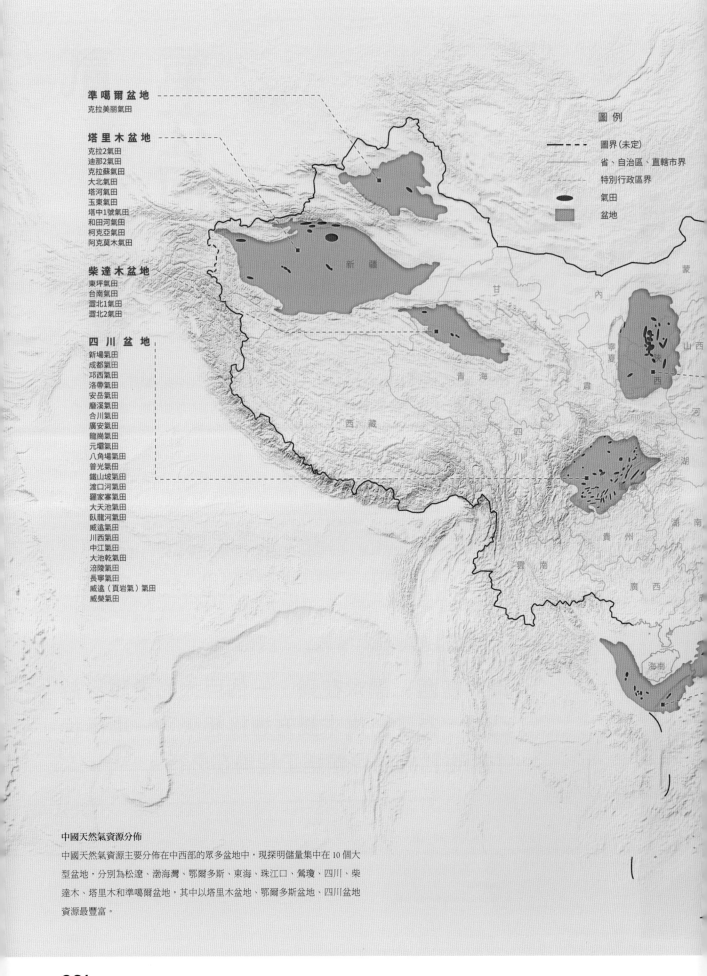

準噶爾盆地
克拉美丽氣田

塔里木盆地
克拉2氣田
迪那2氣田
克拉蘇氣田
大北氣田
塔河氣田
玉東氣田
塔中1號氣田
和田河氣田
柯克亞氣田
阿克莫木氣田

柴達木盆地
東坪氣田
台南氣田
澀北1氣田
澀北2氣田

四川盆地
新場氣田
成都氣田
邛西氣田
洛帶氣田
安岳氣田
磨溪氣田
合川氣田
廣安氣田
龍崗氣田
元壩氣田
八角場氣田
普光氣田
鐵山坡氣田
渡口河氣田
羅家寨氣田
大天池氣田
臥龍河氣田
威遠氣田
川西氣田
中江氣田
大池乾氣田
涪陵氣田
長寧氣田
威遠（頁岩氣）氣田
威榮氣田

圖例

- - - 　圖界（未定）
——　省、自治區、直轄市界
——　特別行政區界
⬤　氣田
▨　盆地

中國天然氣資源分佈

中國天然氣資源主要分佈在中西部的眾多盆地中，現探明儲量集中在 10 個大型盆地，分別為松遼、渤海灣、鄂爾多斯、東海、珠江口、鶯瓊、四川、柴達木、塔里木和準噶爾盆地，其中以塔里木盆地、鄂爾多斯盆地、四川盆地資源最豐富。

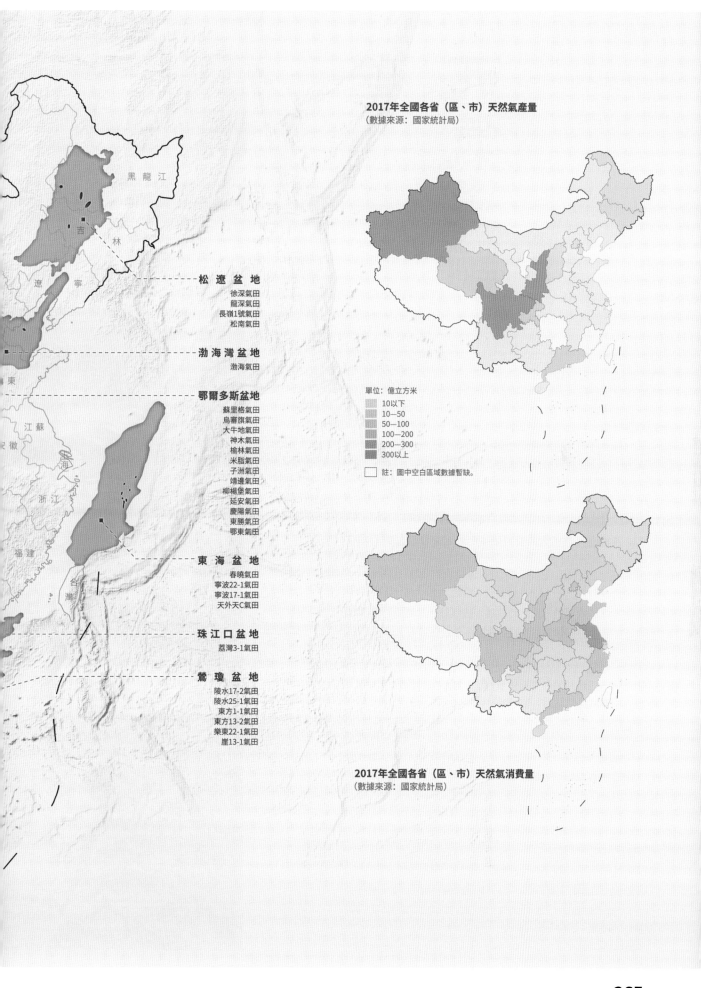

黑龍江

吉林

遼寧

東

江蘇

浙江

安徽

福建

台灣

松遼盆地
徐深氣田
龍深氣田
長嶺1號氣田
松南氣田

渤海灣盆地
渤海氣田

鄂爾多斯盆地
蘇里格氣田
烏審旗氣田
大牛地氣田
神木氣田
榆林氣田
米脂氣田
子洲氣田
靖邊氣田
柳楊堡氣田
延安氣田
慶陽氣田
東勝氣田
鄂東氣田

東海盆地
春曉氣田
寧波22-1氣田
寧波17-1氣田
天外天C氣田

珠江口盆地
荔灣3-1氣田

鶯瓊盆地
陵水17-2氣田
陵水25-1氣田
東方1-1氣田
東方13-2氣田
樂東22-1氣田
崖13-1氣田

2017年全國各省（區、市）天然氣產量
（數據來源：國家統計局）

單位：億立方米
10以下
10—50
50—100
100—200
200—300
300以上

註：圖中空白區域數據暫缺。

2017年全國各省（區、市）天然氣消費量
（數據來源：國家統計局）

西氣東輸
叁

輸送天然氣的最佳方式是管道。相比於鐵路、公路、水運等運輸方式，管道一旦建成便可二十四小時不間斷輸送，既不受天氣影響，又能夠保證效率，一舉多得。

然而，敷設一條長度超過 4000 千米的管道絕非易事。

這是一項兼顧產氣、輸氣、用氣的系統工程，僅輸氣的投資就超過 1200 億元，相當於青藏鐵路總投資的 3.6 倍。我們必須擁有足夠龐大的資源儲量，才可能實現足夠的規模效益。

這也是為何早在該工程立項前的十多年，地質工作者便已跋山涉水，深入塔里木盆地的荒漠，數年如一日地進行勘測和鑽探。直到 22 個氣田相繼被發現，天然氣累計探明儲量達到近 5000 億立方米，這項工程才有了實施的可能。

於是，一座座井架在荒漠中豎起，一根根鑽杆向地下進發。轟鳴的鑽機鑽穿氣層上部的岩石，在地層壓力或人工注水的擠壓之下，深藏地下的天然氣便開始湧向地表。到 2005 年，隨著多個氣田的投產，塔里木盆地每年可產出 120 億立方米天然氣，佔全國天然氣總產量的 24%。

沙漠地區管道敷設 / 供圖　國家石油天然氣管網集團有限公司西氣東輸分公司
西氣東輸管道綫路途經大面積的沙漠戈壁，施工環境惡劣。圖中的房子是焊接和防風裝置，安裝在內對口器附近，並跟隨內對口器移動，不僅能起到防風沙的作用，還能對鋼管進行清潔。同時工作人員可以在裏面完成焊接操作。

當以百億計的天然氣得以重見天日，另一個難題接踵而至——運輸動力。從井口流出的天然氣，僅靠初始的動力不足以完成數千千米的超遠距離輸送。為此，建設者只能「化長為短」，將一條長管道分割為若干段，並在間隔處設置壓氣站，通過一次次加壓，保證氣體持續流動輸送。

在實際方案中，管道的輸氣壓力可達 10MPa，相當於大氣壓的 100 倍，這對管材的強度和韌性都是巨大的考驗。在承受高壓的同時，管道必須儘可能擴大口徑，以實現更高的輸氣效率，因而管道的製造要求十分嚴苛。

嚴苛要求之下，建設者經過反覆論證和多方比對，才完成管道材料的研製，實現自主生產。這種型號為 X70 的管綫鋼材，強度、韌性和焊接性能都能滿足工程需求，而且管徑可達 1.016 米，創下當時全國油氣管道的新紀錄。[1] 總長超過 4000 千米的輸送管道，意味著鋼管的使用量將超過 30 萬節，數量之多、規模之大可謂前所未有。

不僅如此，橫跨東西的管道既要跨過山地、平原、水網，還要穿過沙漠、戈壁、黃土，人們要面對的將是錯綜複雜的施工條件。在那些遠離城鎮、無路可走的山地、沙漠、水網，建設者們只能想方設法，造出一條條運輸鋼管的通道，保證鋼管提前就位。

在具體敷設前，鋼管還要進行組對、焊接、無損檢測、補口補傷，或者為適應地形進行人工彎折。最後開挖管溝、下放管道、回填管溝，這才完成管道的敷設。

1　工程後期升級為 X 80 鋼材，管徑達 1.219 米。

左頁上圖　西氣東輸二綫工程永昌壓氣站 / 攝影　劉忠文
圖中為河西走廊最狹窄處的西氣東輸二綫工程永昌壓氣站，河西走廊不僅是東部通往西部的交通要道，也是中國將西部油氣資源輸往東部的重要能源通道。

左頁下左圖　沙漠中的管道填埋施工 / 供圖　國家石油天然氣管網集團有限公司西氣東輸分公司

左頁下右圖　輸氣管道下溝作業 / 攝影　余海
管道施工工序包括管道焊接、管道下溝、連頭、回填、試壓、地貌恢復等，其中管道下溝是整個管綫敷設的關鍵性工序，管道長龍一般用吊管機吊入溝底。

如果只是沙漠、高山、平原，上述常規的挖溝敷設方法足以應付，但管道還要穿越黃河、長江、淮河等1500多條河流與溝渠，在大江大河之下挖溝埋管，幾乎不切實際。於是，一條條橋隧應運而生。

建設者們或者利用鑽機和炸藥，在河底鑿出一條隧道，以供管道穿行；或者利用較細的導向鑽先完成河床底下的穿越工作，再將較粗的擴孔器和管道沿原綫回拖[1]；又或者利用液壓千斤頂，將一段段混凝土管直接頂入河床之下，再將輸氣管道敷設其中[2]；或者甚至直接使用盾構機，掘出一條內徑可達3.8米的通道，讓多條管綫在其中穿過。在一些較為特殊的情形下，為了避開河床的斷裂帶，管道直接放棄地下穿越，改為凌空架橋，跨越而過。當然，建設者們面對的不只是重重天塹，還要避免管道施工對周圍環境的影響。工程既要保護歷史文化遺址，也要避讓保護區。即便在穿越生態脆弱區之後，還要進行邊坡防護，甚至植樹、種草以恢復生態。

最終，一條橫貫東西、全長4380千米的「能源大動脈」橫空出世。此後的每一年，將有120億立方米的天然氣從遠古地層中源源不斷地噴湧而出，沿著這條「大動脈」，從沙漠出發，翻過高山，越過溝谷，穿過平原，連接沿途氣田，最終進入千家萬戶。這就是西氣東輸一綫工程，一項集找氣、產氣、輸氣、用氣於一體的超級工程。它西起新疆輪南油田，東至上海的白鶴鎮，串聯起沿綫的新疆、甘肅、寧夏、陝西、山西、河南、安徽、江蘇、浙江、上海這10個省區市。一經建成，它便成為當時中國距離最長、管徑最大、壓力最高、施工條件最複雜、運輸能力最強的輸氣管道工程。

儘管有了這項工程，面對全國的用氣需求，它的作用仍顯得杯水車薪。我們需要更多的氣源，需要更多、更長的管道。

1　這一施工方法被稱為「定向鑽施工」。定向鑽施工技術是一種常用的油氣管道施工技術，可以實現管道的無溝敷設作業。
2　這一施工方法被稱為「頂管施工」。頂管施工是一種不開挖或者少開挖的管道敷設施工技術，主要藉助於頂進設備產生的頂力，將管道按設計的角度頂入土中。

定向鑽施工示意

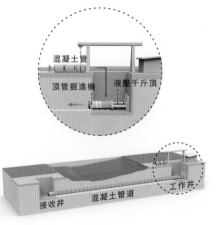

頂管施工示意

寧夏中衛沙坡頭黃河特大橋／攝影　曾國福

近處為沙坡頭黃河特大橋，遠處是西氣東輸工程跨越黃河的輸氣管道——西氣東輸中衛黃河跨越工程。這是西氣東輸工程首次，也是唯一一次以跨越的方式通過黃河。

西氣東輸中衛黃河跨越工程

沙坡頭黃河特大橋

1997 年，距離西氣東輸一綫工程開工還有 5 年，一條連接鄂爾多斯盆地與北京的輸氣管道便已投產運營，這便是陝京綫。如今，它不再孤軍奮戰，而是從一綫擴充到四綫，為數百萬家庭和企業送去了清潔能源。

西氣東輸一綫工程建成後，越來越多的輸氣管道相繼建成，包括連接柴達木盆地與蘭州的澀寧蘭綫，連接四川盆地與武漢、長三角的忠武綫、川氣東送工程 [1]，還有將川渝管網、西氣東輸管道連為一體的中貴綫 [2]……

至此，在中國大地之上，管道串起氣田，管道連通管道，將中西部豐富的天然氣晝夜不息地送往人口、產業密集的地區，為國家發展注入清潔的動力。

與此同時，中國天然氣的探明儲量和產量與日俱增，非常規天然氣的開採也日漸升溫。以頁岩氣 [3] 為例，儘管中國在 2013 年才實現商業化開採，但到 2020 年，全國頁岩氣的產量已達 200 億立方米，佔全國天然氣總產量的 10%。

但與飛速發展的社會經濟相比，中國的天然氣並不能自給。自 2007 年起，國內生產的天然氣開始出現缺口，並持續擴大。國產天然氣無法滿足自身的需求，人們不得不將目光投向國外。於是，在廣袤的歐亞大陸上，一條條輸送距離更長、規模更大的輸氣管道相繼誕生。

全長 2520 千米的中緬天然氣管道，連通緬甸和中國，每年將孟加拉灣的 120 億立方米天然氣由陸路直接送往雲南、貴州、廣西等地，這相當於在西南地區建了一個西氣東輸一綫工程。

全長超過 7000 千米 [4] 的中國—中亞天然氣管道，在國外串聯起土庫曼斯坦、烏茲別克斯坦和哈薩克斯坦三國，在國內連接起西氣東輸二綫和三綫工程，它將中亞的天然氣一路送往中國東部，年輸氣量是西氣東輸一綫工程的 5 倍。

全長 8111 千米的中俄東綫天然氣管道，是目前世界上最長、單管輸氣量最大的管道，它從東西伯利亞出發，經黑河入境後便一路南下，直至長三角地區，其全部投產後的年輸氣量將為西氣東輸一綫工程的 3.2 倍左右。

雖然相繼建成了中亞、中緬、中俄跨國輸氣管道，但經由這些途徑進口的天然氣僅佔全國進口總量的 34%，更大規模的天然氣是來自大洋彼岸的液化天然氣（LNG）。

1　忠武綫即重慶忠縣—武漢綫，川氣東送即四川達州—上海綫。

2　中貴綫即中衛—貴陽綫。

3　頁岩氣是一種以遊離和吸附為主要賦存方式而蘊藏於頁岩層中的天然氣。

4　這裡指的是綫路途經的距離，不是所有管道的總長度。

上圖　中貴綫跨越烏江／供圖 國家石油天然氣管網集團有限公司西氣東輸分公司

中貴綫起於寧夏中衛，終於貴州貴陽，途經 6 省市，全長 1898.37 千米。它北接西氣東輸管綫及陝京綫，中聯川渝管網，南接中緬天然氣管道，是全國幹綫管道聯通的「聯絡綫」。

下圖　中緬油氣管道通過懸索橋跨越瀾滄江／供圖 國家石油天然氣管網集團有限公司西氣東輸分公司

橋樑跨度為 280 米，瀾滄江跨越工程是中緬油氣管道工程中最艱險的控制性工程之一，也是中國首例在懸索橋跨越中採用三管（原油、天然氣和成品油）同橋的跨越工程。

海南洋浦港附近的 LNG 船／攝影　周泰天

LNG 船主要用於運輸液化天然氣。液化天然氣的主要成分為甲烷，是氣田生
產的天然氣，經淨化、低溫液化而成，以便於運輸。

利用專門的 LNG 船，大量的液化天然氣從澳大利亞、馬來西亞等國運抵中國，再由 LNG 接收站接收、儲存、氣化，最終接入國內管網。2006 年，中國第一座 LNG 接收站在廣東建成。今天，已有 22 座 LNG 接收站分佈於中國的海岸綫之上，每年接收的天然氣與北京 7 年的天然氣消費量相當。

此外，我們利用氣田、鹽穴等天然空間佈設龐大的地下倉庫，人稱「地下儲氣庫」。每逢夏秋用氣淡季，富餘的管道天然氣被注入這些倉庫暫存，到冬春用氣旺季時釋放使用。以北京為例，每年冬季 40% 到 50% 的用氣量來自儲氣庫。時至今日，中國的地下儲氣庫達到 28 座，儲氣能力達到 144 億立方米，可供應近 4.3 億人一年的用氣。

就這樣，這場以天然氣為主角的「乾坤大挪移」，早已不只是西氣東輸，還包括 4 條分列東西南北的進口通道、11 萬千米縱橫交錯的輸氣管網、28 座待時而動的地下儲氣庫。

這是一個跨越國界、日臻完善的超級天然氣輸送網絡，憑藉這個網絡，每年有超過 2000 億立方米天然氣從不同地區、不同氣田出發 [1]，跨越千山萬水，進入千家萬戶，融入近 5 億中國人的生活，成為一個大國不可或缺的澎湃動力。

1　年度天然氣量取 2015—2019 年天然氣消費量的平均值。

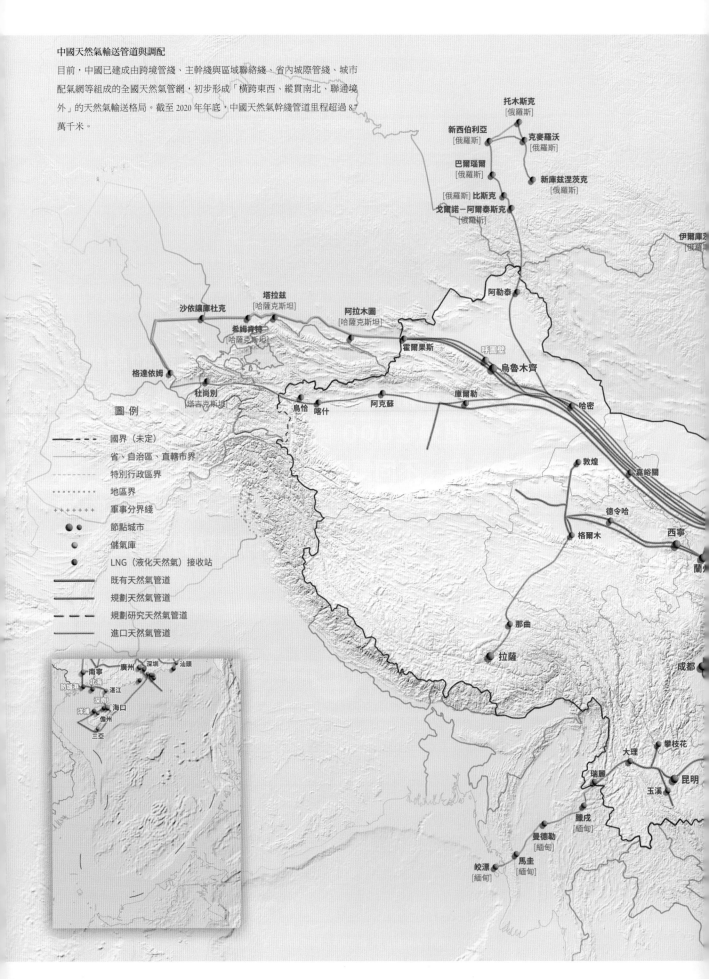

中國天然氣輸送管道與調配

目前，中國已建成由跨境管綫、主幹綫與區域聯絡綫、省內城際管綫、城市
配氣網等組成的全國天然氣管網，初步形成「橫跨東西、縱貫南北、聯通境
外」的天然氣輸送格局。截至 2020 年年底，中國天然氣幹綫管道里程超過 8.7
萬千米。

托木斯克
[俄羅斯]

新西伯利亞
[俄羅斯]

克麥羅沃
[俄羅斯]

巴爾瑙爾
[俄羅斯]

新庫茲涅茨克
[俄羅斯]

[俄羅斯] 比斯克

戈爾諾－阿爾泰斯克
[俄羅斯]

伊爾庫次
[俄羅斯]

阿勒泰

沙依讓庫杜克

塔拉茲
[哈薩克斯坦]

阿拉木圖
[哈薩克斯坦]

希姆肯特
[哈薩克斯坦]

霍爾果斯

呼圖壁

烏魯木齊

格達依姆

杜尚別
[塔吉克斯坦]

烏恰

喀什

阿克蘇

庫爾勒

哈密

圖　例

國界（未定）

省、自治區、直轄市界

特別行政區界

地區界

軍事分界綫

節點城市

儲氣庫

LNG（液化天然氣）接收站

既有天然氣管道

規劃天然氣管道

規劃研究天然氣管道

進口天然氣管道

敦煌

嘉峪關

德令哈

格爾木

西寧

蘭州

那曲

拉薩

成都

攀枝花

大理

瑞麗

玉溪

昆明

騰戌
[緬甸]

曼德勒
[緬甸]

皎漂
[緬甸]

馬圭
[緬甸]

南寧

廣州

深圳

汕頭

北海

防城港

湛江

茂名

海口

洋浦

儋州

三亞

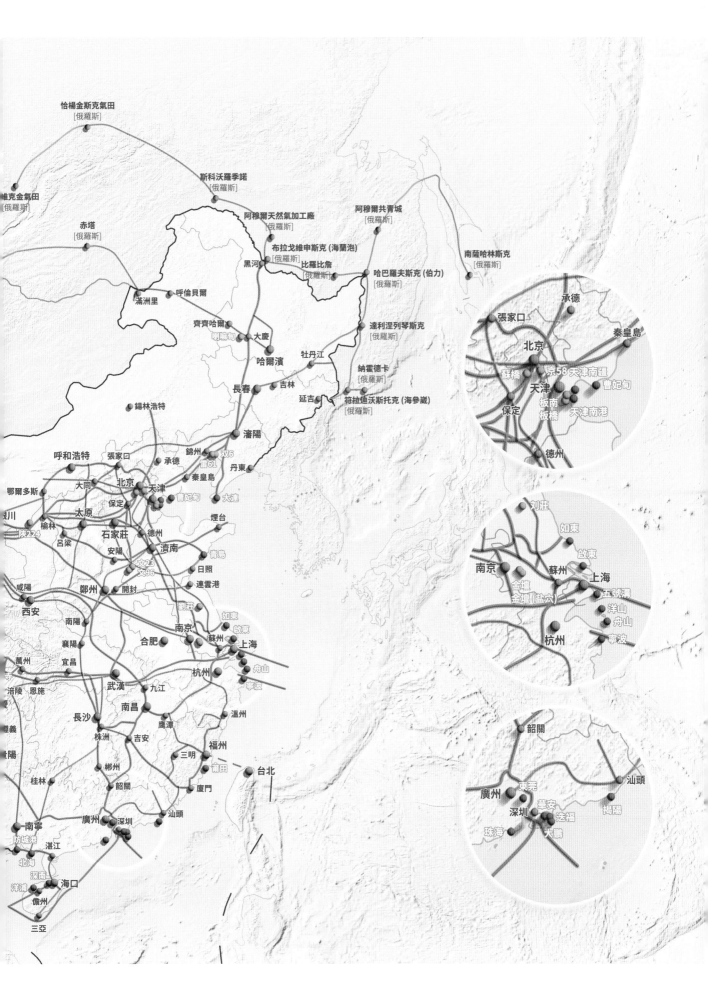

恰楊金斯克氣田
[俄羅斯]

斯科沃羅季諾
[俄羅斯]

維克金氣田
[俄羅斯]

阿穆爾天然氣加工廠
[俄羅斯]

阿穆爾共青城
[俄羅斯]

赤塔
[俄羅斯]

布拉戈維申斯克 (海蘭泡)
[俄羅斯]

比羅比詹
[俄羅斯]

哈巴羅夫斯克 (伯力)
[俄羅斯]

南薩哈林斯克
[俄羅斯]

黑河

滿洲里

呼倫貝爾

達利涅列琴斯克
[俄羅斯]

齊齊哈爾
[綏芬河]

大慶

牡丹江

納霍德卡
[俄羅斯]

哈爾濱

長春

吉林

延吉

符拉迪沃斯托克 (海參崴)
[俄羅斯]

錫林浩特

瀋陽

呼和浩特

張家口

錦州

双6

陵61

丹東

承德

秦皇島

鄂爾多斯

大同

北京

天津

青妃甸

大連

寧川

太原

保定

煙台

陵224

榆林

呂梁

石家莊

德州

濟南

青島

安陽

双3
文96

日照

咸陽

鄭州

開封

連雲港

西安

南陽

圖陽

如東

合肥

南京

蘇州

啟東

上海

襄陽

杭州

舟山

萬州

宜昌

九江

寧波

涪陵 恩施

武漢

南昌

溫州

長沙

鷹潭

株洲

吉安

三明

福州

郴州

莆田

台北

桂林

韶關

廈門

南寧

廣州

深圳

汕頭

防城港

湛江

北海

深南

洋浦

海口

儋州

三亞

承德

張家口

秦皇島

北京

蘇橋

京58 天津南疆

天津

板南
板橋

曹妃甸

保定

天津南港

德州

刘庄

如東

啟東

南京

蘇州

上海

金壇
金壇 (盐六)

五號溝

洋山
舟山

杭州

寧波

韶關

廣州

東莞

汕頭

華安

深圳

送福

揭陽

珠海

大膳

277

當然，我們絕非就此高枕無憂。

隨著進口量的與日俱增，中國天然氣的對外依存度高達43%，供應中斷、價格波動等未知因素仍是潛在的風險和挑戰。

在能源結構變革這條艱難且漫長的道路上，我們無法點石成金，更無法指望他人，發展自身的科學技術才是唯一的出路。

畢竟數十年來，正是因為科技的發展，我們才不斷發現了新的礦藏。尤其是近十年間，21 個千億立方米級的大氣田被接連發現，讓中國能源的家底更加豐厚。

正是因為科技的發展，從國內到國外，我們的管網開始互聯互通。從管道到 LNG，我們的氣源開始互相補充，「全國一張網」逐漸形成。

正是因為科技的發展，我們得以同時開發水能、風能、核能、太陽能等清潔能源，它們與天然氣一起，使中國煤炭的消費佔比從 2002 年的 68% 降低至 2019 年的 57%。

未來之路可能依然荊棘密佈，但我們仍將堅持這條道路，直到迎來那個清麗的、可持續的明天。

物探隊員在西氣東輸工程氣源地勘探 / 攝影　余海

此圖拍攝於新疆庫車西秋里塔格山區。

3 家園

①

國土綠化：
平凡的生命，

中國大地上，有無數偉大的工程

其中一類較為特殊

它們沒有固定地點

從西北大漠深處

到東南沿海之濱

處處可見它們的身影

它們的「零件」不是鋼鐵

而是柔弱的草木

它們曾引起爭議

它們並不完美，也尚未完成

實際上，它們根本沒有「完成」之日

而是需要一代人接著一代人

不斷探索、實踐、改進

大的工程

你也許聽過它們的名字：三北防護林工程、天然林保護工程、京津風沙源治理工程、退耕還林、退牧還草工程⋯⋯這些工程，我們可以概括為「國土綠化」。

1949 年，中國的森林覆蓋率約為 11.4%。而根據第九次全國森林資源清查，截至 2018 年年底，中國的森林覆蓋率達到 22.96%。新中國成立至今，中國淨增的森林面積幾乎可以鋪滿整個內蒙古，這讓中國成為世界上同期森林資源增長最多、最快的國家。

除了植樹造林，我們每年還要對幾萬乃至幾十萬平方千米的退化草原進行種草、改良或圍欄封育。一棵棵樹、一株株草，共同鋪就了中華大地的綠色。

今天，我們能生活在一個充滿繁花綠樹的中國，離不開這些持續不斷的國土綠化工程。

我們不禁要問，這一切因何開始？又是如何做到的？

青海祁連山「退牧還草」的草原與林地 / 攝影　沈龍泉
青海祁連山地區是維繫青藏高原東北部和河西走廊生態水系安全，以及控制西部荒漠化向東蔓延的天然屏障，在中國生態建設中具有重要的戰略地位。為此，青海實施「退牧還草」工程，使過度退化的草場得到恢復。

數千萬年來，青藏高原的隆升改變了亞洲東部的環境。由於
地形的阻隔，來自海洋的豐富水汽無法深入內陸，中國西北
出現大範圍的乾旱區，進而形成大片荒漠。

沙質的荒漠為沙漠，中國的沙漠面積高達 58.8 萬平方千
米，約佔陸地面積的 6.1%。石質、礫質的荒漠為戈壁，分
佈在沙漠的上游，與沙漠相伴而生。中國戈壁面積為 92.8
萬平方千米，約佔陸地面積的 9.6%。

壹

大地

新疆鄯善庫木塔格沙漠 / 攝影　蔣濤

庫木塔格沙漠位於新疆東部、鄯善縣以南，面積約為 1880 平方千米，也是距
離城市最近的沙漠，站在縣城高處就可欣賞到雄渾壯觀的金色大漠。

臨策鐵路途中的防沙明洞 / 攝影　王璐

臨策鐵路東起內蒙古巴彥淖爾市臨河區，西至內蒙古額濟納旗策克口
岸，穿越了烏蘭布和沙漠、巴丹吉林沙漠及廣袤的戈壁分佈區。為了
應對流動沙丘的威脅，臨策鐵路部分路段修建了封閉的防沙明洞，以
保障鐵路運行的安全。

數百萬年來，全球氣候的乾濕交替、冷暖變化，導致中國北方半乾旱區和半濕潤區誕生
了毛烏素、渾善達克、科爾沁和呼倫貝爾四大沙地。

近百年來，人類過度開墾、放牧、採伐，導致大量森林被砍伐，草原變為耕地……新
中國成立之時，我們面對的是一片疲倦的大地。

首先是荒漠化和沙化。根據第五次全國荒漠化和沙化土地監測結果，截至 2014 年，中
國的荒漠化土地有 261.16 萬平方千米，約佔陸地面積的 27.2%，沙化土地則有 172.12
萬平方千米。草原和耕地退化，土壤變為黃沙。在風的助力之下，黃沙成為肆虐的沙塵
暴，侵蝕著農田、牧場，掩埋了鐵路和公路。

其次，缺少植被的地表，在風和水的侵蝕下易導致水土流失。根據 2019 年全國水土
流失動態監測結果，中國現有水土流失面積達 271.08 萬平方千米，約佔陸地面積的
28%。華北和西北的荒禿坡地，被季節性的集中降水沖刷成千溝萬壑，草木難以扎根，
人們的交通出行也變得艱難。黃河中上游流失的泥沙常導致下游河道淤積，引發嚴重的

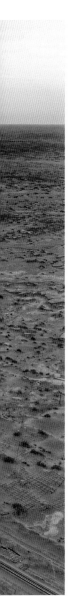

中國北部沙漠化地區分佈

沙化是指在各種氣候條件下，由自然和人為因素導致土地呈現沙質或礫質
為主的土地退化，中國是世界上受荒漠化和沙化危害最嚴重的國家之一。
截至 2014 年，中國沙化土地面積達 172.12 萬平方千米，約佔陸地國土總面
積的 17.93%，主要分佈在新疆、內蒙古、西藏、青海、甘肅 5 個省區。

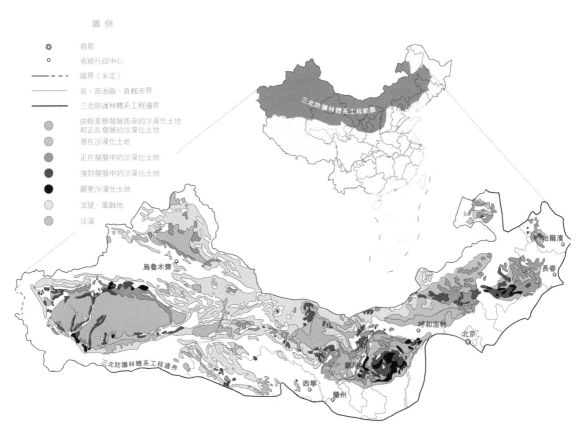

圖 例

- ◎ 首都
- ○ 省級行政中心
- ——— - - - 國界（未定）
- ——— 省、自治區、直轄市界
- ——— 三北防護林體系工程邊界
- 由乾草原發展而來的沙漠化土地和正在發展的沙漠化土地
- 潛在沙漠化土地
- 正在發展中的沙漠化土地
- 強烈發展中的沙漠化土地
- 嚴重沙漠化土地
- 戈壁、風蝕地
- 沙漠

洪澇災害。

此外，土壤鹽漬化、石漠化、生物多樣性銳減等問題，同樣威脅著人類的生存與發展。

面對嚴峻的生態問題，面對數以億計的貧困人口，新中國施行的一項重要措施便是國土

綠化。這場綠化之戰，是從最艱苦的地方打響的。

從東北部的呼倫貝爾沿大興安嶺南下，經燕山、陝北、甘寧南部到喜馬拉雅山脈東部，一條無形的綫將中國分出乾、濕兩個世界，這便是 400 毫米等降水量綫。這條綫以西和以北的區域是乾旱、半乾旱區，也是風沙肆虐的主場，國土綠化「第一梯隊」的防風固沙林在此登場。

1954 年，為打通華北與西北的鐵路交通綫，人們開始規劃從內蒙古包頭到甘肅蘭州的包蘭鐵路。然而，這條鐵路必須 6 次穿越騰格里沙漠，長達 40 餘千米的鐵軌直接被暴露在沙漠中。在寧夏沙坡頭段，高達 10 到 30 米的沙山俯視著「纖細」鐵軌，保衛鐵路不被風沙侵蝕成了重中之重。

但不斷移動的沙丘讓植被沒有立足之地，如何才能固沙？

貳 沙海先鋒

包蘭鐵路穿過騰格里沙漠邊緣 / 攝影　徐晨宇

作為華北至西北鐵路通道的關鍵部分，包蘭鐵路需要 6 次穿越騰格里沙漠。在施工期間，就曾多次發生風沙侵蝕、掩埋路基的事故。為了保障鐵路的安全，人們需要固沙、植樹種草，來解決風沙問題。

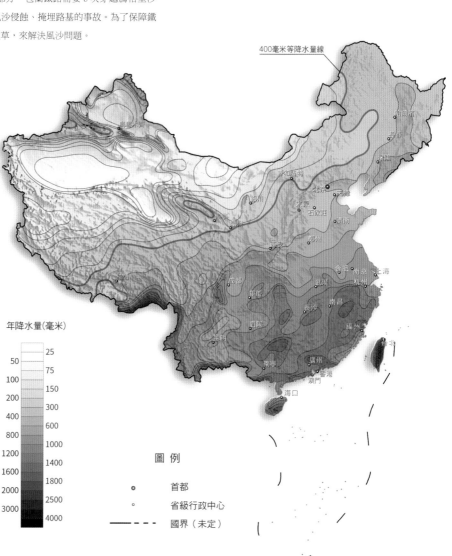

400毫米等降水量線

年降水量(毫米)

25	
50	75
100	150
200	300
400	600
800	1000
1200	1400
1600	1800
2000	2500
3000	4000

圖 例

○　首都

°　省級行政中心

— — — —　國界（未定）

中國等降水量綫示意

新中國成立初期，中國科學院便在沙坡頭腹地設立了沙漠試驗研究站。在蘇聯專家的協助下，通過數年的試驗研究，研究者們最終找到了固沙「秘籍」——草方格。

人們將麥草或其他植物的莖稈對折插入沙漠，半埋半露，栽植成一個個 1 米 ×1 米的方格，形成網格。沙粒被草方格攔截，被風搬運的沙粒在網格中堆積，可減緩沙丘的移動速率，起到固沙作用。在草方格內部，水會在沙丘淺層聚集。在微生物的作用下，沙丘表面會形成一層「生物結皮」，這層結皮能夠加快缺水、缺營養的流沙向固定表面轉變，人工栽植的沙生植物和隨風飄落的草籽便在沙丘表面萌發、生長。

就這樣，在一個個方格之間，不僅沙被固定下來，地表也逐漸出現綠色。效果顯著的草方格固沙技術迅速被推廣至整個乾旱區，從青藏鐵路沿綫到塔克拉瑪干沙漠公路沿綫，乃至水渠、管網沿綫，人們都可以見到它們頑強的身影。

栽植草方格及與之類似的土方格、石方格，是固沙的第一步。要想從根本上改造荒漠化和沙化土地，還需要植樹種草。這就需要灌木的協助：梭梭、檉柳、駝絨藜、白刺、沙棘、沙柳、檸條……這些沙生植物的地上部分其貌不揚，地下卻擁有極度發達的根系，耐旱、耐寒、抗鹽，適應能力極強，是改造荒漠化和沙化土地的有力援軍。

沙漠中的含水沙層，常在地表乾沙以下幾十厘米處，甚至更深。因此，栽種樹苗時，需要使用挖坑機進行深栽。沙漠含水層的水遠不能滿足新栽苗木的正常生長，苗木栽下後必須進行人工灌溉。為了最大限度減少蒸發和滲漏損耗，人們採用節水的滴灌技術。管道上的小孔將水和養分直接送至植物根部，既能保證苗木的成活率，又有效地利用了寶貴的水資源。

在水分相對充足的區域，可以栽種喬木。天山、祁連山等山脈，聚集了大量冰川和積雪，冰雪融水匯成塔里木河、黑河等內陸河。河流穿過沙漠，滋潤綠洲。河流兩岸、湖泊周邊，白楊成排、胡楊成片。人們還開挖溝渠，利用季節性降水進行灌溉，也可以在沙漠中創造出滿足喬木生長的環境。茁壯生長的喬木，成了防風固沙的又一道屏障。

喬、灌、草結合，形成一個防風固沙體系。最外層由草和灌木組成第一道防綫，中間則是灌木和喬木組成的第二道防綫，綠洲內部則通過林網組成第三道防綫，層層嵌套，庇護農田、牧場、公路和村鎮。各類防風固沙林，在中國的廣大乾旱半乾旱區圍起一個個綠色堡壘。

但防風治沙的戰役並未到此結束，在 400 毫米等降水量綫的兩側，防護林即將升級，成為一個更加龐大的體系。

草方格原理示意

由於大部分被風搬運的沙粒是在近地表移動的，所以矮小的草方格能攔截很大一部分沙粒，如此便可減緩整個沙丘的移動速度，起到固沙的作用。

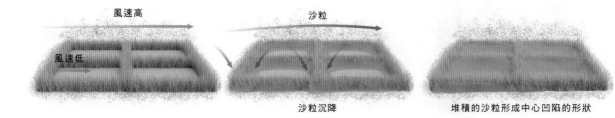

風速高　　　　　　　　沙粒

風速低

沙粒沉降　　　　堆積的沙粒形成中心凹陷的形狀

塔克拉瑪干沙漠公路 / 攝影　王漢冰
穿越塔克拉瑪干沙漠的公路，其兩側密集的草方格能夠減緩沙丘的運動，保
障公路安全。

新疆喀什地區巴楚縣胡楊林 / 攝影　宋文君
胡楊是生活在沙漠的喬木樹種，耐寒、耐旱、耐鹽鹼、抗風沙，有很強的生
命力，在中國西部地區廣泛分佈，對防風固沙有重要作用。

左頁圖　塞罕壩石質山地上的造林 / 攝影　王龍
塞罕壩機械林場位於河北承德與內蒙古交界處，曾是
清朝木蘭圍場的一部分，後來的開圍放墾，致使千
里松林遭到破壞。直到 1962 年，塞罕壩機械林場建
立，一代代工作人員讓塞罕壩開始重現往日生機。

右頁圖　塞罕壩人工落葉松林 / 攝影　徐樹春
塞罕壩機械林場自建場起，便集中連片地種植華北落
葉松人工用材林。如今，這裏的森林覆蓋率達 80%，
林地面積 112 萬畝。經過半個多世紀的艱苦創業，塞
罕壩建成了世界上面積最大的人工林，創造了「沙地
變綠洲、荒原變林海」的綠色奇跡。

綠色長城

叁

400 毫米等降水量綫承載了很多意義，它分隔出乾旱與濕潤之地，劃分出森林與草原，還區分出農耕與游牧地區……從西北往東南，跨過 400 毫米等降水量綫，便是一望無際的東北和華北平原。這也意味著，只要北方的風沙滾滾向南，西北、東北和華北的農田與城鎮便會暴露在萬里風沙之下。在距離北京僅 180 千米處，一個巨大的沙源——渾善達克沙地，便源源不斷地在向南輸送風沙。

人們決心建設一道綠色長城，守衛這條綫以南的村莊與城市、田野與工廠。1962 年，在河北承德與內蒙古交界處，一個國營林場正式成立，名為「塞罕壩機械林場」。

在明末清初，塞罕壩曾擁有廣袤的林海。1961 年，林業專家來此考察時，此地卻已佈滿飛沙走石，寸草不生。經過多天的考察，專家才在塞罕壩東北部的紅松窪內發現了一株落葉松。這株孤獨的松樹，既是環境惡化的證明，也是恢復生態的希望。

要在此種樹，人們就需要克服重重困難。最大的困難是塞罕壩較為惡劣的自然環境。塞罕壩年均氣溫僅有零下 1.2℃，極端最低氣溫低至零下 43.3℃。低溫、大風及乾旱，讓從外地運來的樹苗成活率不到 8%。為了解決這一問題，林場工作人員開始自主育苗。從精心選育樹種開始，採用全新的育苗技術，以提高樹苗的質量。當冬季嚴寒到來時，人們將育成的樹苗埋在冰雪之下，待到春天再迅速栽種，從而提高樹苗的成活率。樹苗的栽植，採用來自波蘭的拖拉機和蘇聯的植樹機，首開機械栽樹的先河，大大提升了造林的效率。

在早期，塞罕壩的造林區域大多處在相對平坦的地方。隨著技術的提升，人們開始向較難處理的石質山坡攻堅。這些石質山坡山高坡陡、土壤貧瘠，造林需要花費更多的人力和時間。最終，從一個個小坡到一整面大山坡，塞罕壩的「硬骨頭」被逐一啃下。

如今的塞罕壩，已有 112 萬畝人工林，森林阻止了流沙的移動與擴大，6 級以上大風日數也大大減少。

在 400 毫米等降水量綫附近，塞罕壩林場並非中國人恢復植被的唯一努力。在農田、村鎮和城市，人們營造了各類防護林。

農田防護林主要分佈於田地周邊，人們在垂直於主要風向的道路、溝渠邊種植成排的樹木，組成防護林帶。若干林帶交錯形成防護林網。林網使得風速降低，改善了局部的溫度和濕度，形成適宜農作物生長的小環境，有助於提高農作物產量。如東北的農田林網，可將玉米產量提高 10%。

與農田防護林類似，人們還在草原上營造草場防護林，其中包括為了保護牧場而種植的「田」形和「目」形林網，也包括能夠保護牲畜而種植的、被稱為「綠島」或「樹傘」的島狀樹叢。

在村鎮、城市和工礦區，則有為改善環境而營造的防護林帶，以及道路兩旁的行道樹、公共綠地、公園等。在燕山、太行山、陰山、大青山等山脈，各類防護林組成太行山綠化工程、京津風沙源治理工程，讓綠色鋪滿高山，生態環境得到改善。

在生態問題之外，我們也面臨著經濟發展的訴求。一些地區亂砍濫伐，主要源於對木材、燃料、飼料等物資的需求。因此，防護林不應只有生態功能，也應擔負部分經濟功能。生產木材的用材林，生產燃料的薪炭林，生產水果、油料、藥材的經濟林都成了防護林的重要組成部分。

經濟效益與生態保護相結合，使防護林成為經濟型生態工程。在巴丹吉林沙漠，人們利用梭梭防治流沙，當梭梭長成後，便可在其根部接種可用作中藥材的寄生植物肉蓯蓉。生態與經濟的雙收益，保證了防護林的持續發展。

左頁上圖　內蒙古土默特左旗農田旁的防護林帶 / 攝影　李瓊

無論是乾旱的綠洲，還是半乾旱區的旱地農田，防護林網在防止或減輕風沙危害、改善農田小氣候、防止鹽漬化方面，均有十分突出的作用。

左頁下圖　甘肅嘉峪關峪泉鎮的防沙人工林 / 攝影　陳劍峰

嘉峪關地處乾旱少雨的戈壁荒漠地區，面對惡劣的自然條件，人們大力實施城鎮綠化、退耕還林、防沙治沙等大規模國土綠化建設。

遍佈於東北、華北、西北的防護林，終於在 1978 年彙聚成
一個完整的體系工程——三北防護林體系工程。

它不是單一的林場，而是覆蓋從黑龍江到新疆的廣達 406
萬平方千米土地的防護林體系。在它的範圍內，有雪峰冰
川、大漠戈壁，有茫茫草原、片片農田，從海拔 100 米到
海拔 5000 米，從季風氣候到高原氣候，適應不同環境的植
物種類多達 3500 餘種，是一個當之無愧的「超級工程」。

從 1978 年到 2017 年，三北防護林體系工程歷年總造林面
積達 46 萬平方千米，使得區內水土流失面積減少 67%，扭
轉了中國荒漠化和沙化土地面積不斷擴大的趨勢。從 2000
年到 2017 年，該工程讓三北地區的沙化面積減少了 1.8 萬
平方千米。

三北防護林體系工程開啟了中國的「生態工程時代」，更多
的生態工程相繼在全國範圍內展開，為中華大地帶來更多綠
色與生機。

上圖　陰山山脈人工綠化林帶 / 攝影　葉長春

陰山山脈地處內蒙古自治區中部，是中國北方地區重要的生態屏障區。2018
年起，內蒙古啟動實施陰山綠化工程，預計到 2025 年，完成陰山綠化 1328.8
萬畝，使陰山地區森林覆蓋率增加 4.5 個百分點，達到 24.64%。

下圖　寧夏西海固山坡梯田綠化 / 攝影　高澤安

「西海固」今天指的是寧夏南部山區一帶，曾有「苦瘠甲天下」之稱。1972
年，世界糧食計劃署認為這裏是最不適宜人類生存的地區之一。在退耕還
林、荒山造林、生態移民等一系列重大生態工程的實施下，這裏的生態環境
明顯改善，植被恢復，昔日的黃土高原已是滿眼綠色。

到此為止，我們的目光只掃過中國的西部和北部。在 400 毫米等降水量綫以南，是廣大的季風區。這裏的降水相對充沛，但這一地區的國土綠化同樣面臨困境。

首先，地形給季風區的國土綠化帶來了障礙。這裏遍佈山地和丘陵，在陡坡上造林需要進行大範圍的人工整地，必須實施坡面工程。對於坡度較緩的區域，可進行「水平階整地」，即沿著等高綫，像梯田一樣挖出一級級台階。

在坡度較陡的區域，為了保證坡面徑流能夠最大限度流向植物根部，需要進行「反坡梯田整地」，將坡地向內傾斜，或在坡面上挖出一個個半圓形樹坑，坑與坑之間呈「品」字形排列。這種整地方式從空中望去彷彿魚鱗，因而被稱為「魚鱗坑整地」。

從北方的山地到南方的丘陵，以及庫區、河岸，都可以通過大規模整地，建起綠色階梯，其中最具代表性的是遍佈江河中上游的水土保持林。

在黃土高原，水土保持林的建設讓這一地區的植被覆蓋率急劇增加，從 1999 年的 32% 增加至 2013 年的 59%。增加最明顯的延安，植被覆蓋率在 2017 年甚至達到 81%。植被的增加能夠有效遏制黃土高原的水土流失，讓黃河的年均輸沙量從 20 世紀 70 年代的 13 億噸下降到不足 3 億噸。

黃土高原之外，水土保持林也有效緩解了岩溶地區的石漠化問題。根據中國第二次和第三次石漠化監測，從 2011 年到 2016 年，中國岩溶地區的石漠化面積減少了 16%。石漠化面積最大的貴州減少的面積最多，共減少了 18.3%。

在江河源頭，種植的是水源涵養林。從祁連山、陰山、秦嶺等黃河主要產流區到東北的大小興安嶺和長白山，再到遼河、淮河、太湖、珠江，全國主要河流的流域內均建成防護林體系。

其中，防護林體系覆蓋面積最大的在長江中上游，茂盛的林海將金沙江、雅礱江、岷江、漢水、嘉陵江、烏江等江河兩岸塗抹成綠色。遍佈長江中上游的水土保持林和水源涵養林，組成了又一大型林業生態工程——長江中上游防護林體系工程。

當我們沿著江河而下，來到沿海地區，又會面臨新的問題：風暴潮造成的災害、沙質海岸地區的風沙危害、沿岸山區的水土流失等。因此，我們還需要沿海防護林。其中最為獨特的，便是南方沿海的紅樹林。紅樹並非一種樹，而是多種適應濱海鹽漬化、風浪環境的植物統稱。在中國東南沿海，人工種植的紅樹林形成了一道屏障，減弱了風浪對陸地的侵蝕。

從大江、大河到湖泊、海岸，眾多生態工程形成了一張巨大的保護網，讓綠色鋪滿整個中國。但眾多生態工程並非完美無瑕，它們仍存在許多問題。我們該如何面對過去的問題？又如何走向更好的未來？

海南儋州新英灣紅樹林／攝影　蔣豐

中國防護林體系工程分佈

從 20 世紀 80 年代起，中國就開始構建防護林體系，防護林體系覆蓋了從西北邊疆到東南沿海的廣袤國土。其中，三北防護林體系工程堪稱世界生態工程之最，是中國的第一個重大生態工程。40 多年來，三北防護林體系工程累計完成造林保存面積 3014 萬公頃，工程區森林覆蓋率由 5.05% 提高到 13.57%。

註：港澳台數據暫缺。

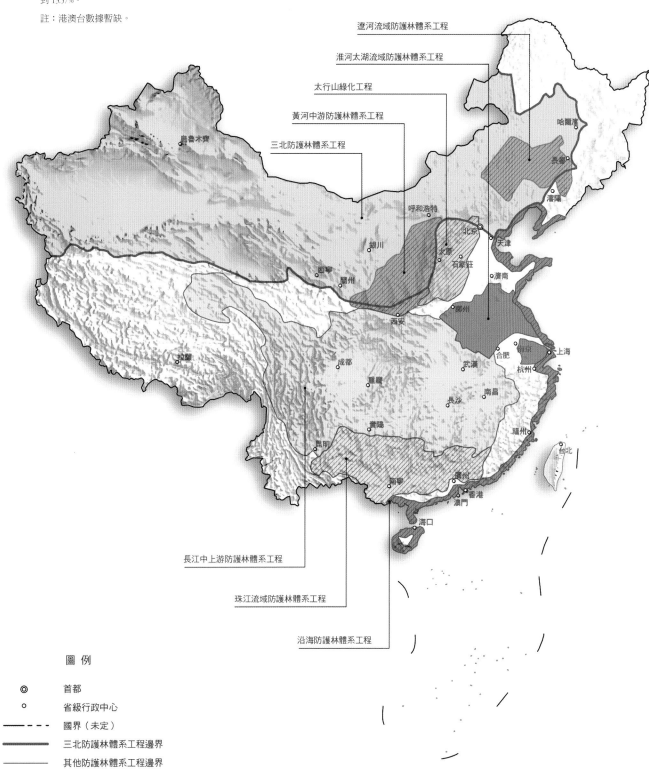

遼河流域防護林體系工程

淮河太湖流域防護林體系工程

太行山綠化工程

黃河中游防護林體系工程

三北防護林體系工程

長江中上游防護林體系工程

珠江流域防護林體系工程

沿海防護林體系工程

圖 例

◎　　　首都

○　　　省級行政中心

— — —　國界（未定）

━━━━　三北防護林體系工程邊界

————　其他防護林體系工程邊界

伍 過去 與未來

中國的植樹造林等國土綠化工程，自實施以來就面臨許多問題和爭議。

首要的爭議，便是在不適宜種樹的區域種樹是否合理。400毫米等降水量綫以西，大部分區域本不適宜喬木生長，但為了迅速達到防風治沙的效果，中國曾在西北地區種植了大量的楊樹。楊樹生長快、耗水多，可能導致種植地區缺水情況進一步加劇，而缺少水分補充且物種單一的人工楊樹林也逐漸死去。

此外，早期的人工林在栽種後常因缺少後續的撫育，或因為造林樹種單一，林木的保存率較低。

中國走過許多曲折的道路，也不斷做出改變，更注重物種的多樣性、喬灌草結合、多樹種搭配、多林種同窗等，讓綠化事業更科學、造林質量更高。更重要的是，我們從植樹造林轉向了生態修復。

中國通過天然林保護工程、退耕還林、退牧還草，將土地退化、水資源短缺地區的人們，遷居到水源相對充足、土地質量較好的區域，進行生態移民，讓大地休養生息，恢復原始生態。同時，建立自然保護區、森林公園、各類自然公園，以及更加綜合的國家公園，以推行和完善各類生態保護法律法規。

右頁左圖 黃沙與綠地界限分明的毛烏素沙地 / 攝影 任世明
毛烏素沙地位於陝西榆林以北，在古代曾給當地居民帶來巨大的威脅。新中國成立以後，經過幾十年的治理，榆林沙化土地治理率已超過90%，昔日肆虐的黃沙逐漸在這一地區消失。

右頁右圖 塞罕壩林場松林 / 攝影 田卓然
經過幾代工作人員的辛勤努力，松濤林浪的景觀再次回到塞罕壩，為京津地區築起生態屏障。

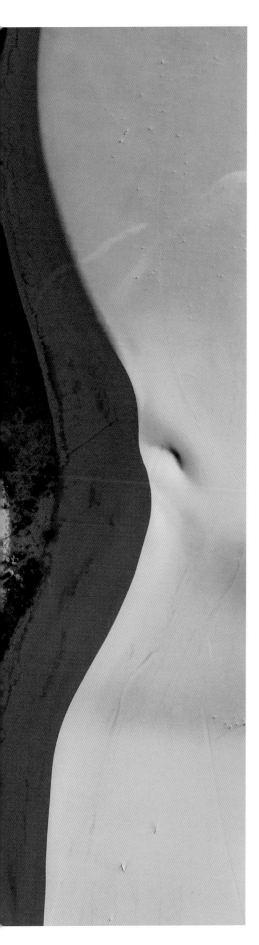

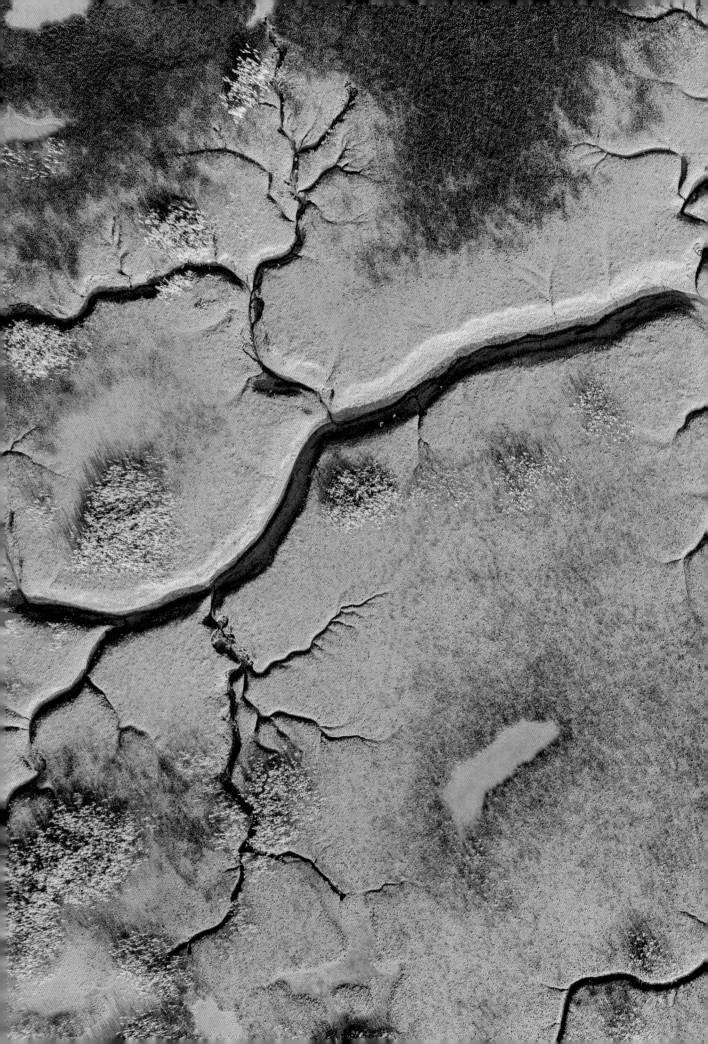

遼河三角洲濕地／攝影　顏景龍

退潮之後的遼河三角洲濕地，灘塗上留下的痕跡如同一條騰飛的龍。無序的開墾、水產養殖等活動，曾經嚴重破壞了遼河口的生態環境。於是，人們開始退耕還濕，恢復植被，建立遼河口國家級自然保護區，試圖恢復受損的生態環境。

70 餘年，從西北大漠的草方格到遍佈中國大地的綠意，我們走過了漫長的道路，取得了不小的成就。但不可否認的是，當下的中國仍是一個缺綠少林的國家。

中國的森林覆蓋率仍低於全球 30.7% 的平均水平，人均森林面積不足世界人均的 1/3，人均森林蓄積量僅為世界人均的 1/6，還有大片的流沙有待治理。

在「十四五」規劃中，生態工程將進行升級，國土空間被劃分為「三區四帶」，類似「退耕還林，退牧還草」的生態補償型工程將代替單純的植樹造林，成為主角。植樹的工具也不再只有鐵揪、鐵鎬、挖坑機，而是加入大數據、5G（第五代移動通信技術）設備、無人機、人工智能、航空航天技術等高新技術。可以肯定的是，到規劃中的2035 年，我們將有一個更加綠色的未來。

在這一個個宏大的生態工程之下，無數個體值得被致敬。

他們也許是常年堅守林場的夫婦，是祖孫三代治沙的農民，是主動走出大山的移民，是主動退出草場的牧民，是綫上種樹的城市居民，是扛著樹苗上山的務林人……正是這些平凡人微小的行動，匯成了中國的綠色洪流。

敬意還應當獻給我們栽下的每一株草、每一叢灌木、每一棵樹。

從工程的視角而言，它們也許只是「零件」，但對於親手把它們栽下的人們而言，它們是和我們一樣的生命，是與人類並肩奮戰數十年，戍衛這片土地的每一個生命，也請你與我們一起緬懷並且頌揚。

塔克拉瑪干沙漠腹地的大漠胡楊／攝影　趙來清
那些看似柔弱的草木，卻是人類防沙固沙的可靠戰友。

②

霧霾治理：
對流層保衛戰

偉大的對流層

平均厚度約 10 千米

幾乎承載著所有人類活動

是我們一生中無可替代的生存空間

然而，工業時代以來對流層 [1] 卻變得越發渾濁

在中國，2013 年全國平均霾日數達 35.9 天

同年 1 月，有約 1/4 國土上空的對流層「淪陷」

近 6 億人被籠罩在霧霾之下 [2]

時至今日，無數科學家、工程師、政府工作人員

仍在致力於驅散霧霾，保衛對流層

它究竟因何而生？還將持續多久？

它能否被驅散？又如何被驅散？

要回答這種種疑問，必須從霧霾的本質說起

1　大氣污染物的傳輸、擴散和轉化，多發生在對流層最下方的大氣邊界層，厚度為 1—2 千米。
2　2013 年 1 月，中國發生有記錄以來極為嚴重的一次大規模區域性灰霾天氣，範圍覆蓋 17 個省級行政區，影響近 6 億人。

2017 年 3 月 17 日，霧霾籠罩的上海，城市上空分界鮮明 / 攝影　陳肖

壹

霧霾的

本質

「霧」和「霾」本不應混為一談，它們是對流層中兩種不同的天氣現象。

雖然二者形成的關鍵均在於空氣中穩定懸浮的顆粒物，但組成霧的顆粒物主要是小水滴，組成霾的則多為乾塵粒。因此，霧常呈乳白色，相對濕度可達 90% 以上，水平方向的能見度不到千米，隨著地表溫度上升便可逐漸消失。霾則呈現為灰黃色，相對濕度一般不超過 80%，水平能見度不到 10 千米，可能持續多日，難以消散。

在形成「霾」的顆粒物中，直徑[1]小於等於 10 微米的顆粒被稱為 PM_{10} 或「可吸入顆粒物」。它們能越過人體的重重防綫，在呼吸道中沉積。直徑小於等於 2.5 微米的顆粒是 $PM_{2.5}$，又稱「細顆粒物」。它們更加微小，更易吸附有毒物和病原體，能暢通無阻地深入人體支氣管甚至肺泡，引發呼吸道疾病、心腦血管疾病、肺癌等。有研究估計，儘管情況已有所改善，但在 2016 年，中國仍有超過 100 萬人因室外空氣污染而死亡。

這些顆粒物從何而來？

1　本篇中的直徑均指空氣動力學等效直徑，即當粒子和密度為 1g/cm³ 的球體有相同降落速率時，球體的直徑大小。

顆粒物與髮絲對比示意

註：d 為空氣動力學等效直徑。

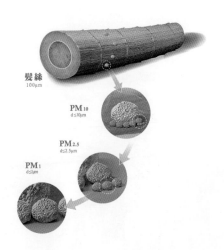

髮絲
100μm

PM_{10}
d≤10μm

$PM_{2.5}$
d≤2.5μm

PM_1
d≤1μm

右頁上圖　平流霧中的深圳 / 攝影　鄧飛
當暖濕空氣水平移動，經過寒冷的地面或水面時，空氣逐漸冷卻，水汽凝結成小水滴，從而形成霧，這就是平流霧。

右頁下圖　霧霾之下的北京，從東部高空向西眺望 / 攝影　李珩
霧霾中突出的樓群為國貿 CBD，遠處為太行山脈。

有時，它們來自自然界（天然源），如森林大火、火山噴發、海浪飛濺、荒漠揚沙等。但更多時候，它們來自人類社會（人為源），從烹飪油煙到工地揚塵，從汽車尾氣到工廠煙塵……形形色色，不勝枚舉。

此外，它們有的一「出生」便是顆粒物，從污染源直接被排放進入大氣，是為「一次顆粒物」。而更多時候，它們「出生」時還是氣體，經過一系列反應後才「進化」為顆粒物，是為「二次顆粒物」。例如，由二氧化硫氧化形成的硫酸鹽顆粒（SO_4^{2-}），由氮氧化物、揮發性有機物（VOCs）在光照條件下反應形成的硝酸鹽顆粒（NO_3^-）和有機物顆粒，以及由氨氣（NH_3）與大氣中的硫酸、硝酸等酸鹼中和形成的銨鹽顆粒（NH_4^+），都屬二次顆粒物。

這些二次顆粒物的直徑大多在 2 微米以內，可長時間存在和遠距離傳播，是 $PM_{2.5}$ 至關重要的組成部分。催生它們的二氧化硫、氮氧化物、揮發性有機物、氨氣等氣態前體物，雖不是導致霧霾的直接原因，卻是幕後的「始作俑者」。

但是，一次顆粒物也好，氣態前體物也罷，它們的「幕後推手」又是誰呢？

上海長江口附近的工廠 / 攝影　華敬源
由人類生活、生產活動造成的排放被稱為「人為源」，這些排放既包括一次顆粒物，也包括氣體污染物。氣體污染物還會在空氣中發生化學反應，產生二次顆粒物。在中國多數地區，二次顆粒物已成為影響空氣質量的主要因素。

霧霾從哪裏來

霧霾的來源，途徑多種多樣，大致可分為天然源和人為源。其中，人為源是
人類生產活動的結果，與經濟發展息息相關。中國工程院院士謝克昌曾指
出，高耗能、重污染產業增長速度過快等因素，是中國大氣污染產生的主要
原因。

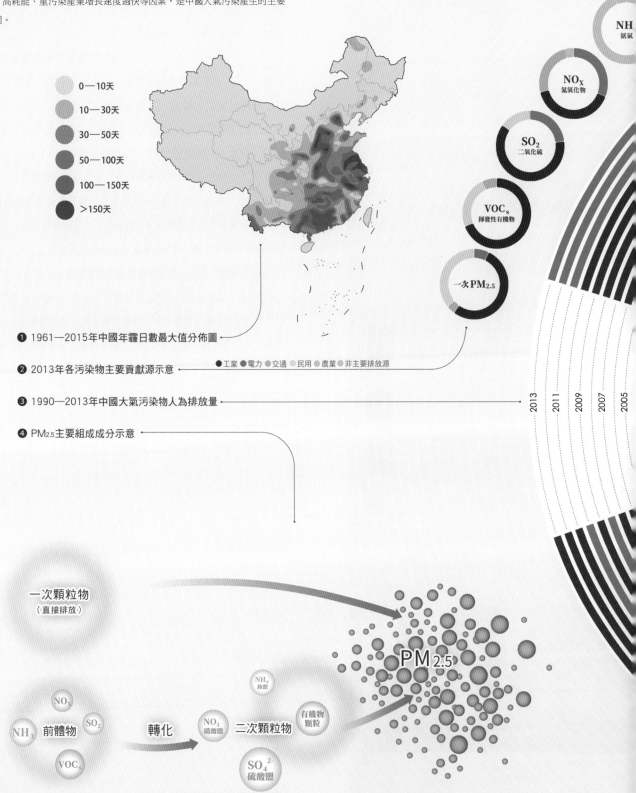

0—10天
10—30天
30—50天
50—100天
100—150天
>150天

NH₃
氨氣

NOₓ
氮氧化物

SO₂
二氧化硫

VOCs
揮發性有機物

一次PM₂.₅

❶ 1961—2015年中國年霾日數最大值分佈圖

❷ 2013年各污染物主要貢獻源示意　　●工業 ●電力 ●交通 ●民用 ●農業 ●非主要排放源

❸ 1990—2013年中國大氣污染物人為排放量

❹ PM₂.₅主要組成成分示意

2013 2011 2009 2007 2005

一次顆粒物
（直接排放）

NOₓ
NH₃　前體物　SO₂
VOCₛ

轉化

NO₃
硝酸鹽　二次顆粒物
SO₄²⁻
硫酸鹽

NH₄
銨鹽
有機物
顆粒

PM₂.₅

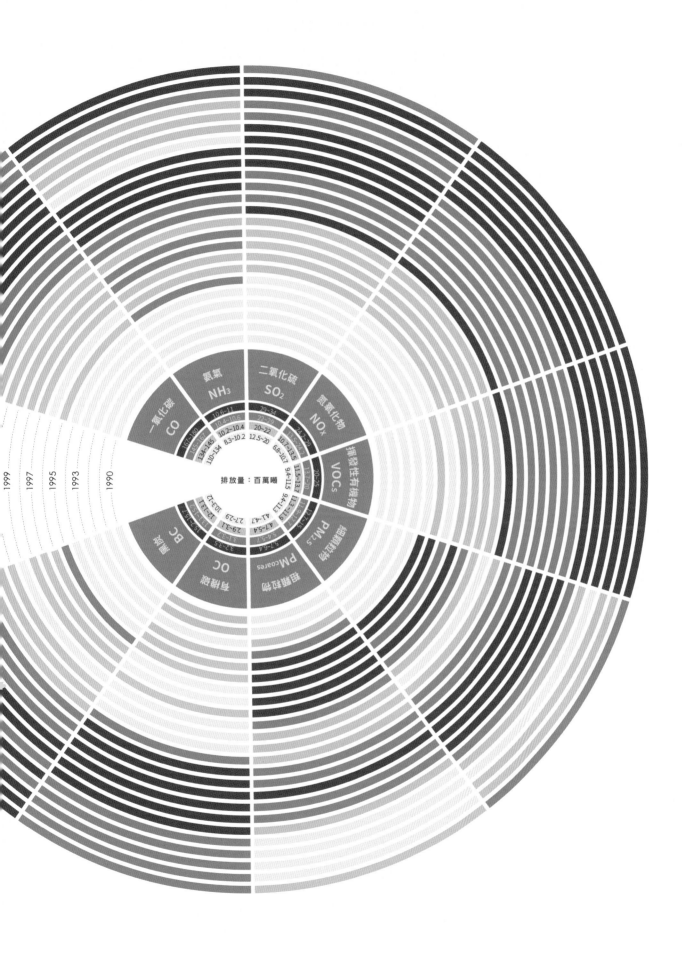

貳 發展的代價

1990 年到 2013 年，中國 GDP 增長達 3000%，創造了人類經濟史上的一個奇跡。但與此同時，我們還創造了 313% 的氮氧化物排放增長、168% 的揮發性有機物排放增長、131% 的二氧化硫排放增長、29% 的氨氣排放增長、以及 28% 的一次 $PM_{2.5}$ 排放增長。

隨著排放的增加，空氣污染接踵而至。2013 年，當 74 個城市率先開始 $PM_{2.5}$ 監測時，人們發現僅有拉薩、舟山和海口三個城市能夠達到空氣質量標準[1]。污染最為嚴重的京津冀地區，年均 $PM_{2.5}$ 濃度更是超標兩倍。一場「對流層保衛戰」迫在眉睫。

人們首先要做的便是對霧霾追根溯源。

截至 2013 年，中國總發電量、煤炭產量、鋼鐵產量、水泥產量、有色金屬產量等已持續多年位列世界第一，是名副其實的「世界工廠」。滾滾向前的電力和工業產業消耗了全國一年中 95% 的煤炭和 99.7% 的原油，也產生了全國人為排放中 85% 的二氧化硫、71% 的氮氧化物、69% 的揮發性有機物，以及 60% 的一次 $PM_{2.5}$。

這當中，**電力和熱力行業**佔據了煤炭消耗的半壁江山，成為部分地區污染物排放的主力。在江蘇，煤炭供給滿足了近 1 億人的電力需求。山東在 2015 年超越江蘇，成為全國火力發電第一大省。內蒙古則一度生產著全國最多的原煤，運行著全球規模最龐大的坑口電廠。正因為如此，這三個火電大省（區）的電力和熱力行業，就「貢獻」了各省內超過 40% 的二氧化硫和氮氧化物。而在內蒙古、黑龍江、遼寧等冬季供熱大省（區），電力和熱力行業則「貢獻」了各省內 30% 到 45% 的一次顆粒物。

另一個耗煤巨頭是**化工行業**[2]，其產品包括汽油、柴油、焦炭、農藥、塗料、化肥、化纖、輪胎、塑料等，幾乎覆蓋現代生活的方方面面。2012 年，化工行業不僅消耗了全國 16% 的煤炭，更消耗了全國 97.5% 的原油。而這些化工產品的生產、加工、運輸、使用等整個產業鏈，一年可向對流層「貢獻」的揮發性有機物達 1500 多萬噸[3]。

1　如無特殊說明，本文中的「達標」均指《環境空氣質量標準 GB3095-2012》中的二級標準。

2　本篇的化工行業是指「石油加工、煉焦和核燃料加工業」及「化學原料和化學製品製造業」。

3　該處揮發性有機物數據不包括機動車燃油使用的排放量。

霧霾籠罩下的火力發電廠與城鎮 / 攝影　劉忠文
在中國，電力和熱力行業佔據了煤炭消耗的半壁江山，熊熊燃燒的煤炭推動
著城市和農村的運轉，為家家戶戶帶來光和熱的同時，也造成了大量顆粒物
排放。

耗煤量位居第三的是**鋼鐵行業**。在中國，無論是遼闊的西北大地，還是發達的東部地區，均有鋼鐵廠分佈。其中，河北省堪稱「產鋼大王」。2013 年，河北省年產粗鋼近 1.9 億噸，是第二名江蘇省的兩倍以上。但與此同時，河北鋼鐵行業排放了全省 36% 的二氧化硫、14% 的氮氧化物，以及 47% 的一次顆粒物，其污染物排放量幾乎是江蘇省的 2 到 3 倍。

在大型工業領域，煤炭絕大多數是被集中利用的。在這之外，還有數億噸的**散煤**，常見於中小型工業窯爐和人們日常生活當中。散煤煤質較差，使用時未經加工，燃燒分散，燃燒後鮮做廢氣處理。據估算，燃燒同等質量的散煤，排放量是電煤的 10 到 15 倍。在包括內蒙古、山西、河北、黑龍江等地的北方農村地區，冬季採暖用的散煤，往往是難以監控的污染源，令當地冬季的空氣質量雪上加霜。

而生活中另一大空氣污染源，便是農村的**生物質燃燒**，例如秸稈焚燒。2011 年 5 月末，正值江南一帶冬小麥收割，長三角地區的城市被大霾籠罩，人們發現，在超標近 5 倍的 $PM_{2.5}$ 中，48% 到 86% 的「貢獻」源於秸稈焚燒產生的有機碳。類似的情形同樣在東北地區上演，2015 年 11 月初，瀋陽、長春、哈爾濱出現大霾，周邊共計有 836 個秸稈焚燒點，令三座城市的 $PM_{2.5}$ 日均濃度最大超標 24 倍。

工業和生活之外，**交通**帶來的污染排放更是隨時隨地都在發生。道路之上，小型客車的數量最為龐大，是有機物和一氧化碳的主要來源。重型貨車的數量僅佔 2%，卻排放了 46% 的氮氧化物和 58% 的一次顆粒物。在一些工廠密佈和港口集中的地區，貨車密集，氮氧化物和有機物的排放量可高達全國平均水平的 4 到 5 倍。此外，農田的農業機械、城市的工程機械，以及在內河、海洋中穿行的船舶等，由於多使用質量較差的燃油，污染物排放情況同樣嚴重。

右頁上圖　內蒙古錫林浩特冬日早晨的霧霾 / 攝影　丘會寧
家庭冬日燃燒散煤採暖會形成大量排放源。散煤在存放和燃燒階段都會造成大量污染，在京津冀地區，散煤燃燒採暖造成的污染曾經是冬季大氣污染的主要來源之一。

右頁下圖　2016 年 3 月，吉林通榆農田中秸稈燃燒場景 / 攝影　丘會寧
秸稈在露天焚燒中產生大量的有機物和黑碳，對空氣中 $PM_{2.5}$ 貢獻明顯，利於霧霾天氣的形成。

而在今日，在北京、上海、廣州、深圳等大型城市，機動車排放逐漸超越工業，成為當地 $PM_{2.5}$ 的首要來源。

最後一種主要的人為源是農業。中國是農業大國，種植業中的化肥和養殖業中的動物排泄物，一道「貢獻」了人為污染源中超過 90% 的氨氣排放。一年中全國約有 3200 萬噸氮肥進入農田，其中 12.2% 的氮會轉化為氨氣，從土壤中逸出。而在土壤鹼性更強的華北平原，氮的揮發率則可能超過 20%。動物排泄物中的尿素，在微生物的作用下，會轉為氨氣排出。所以，養豬業集中的四川、河南，蛋禽養殖集中的山東、河南、河北，以及毛用羊養殖集中的內蒙古、新疆，氨的排放量均位居前列。

至此，我們看到，工業、生活、交通、農業各領域，都在源源不斷地向對流層輸送著各類污染物。

正如《洛杉磯霧霾啟示錄》一書中寫道：

> 人類文明製造煙霧的能力，絕非消除煙霧的能力所能望其項背。

當我們追溯霧霾的源頭，會發現它最終指向的，是我們飛速前進的社會。

北京東四環晚高峰車流 / 攝影　丁俊豪

根據生態環境部發佈的《中國移動源環境管理年報（2019）》，中國已連續十年成為世界機動車產銷第一大國，機動車等移動污染源已成為中國大氣污染的重要來源。

叁

最後一根稻草

大量的顆粒物已成為對流層沉重的負擔。此時，只需「最後一根稻草」，一場大霾便在所難免，這根「稻草」就是氣象條件。其中最典型的，就是垂直方向上的逆溫層。

理論上，對流層的空氣溫度會隨著垂直高度的上升而降低，即「下暖上冷」。當逆溫層產生時，這個規律會被打破，大氣在一定高度上會出現「下冷上暖」的情況。由於下層溫度較低，空氣密度更大，難以上升流動，如同一個穹頂扣在大地之上，無法穿過逆溫層的污染物只能在其下方積聚，難以向上擴散。逆溫層高度越低，污染物擴散空間越小，污染也就越嚴重。一旦濕度增加，霾便將頃刻籠罩。

逆溫層形成的原因多種多樣。例如，在晴朗的夜晚，地表溫度迅速降低，貼近地面的空氣溫度逐漸下降，最終低於高空氣溫，形成「**輻射逆溫**」。秋冬季節夜晚漫長，輻射逆溫尤為強烈，令大江南北霧霾天氣頻發。一般情況下，輻射逆溫會隨著日出後地面升溫逐漸消失，但在

2013 年 11 月的一天，被霧霾籠罩的烏魯木齊 / 攝影　李傑

當日烏魯木齊遭遇降溫，城市上空形成逆溫層。逆溫層像一床厚被子，蓋在城市上空的近地面，逆溫層以下污染物聚集，一片灰霾，而逆溫層之上，污染物未擴散到，仍是藍天。

逆溫層示意

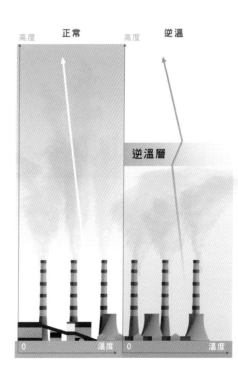

嚴寒的北方，白天地表散失的熱量遠高於太陽輻射帶來的熱量，就會形成晝夜持續的逆溫層。

除此之外，在山間谷地，冷空氣沿山坡一路流入山谷，將山谷中的熱空氣擠到高空，便產生「**地形逆溫**」。在山腳下，氣流翻越高山後逐漸下沉，過程中空氣團上部的升溫幅度大於下部，產生「**下沉逆溫**」。而在近海地帶，暖空氣平流至冷空氣上方，會造成「**平流逆溫**」，此時的冷暖交界處常見平流霧景象。

逆溫層的存在讓污染物在垂直方向上難以擴散，人們只能指望水平方向上的風來打破靜穩天氣，以驅散霧霾。然而，由於氣候變化等因素，中國冬季風逐年減弱，年平均風速逐年變慢，污染物的橫向擴散動力不足。甚至在一些局部地形的影響下，風反倒成了催生霧霾的推手。

被霧霾籠罩的河北蔚縣 / 攝影　李珩

蔚縣地處恆山、太行山、燕山三山交會處，處在冀西北山間盆地之中，其
南部為太行山區。由於山谷風影響，污染物在盆地中聚集，難以擴散。

在甘肅蘭州以及山西大同、太原、臨汾等地，四周山嶺合圍，夜晚氣流從山坡吹往谷地，形成山風；白天則從谷地吹向山坡，形成谷風。交替變化的山谷風令污染物在山間來回往復，難以擴散，也令這些城市常籠罩在一片朦朧之中。而地處關中平原的西安，受南部秦嶺山脈的阻擋，空氣中的污染物易在山前大量聚集和滯留，因而導致東北風下的霾日數佔比高達31.2%，相較之下，靜風時的霾日數則僅佔17.7%。

而在京津冀地區，霧霾的產生常是多因素共同作用的結果。一方面，燕山和太行山盤踞在北側和西側，讓來自平原的東南風與來自西北的山風在山脈前短兵相接，僵持不下，形成一條沿山脈走向分佈的「風向輻合帶」，也是一條污染物的匯聚帶；另一方面，「輻合帶」沿綫的城市如同串聯的熱島，將周邊的冷空氣向城市抽吸，令郊區污染物進一步向城市匯聚。與此同時，郊區的冷空氣從低空匯入城市，導致垂直方向上「下冷上暖」，形成逆溫層。地形、熱島效應和逆溫層「三管齊下」，令「輻合帶」沿綫的唐山、保定、石家莊、邢台、邯鄲等城市，成為霧霾重災區。此時，若想擺脫「霧霾鎖城」的境地，就必須打破穩定的氣象條件，比如吹來一陣猛烈的西北風。

然而正所謂「甲之蜜糖，乙之砒霜」，隨著冷空氣一路南下，氣流中裹挾的污染物也隨之跨越千里，進入南方地區。根據2014年到2015年的數據，在京津冀和長三角之間，類似這樣的跨區域傳輸對長三角城市 $PM_{2.5}$ 的「貢獻率」可達20%到35%。不僅如此，抵達南方的冷空氣還可能形成冷鋒，插入暖空氣下方，產生「鋒面逆溫」，阻礙了南方地區污染物的擴散，加重了霧霾的程度。

總而言之，顆粒物造就了霧霾，氣象條件催生了霧霾，地形條件加劇了霧霾。

我們似乎找到了霧霾的源頭，只待對症下藥。但不幸的是，我們無法控制自然界的排放，無法左右大氣運動，更無法改變山川地形。在這場對流層保衛戰中，除了與人為排放的污染物死磕到底，我們別無選擇。

肆 對流層 保衛戰

由於空氣污染物的源頭幾乎無處不在，想要贏得這場對流層保衛戰，國家、行業、城市，甚至每一個人的生活都將面臨改變。

到 2019 年，在京津冀周邊、汾渭平原等重點地區，清潔取暖試點實現了全覆蓋，超過 700 萬戶家庭通過「煤改氣」或「煤改電」，結束了散煤燃燒的歷史。而全國範圍內，煤炭消耗的佔比也在持續減少，一場能源結構變革正在發生。

支撐這場變革的，是一個個超級工程。例如歷時近 20 年建設、輸氣能力達 720 億立方米的西氣東輸工程，跨越了 16 個省級行政區，讓中東部 100 多座城市用上了更加乾淨、排放更少的天然氣。一座座規模巨大的水電站、核電站、風電基地和太陽能電站，讓全國非化石能源發電裝機容量達到總裝機容量的 42%，總發電量佔比突破 30%[1]。超過 75 萬千米的 220 千伏以上高壓輸電綫路在全國鋪開，把清潔的電力源源不斷地送往人口密集的地區。

變革也發生在工業和交通運輸業中。2019 年，全國幾乎所有的煤電機組均已安裝除塵、脫硫、脫硝等廢氣處理設施。其中 86% 的機組已實現了國際上最嚴格的「超低排放」。過剩的鋼鐵產能、落後的煤炭產能持續削減。在重點區域，鋼鐵、焦化、鑄造、電解鋁、水泥等高耗能、高排放行業，更被嚴格禁止新增產能。與此同時，排放嚴重的柴油貨車逐漸被淘汰，2019 年全國鐵路貨運量比 2018 年增長 7.2%，京津冀鐵路貨運量增長更是達到 26.2%。

1 　根據中國電力企業聯合會 2020 年 6 月發佈的《中國電力行業年度發展報告 2020》，截至 2019 年年底，全國全口徑非化石能源發電裝機容量為 84410 萬千瓦，佔總裝機容量的 42.0%。2019 年，非化石能源發電量為 23927 億千瓦時，佔總發電量的 32.7%。

右頁上圖　青海德令哈塔式熔鹽儲能光熱發電站 / 攝影　吳俞晨
太陽能是重要的清潔能源，目前主要有光伏和光熱發電兩種形式。其中光熱發電是指將太陽輻射轉化為熱能，再通過熱功轉換過程（如加熱水產生蒸氣帶動輪機做功）發電的系統。

右頁下圖　浙江海鹽秦山核電站 / 攝影　邵帥·秦山核電有限公司
秦山核電站是中國自行設計、建造的第一座核電站，也是中國目前已建成的核電機組數量最多、堆型品種最豐富的核電基地。

冰凍三尺，非一日之寒；破冰之功，非一春之暖。對流層保衛戰涉及方方面面，注定困難重重。我們需要的不僅是科學技術的進步、能源結構的調整、產業的升級、交通出行方式的改變，還要有一顆堅定的決心、一段不短的時間，以及全社會的努力。

但我們相信，這場保衛戰終將勝利。

因為，這是我們的家園，再沒有誰會比生於斯、長於斯的我們更加希望這片土地擁有碧水藍天。

國家公園：
大熊貓最後的

今日

人類的文明空前繁榮

自然的陣綫卻加速退卻

數十萬年前

北至中國北京周口店

南抵越南、緬甸

都是大熊貓的廣闊天地

數十萬年後

牠們退縮到青藏高原東緣一帶

守著僅存的一片狹長土地

這是牠們在地球上最後的棲息地

面積僅佔中國陸地國土面積的 0.3% 左右

棲息地

大熊貓國家公園約佔我國
陸地國土面積的約0.3%

甘肅
陝西
四川

距今70萬～60萬年前
（更新世中晚期）

大熊貓分佈範圍

白水江片

岷山片區

成都

邛崍山－大相嶺片區

小相嶺片區

0   25   50   75   100千米

秦嶺片區

大熊貓國家公園及其位置示意

2017 年 1 月，大熊貓國家公園體制試點正式啟動。大熊貓國家公園試點區規
劃範圍跨四川、陝西、甘肅三省，地處秦嶺、岷山、邛崍山和大小相嶺山
系。總面積為 27134 平方千米，這裏的野生大熊貓數量佔全國的 87.5%。

這是「與世隔絕」的 0.3%。

秦嶺、岷山、邛崍山、大相嶺、小相嶺、涼山山系由北向南依次展佈，跌宕起伏的高山深
谷、遮天蔽日的原始森林，與成都平原的煙火繁華大相徑庭。

這也是「熱鬧非凡」的 0.3%。

至今仍有萬餘種野生動植物在這方狹小的天地生生不息，包括佔全國物種數量 39% 的鳥
類、32% 的哺乳動物、26% 的兩棲動物、20% 的爬行動物、17% 的高等植物、4% 的魚
類等。

從 2017 年起，以這片土地為基礎，人們劃定了一個全新的區域，並賦予它一個極其響亮的名字——大熊貓國家公園。

這裏究竟有何特別之處？它未來的命運又將如何？

壹 生靈的樂土

以 0.3% 的狹小地帶造就養育萬千生命的樂園，一切並非偶然。

這裏從四川盆地的西緣向北延伸至秦嶺一
帶，一邊是高高隆起的崇山峻嶺，一邊是
深深陷落的肥沃平原，涇渭分明的地形分
隔了荒野與人間。

以四川盆地西側的山地為例，這裏地處橫斷山區的東北邊緣。在板塊的擠壓下，大地上峰巒起伏，褶皺連綿。北端的岷山山脈，南北蜿蜒超過 500 千米，號稱「千里岷山」。高聳的山脊上海拔超過 4500 米的山峰多達二十餘座，最高峰雪寶頂海拔 5588 米，終年白雪皚皚。

在岷山南部、岷江的西側，又有邛崍山脈高聳入雲。其中的四姑娘山主峰海拔達 6250 米，人稱「蜀山皇后」。高山之上，長年累月的冰川侵蝕，加之風化和重力作用，切削出尖銳、鋒利的角峰，直指蒼穹。而位於其南部的眾山，同樣一座比一座聲名顯赫，如紅軍長征曾翻越的夾金山，國道 318 穿越的第一道「天塹」二郎山……

繼續向南則是位於四川盆地西南側的大、小相嶺和涼山山系。相較北邊的群山崢嶸，這裏的山勢趨於平緩，海拔一般在 1500—3500 米，自古以來便有人類的足跡。

從成都龍泉山遙望成都平原西側群山 / 攝影　嘉楠
2020 年 8 月 13 日早上，從成都龍泉山遙望成都平原西側的連綿群山，荒野與煙火人間的對比鮮明。

大熊貓國家公園栗子坪片區 / 供圖　大熊貓國家公園管理局

大熊貓國家公園栗子坪片區位於四川雅安石棉縣，海拔最高處達 4310 米，森林覆蓋率達 90% 以上，區內生物多樣性顯著，珍稀瀕危物種種類較多、特有種豐富，2013 年建成首個大熊貓放歸自然基地。

346

左頁上圖　牛背山雲海和遠方的雪山／攝影　王劍峰

牛背山位於四川雅安，從這裏遠眺，波濤滾滾的雲海之上，一座座山峰夢幻般呈現開來。

左頁下圖　從巴郎山花岩子遠望邛崍山脈／攝影　劉少宇

橫斷山山區「七脈六江」縱列分佈，圖中高山與深谷形成了鮮明的高差對比，懸殊的高差催生了多樣的環境，為生物提供了多樣的家園。

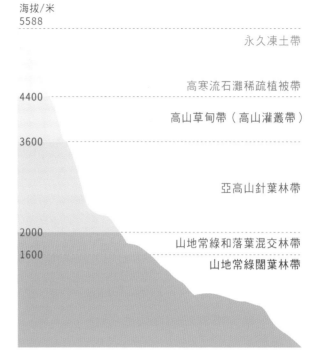

海拔／米
5588
永久凍土帶
高寒流石灘稀疏植被帶
4400
高山草甸帶（高山灌叢帶）
3600
亞高山針葉林帶
2000
山地常綠和落葉混交林帶
1600
山地常綠闊葉林帶

岷山地區垂直自然帶分佈示意

巍巍群山兀然聳立在四川盆地的西側，東西方向不到 100 千米的水平距離內，相對高差可達 5000 米。來自太平洋的東亞季風被眾多山脈攔截，而來自印度洋的西南季風則在山脈之間長驅直入，高山之間雲霧繚繞，宛如仙境。

水汽不斷爬升、降溫，最終形成降雨，傾盆而下。山麓區年降水量可達 1200 毫米以上，高山區更是高達 2000—2400 毫米，形成「華西雨屏帶」。其中四川雅安市年降水多達 263.5 天，相當於一年中超過 70% 的日子都是陰雨連綿，「天漏」之稱名副其實。

降水向低處匯聚，加上源源不斷的上游來水，山脈間形成了蜿蜒穿行的江河溪流。如若水流繼續向下深切，天長日久，將塑造出更加陡峭幽深的峽谷。氣勢磅礡的大渡河，在邛崍山脈和大雪山脈的夾峙下奔騰而去。其最大谷深超過 2000 米，高山壁立千仞，河水洶湧湍急。而位於大渡河西側不到 30 千米的貢嘎主峰，海拔高達 7556 米，與海拔 1040 米的大渡河形成了超過 6000 米的高差，令人歎為觀止。

懸殊的高差在這片群山密佈的區域比比皆是，數千米的海拔差距在垂直高度上催生了多種多樣的氣候環境。適應不同條件的植被在不同海拔高度上各得其所，偏好不同環境的動物也能找到一方宜居的家園。

一個「一山有四季」的垂直自然帶，一片萬物生長的生命樂土，就此誕生。

海拔較低處是闊葉林的領地，樺木科、胡桃科、槭樹科、山毛櫸科、樟科等樹種遮天蔽日，欣欣向榮。偏愛濕熱環境的野生動物在林間和灌叢中往來穿梭，包括但不限於獼猴、藏酋猴、雲豹、紅腹錦雞、豹、黃喉貂、金貓、大靈貓、小靈貓、花面狸、水鹿、水獺、鴛鴦等。松雀鷹、雀鷹、紅腳隼等猛禽也時常在這裏落腳。

海拔較高處則是針葉林的世界，冷杉、雲杉、紅杉、松樹等樹種高大筆挺，終年常綠。從林緣的峭壁和高地間，到林下的竹林灌叢裏，再到林冠甚至高空中，動物們紛紛登場。這些動物包括但不限於大熊貓、小熊貓、川金絲猴、羚牛、鬣羚、斑羚、血雉、紅隼、金鵰、鵰鴞、斑尾榛雞、灰林鴞、烏鵰、普通鵟、棕尾鵟等。

若海拔繼續上升，高大的樹木開始銷聲匿跡，只剩下低矮的灌叢、匍匐的草甸，甚至是植被所剩無幾的流石灘。然而即便氣候寒冷、環境惡劣，依然存在著眾多野生動物的蹤跡。牠們包括但不限於雪豹、兔猻、石貂、藏狐、狼、喜馬拉雅旱獺、岩羊、鼠兔、綠尾虹雉、藏馬雞、雪鶉、藏雪雞，以及高山兀鷲、胡兀鷲等大型猛禽。

左頁圖　川金絲猴 / 攝影　鄒滔
右頁左上圖　四川喇叭河小熊貓 / 攝影　鄒滔
右頁左中圖　四川斑羚 / 攝影　徐永春
右頁左下圖　岩羊 / 攝影　鄒滔
右頁右上圖　秦嶺紅腹錦雞 / 攝影　顧曉軍
右頁右中圖　藏酋猴 / 攝影　劉璐
右頁右下圖　陝西秦嶺羚牛 / 攝影　李傑

一山之上，包羅萬象，讓這裏成為氣候劇烈變化時的生命庇護所：當冰期來臨時，動植物可向低海拔移動；當氣溫回暖時，牠們又可朝高海拔回遷。即使氣候波譎雲詭，諸多古老的物種也得以在這裏幸存。

這些幸存的古老生物被稱為「子遺物種」。演化史長達數百萬年的大熊貓便是其中之一。牠們憨態可掬，人見人愛，是能夠吸引社會公眾關注生態保護的旗艦物種。

至此，群山之上，密林之間，動物繁衍生息，植物欣欣向榮，一片生命的樂土已鋪展在眼前。然而這片 0.3% 的土地，會是永久的世外桃源嗎？

大熊貓 / 攝影　周孟棋
「圓滾滾」的大熊貓，嘴裏銜著一片葉子。像大熊貓這樣能夠吸引公眾對生態保護進行關注的物種，被稱為「旗艦物種」。

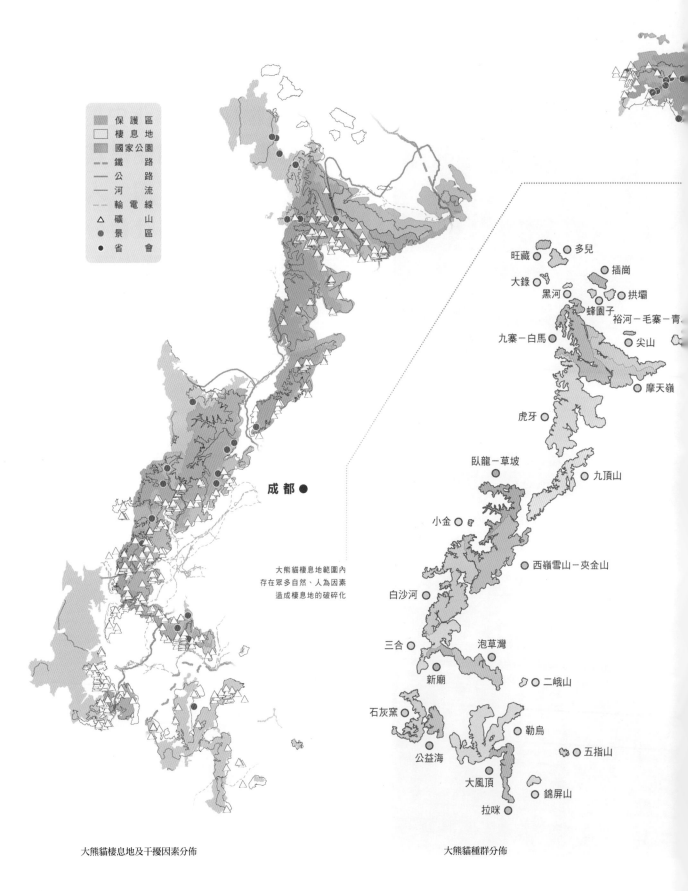

保護　　區　地
棲息　　地
國家公　　園
鐵　　　路　路
公　　　路　流
河　　　流　電
輸　電　　線　山
△　礦　　　區
● 景　　　　會
● 省　　　　會

成都 ●

大熊貓棲息地範圍內
存在眾多自然、人為因素
造成棲息地的破碎化

旺藏　多兒
大錄　插崗
黑河　拱壩
蜂園子
裕河－毛寨－青
九寨－白馬　尖山
摩天嶺
虎牙
臥龍－草坡
九頂山
小金
西嶺雪山－夾金山
白沙河
三合　泡草灣
新廟　二峨山
石灰窯　勒烏
公益海　五指山
大風頂
拉咪　錦屏山

大熊貓棲息地及干擾因素分佈

大熊貓種群分佈

352

貳 破碎的 家園

興隆嶺

太白河　　　　　　　　天華山－錦雞梁

牛尾河－桑園壩　　　　　平河梁

雖然大熊貓棲息地橫跨四川、陝西和甘肅三個省份，但生活在其中的1800多隻野生大熊貓卻被分隔成了33個種群[1]。牠們相互孤立，如同生活在一個個破碎的島嶼上。

家園的破碎阻斷了大熊貓種群間的基因交流，導致其遺傳特性日益單調，物種因此越發脆弱。更為嚴峻的是，當地震、森林大火等災害導致棲息地被破壞時，或是竹子開花致使食物大幅減少時，破碎的棲息地將會使大熊貓困於一地，無法遷徙。在33個野生大熊貓種群中，已有18個種群僅存不到10隻個體，牠們隨時面臨消失的危險。

那麼這種隔離能否徹底被消除？很不幸，答案是否定的。

深邃的峽谷與高聳的雪峰，為大熊貓提供了最後的家園，也形成了天然屏障。

科學家的調查結果顯示，岷山山系中海拔超過3720米之處便極少有大熊貓出沒，邛崍山系中海拔超過3916米、大相嶺山系中海拔超過2896米、小相嶺山系中海拔超過3800米、涼山山系中海拔超過3715米時亦如是。此外，山前的暖濕氣流爬升時，原有的水汽逐漸喪失殆盡，越過山脊後，又在下沉過程中不斷升溫，成為乾燥的「焚風」，進而在峽谷中形成植被稀少的乾熱河谷，這些地方同樣難以成為大熊貓遷移的廊道。

1　2019年10月，國家林業和草原局公佈《大熊貓國家公園總體規劃（徵求意見稿）》，該規劃寫道，在公園內，全國野生大熊貓種群數量為1864隻。

如果說大地上的高山深谷是一場「命中注定」的隔離，那麼人類的到來則是雪上加霜。

人類帶來的第一重打擊是**森林砍伐**。大熊貓尤其偏愛針葉林和針闊葉混交林地帶，高大挺拔的樹木是牠們休息和避難的場所，樹下茂盛的竹林則是其賴以生存的口糧。但對人類而言，森林中遍佈的雲杉、冷杉是我們求之不得的上好木材。而早期的森林砍伐往往粗放且盲目，導致大量植被在機械的轟鳴中退化和消失。從 20 世紀 50 年代到 80 年代，邛崍山系的森林覆蓋率便從 30% 左右銳減至約 16%。大熊貓棲息地也隨之收縮，甚至破碎分裂，直至消失。

直到 1998 年 10 月，四川天然林保護工程正式實施。在相關區域內，天然林的採伐被嚴令禁止，商業木材交易全面關停，林木企業加工車間全部停工，加之大規模的退耕還林，森林砍伐情況才逐漸好轉。截至 2019 年，四川全省森林覆蓋率達到 39.6%，森林面積居全國第四位。

然而，一波漸平、一波又起，**道路的修建**成為來自人類的又一重打擊。根據第四次全國大熊貓調查的結果，僅在四川的大熊貓棲息地範圍內，便建有高速公路 31 千米、國道 33 千米，省道和縣道超過 1000 千米，還有數條鐵路軌道。其中，高速公路[1] 車流密集且完全封閉，直接阻隔了大熊貓的遷徙通道。在高速公路建設過程中，沿綫兩側的植被受到較大影響，導致沿綫兩側 3 千米範圍內幾乎沒有任何大熊貓的蹤跡。除此之外，在一些特殊的路綫，如景區幹綫，人類活動同樣頻繁，對大熊貓的活動也產生了較強的干擾。

例如成都至九寨溝的九環綫和北川到茂縣的茂北公路均在岷山中穿行，將山系中的大熊貓種群分隔成三個分離的大「斑塊」。著名的 318 國道翻山越嶺，將西藏地區和中國腹地連為一體，卻也阻斷了邛崍山和大相嶺之間大熊貓種群間的交流。連接成都與昆明的成昆高速，以地質條件複雜而著稱的成昆鐵路……這一條條道路均是地區交通的命脈，在地方發展、地域連通，甚至邊疆安全上，都可謂功勳卓著。但與此同時，它們對大熊貓棲息地的影響不容小覷。

不過，採伐也好，道路也罷，這都不是最強烈的影響因素。在干擾強度最大的前五項中，當地人的**生產活動**獨佔三席[2]。其中，放牧成為干擾強度最大的人類活動。實際上，適度放牧對棲息地的擾動並不強烈，但隨著放牧強度不斷提高、放牧範圍肆意擴張，竹林等植被日益退化，林地甚至變為荒山、灌叢，大熊貓便無法繼續生存。

此外還有生產、傳輸電力的**水電站和輸電綫**，開採礦產資源的**礦山**，供人休閒娛樂的**景區**等等，也會對大熊貓棲息地產生影響。儘管這些因素的影響程度相對輕微，但日積月累，它們與棲息地保護之間的矛盾仍然不可忽視。

---

1 主要是非高架形式的高速公路。
2 根據《四川的大熊貓：四川省第四次大熊貓調查報告》，干擾強度排名前 5 的是放牧、交通道路、採藥、採伐和割竹採筍。

大渡河四川瀘定段 / 攝影　曹鐵
河谷下側是 318 國道，山上為形似巨手的鄉村公路。河谷與人類修築的公路，都可成為阻斷大熊貓種群間交流的因素。

幸運的是，人們沒有對此置之不理。

1963 年，在四川汶川縣臥龍、天全縣喇叭河、平武縣王朗、南坪縣白河，首批大熊貓自然保護區得以建立。50多年過去，全國共有大熊貓自然保護區 67 個，保護了超過 70% 的野生大熊貓。而對於那些由人工繁育的大熊貓來說，這些生機勃勃的保護地，將是牠們回歸自然時的新家園。

但遺憾的是，仍有超過 40% 的大熊貓棲息地未被納入自然保護區的範疇。另外，由於保護區的外圍區仍可進行科研教育、參觀遊覽，甚至生產活動，相鄰保護區之間的隔離依然無法避免。

除此之外，自然保護區的管理也面臨著種種困難。在大熊貓棲息地範圍內，還有風景名勝區、森林公園、地質公園、世界自然遺產等近 100 個保護地，這些區域互相重疊，管理交叉。以九寨溝為例，這裏曾同時擁有「國家級自然保護區」、「國家重點風景名勝區」、「國家地質公園」、「國家森林公園」、「國家 5A 級旅遊景區」5 個名號，堪稱「九龍治水」。

自然的屏障加上人類的干擾，令這片土地逐漸「支離破碎」。人們雖付諸努力，似乎尚未能治其根本。這片萬千生靈的家園，未來究竟該何去何從？

大熊貓野化放歸 / 攝影　宋心強·西南山地
將圈養的大熊貓野化放歸，有助於提升大熊貓野外種群的長期續存能力。圖為 2018 年經過半野化過渡訓練的大熊貓「和雨」和「星辰」被放歸到四川大相嶺大熊貓野化放歸基地。

叁

命運的

曙光

2017 年 8 月，在千呼萬喚之下，《大熊貓國家公園體制試點實施方案（2017—2020 年）》正式發佈。作為全國十個國家公園的試點之一，大熊貓國家公園將為這片土地的命運帶來一絲新的曙光。

然而，國家公園的建立，絕非換塊牌子那麼簡單。從大熊貓自然保護區到大熊貓國家公園，這個過程必須經歷一次徹底的變革，人類造成的種種影響也必須一一得到解決。

大熊貓國家公園鞍子河片區 / 供圖 大熊貓國家公園管理局
大熊貓國家公園鞍子河片區位於橫斷山中段的川西高山峽谷地區，是以保護大熊貓等珍稀野生動物及其棲息地為主的片區。鞍子河把臥龍、蜂桶寨、喇叭河、黑水河等片區連成一片，從而保證了大熊貓國家公園邛崍山片區大熊貓種群內部基因的自由交流。

首先，面對保護區的分隔和覆蓋範圍的空白，需要一場**覆蓋範圍的升級**。在原有自然保護區的基礎上，大熊貓國家公園將自然保護區、森林公園、風景名勝區、地質公園、濕地公園、自然遺產地等共計 7 類 82 個自然保護地連接成片，共同組成一個跨越 3 個省份、涵蓋 5 個片區、面積約 2.7 萬平方千米的龐大園區。這意味著，過去未納入保護區的地帶將逐漸得到填補和連通，棲息於此的萬物生靈也將得到一片完整、連續的家園。為之「代言」的大熊貓，如同撐起了一把保護傘，庇護著同一區域內的其他物種。

但保護面積的擴大尚不足以解決道路、電力等大型工程帶來的影響，一場**管理方式的升級**勢在必行。在大熊貓國家公園建立以前，為了更好地保護棲息地的完整性，眾多工程不得不經歷改建和升級。2013 年 10 月，被暫緩一年的成蘭鐵路以改穿隧道的方案重新開工，以避免鐵路直接穿過岷山之中的大熊貓棲息地。2017 年年底，成都—九寨溝綫上的黃土樑隧道竣工，此後從綿陽去往九寨溝的車輛無須再繞行山頂，不僅避開了積雪結冰的危險路段，也為岷山北部的大熊貓的遷移留下珍貴的生命廊道。

國家公園建立後，原本交織重疊的自然保護區、森林公園等一系列名號將成為歷史，改由國家公園管理局統一管理，終結「九龍治水」的局面。類似的跨區域大型工程，將能得到更合理的規劃與管理。

最後，若要減少當地居民生產活動對其產生的顯著影響，還需一次**理念的升級**。目前，僅在國家公園四川片區內，仍有近 6 萬當地居民。這裏也是他們世代生活、無法拋棄的家園，若不進行移民搬遷，他們就必須找到更好的發展方式，以與這片土地共同發展。於是，越來越多的當地居民開始從事養蜂、旅遊、教育行業，或是加入巡山護林的隊伍。這些改變不僅減少了傳統放牧、採集和耕種對自然環境的影響，還增加了當地居民的收入。

右頁上圖　夏季的四姑娘山 / 攝影　樊哲
四姑娘山曾為四川大熊貓棲息地之一。在大熊貓國家公園建立之前，四川大熊貓棲息地包括邛崍山和夾金山的 7 個自然保護區和 9 個景區，曾是全球最大、最完整的大熊貓棲息地。

右頁下圖　秦嶺太白山 / 攝影　王佳
太白山處於秦嶺大熊貓分佈的最北界，這裏的大熊貓以採食秦嶺箭竹為主。根據全國第四次大熊貓調查結果，大熊貓國家公園太白山管理分局（含牛尾河國家級自然保護區）內有野生大熊貓 26 隻。

這片 0.3% 的家園，它的未來，值得拭目以待。

今天，距離中國第一個自然保護區建立已過去 60 餘年。在未來的中國大地上，將形成以國家公園為主體、自然保護區和自然公園為基礎和補充的嶄新格局。

興許在這樣的格局下，人們有朝一日，能找到一條特別的道路，讓保護與發展、文明與自然協調發展。

儘管這份使命分量格外沉重，但即便再沉重，也必須有人將它扛起。

「看，這就是我的江山」/ 攝影　何海洋

該圖拍攝於中國大熊貓保護研究中心臥龍神樹坪基地。從 1963 年開始，
全國陸續建立了 67 個大熊貓自然保護區，絕大部分保護區內的人為干擾
因素顯著降低，為保護大熊貓棲息地做出了重要貢獻。

④

大壩：

十萬「勇士」的

中國是世界上河流最多的國家之一

4.5 萬餘條江河縱橫交錯 [1]

奔湧在 960 多萬平方千米的陸地國土之上

中國也是世界上水旱災害最為嚴重的國家之一

浩如煙海的歷史文獻

記載了 1092 次水災和 1056 次旱災 [2]

數千年的中華文明史也是一部治水的歷史

與大江大河的博弈

使中國發展成為全球大型水利設施最發達的國家

在眾多的水利設施中最為突出的

便是分佈廣泛、攔蓄約 9000 億立方米庫容的

近 10 萬座水庫大壩 [3]

1　河流數量僅包括流域面積 50 平方千米及以上的河流。

2　水災和旱災統計數據截至 1949 年，參見賈金生《中國水利水電工程發展綜述》一文。

3　根據中國水庫分級標準，庫容超過 10 萬立方米的擋水壩，均被稱作「大壩」。

誕生

它們可以擋水，攔截滔滔洪流；可以蓄水，保障供水和灌溉；可以抬高水位，發展水電，
改善航運，中國也因此成為世界上擁有水庫大壩最多的國家。

如此眾多的大壩，究竟是如何建造的？

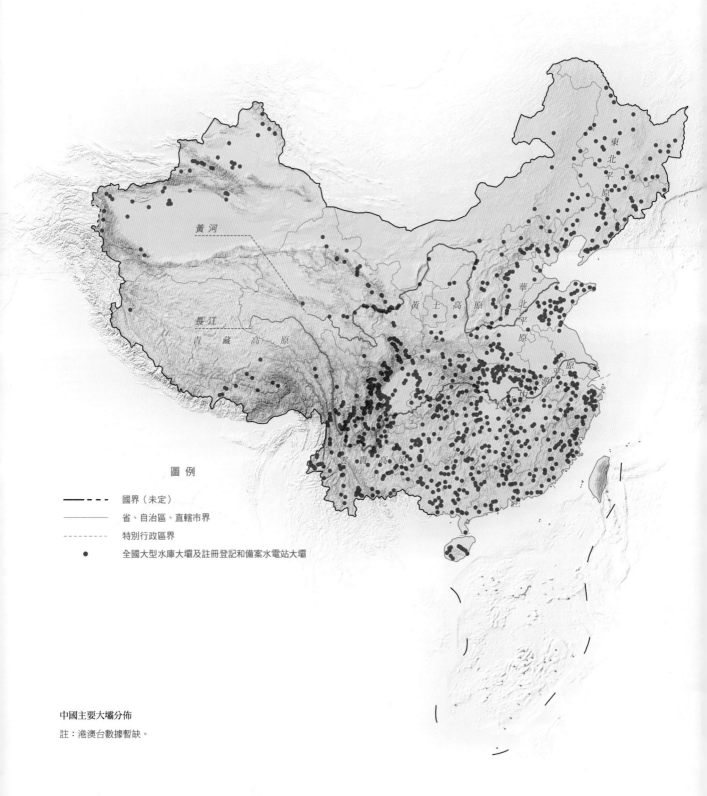

圖例

------- 國界（未定）

──────── 省、自治區、直轄市界

--------- 特別行政區界

•　全國大型水庫大壩及註冊登記和備案水電站大壩

中國主要大壩分佈

註：港澳台數據暫缺。

龍羊峽水電站大壩 / 攝影　李俊博

龍羊峽水電站位於青海，是黃河上游第一座大型梯級電站，人稱黃河「龍頭」
電站。該電站大壩是一座高 178 米的混凝土重力拱壩，工程以發電為主，兼
有灌溉、供水、防洪、防凌等效益。

起初，人們就近取土，層層夯實，築起上窄下寬的高牆，以攔住上游來水，創造出古老的土壩。土壩擋水的奧秘表現在兩個方面：一是土料顆粒經過壓實，彼此間緊密咬合，大大增強了壩體的穩定性；二是顆粒間明顯減少的孔隙能夠阻礙水的流動，因而壩體具有較強的防滲功能，從而實現「兵來將擋，水來土掩」。在條件足夠理想時，土壩甚至無須機械外力夯實，憑藉土料自身的重量就能層層壓實，築起大壩。

除了土料，卵石、砂石及人工開採的塊石都可用來堆築大壩，這便是堆石壩。與細密的土料不同，石料顆粒粗、硬度大，極易發生滲水，即便機械壓實也難以收效。於是，工程師們便採用石料和土料雙管齊下的方法，或是在堆石壩的壩體中央垂直增設一堵土質防滲牆，築成心牆堆石壩；或是將防滲牆傾斜佈置在壩體中，建成斜牆堆石壩。

家喻戶曉的小浪底水庫大壩是中國最高的斜牆堆石壩，壩體高達 160 米，其水庫的蓄水量可達 126.5 億立方米，超過兩個太湖。正因如此，黃河下游的防洪標準得以提升至千年一遇，讓近 1 億人免於水患。

對於堆石壩來講，壩體中的防滲結構尤其重要。除了使用壓實的土料，擁有更小孔隙與更強防滲性能的混凝土同樣可以建造防滲結構。但其缺點也相當明顯，即混凝土太過「堅硬」，不易變形，與堆石壩本身不匹配，因為堆石壩顆粒鬆散，且在水體擠壓下容易發生輕微變形。二者截然不同的變形程度使得它們組合而成的壩體無法「齊心協力」，共同抵抗奔騰的江河。

壹 水來土掩

氣勢如虹的小浪底大壩 / 攝影　林治坤

小浪底大壩位於河南孟津小浪底鎮和濟源蓼塢村之間，壩頂長 1667 米，寬 15
米。大壩為斜心牆堆石壩，以垂直混凝土防滲牆為主要防滲帷幕。

壓實前

壓實後

土料滲水示意　　　　　　　　堆石壩滲水示意

心牆堆石壩　土質防滲牆

斜牆堆石壩　土質防滲牆

面板堆石壩　混凝土面板

堆石壩示意

20 世紀 80 年代，中國引入一種新型設備——振動碾。這是一種具有超強性能的碾壓密實機械，經其碾壓後的石料，顆粒變得密實，硬度得以增大，抗變形能力也大幅增強，能夠與混凝土旗鼓相當。自此以後，在混凝土的加持下，一種新的堆石壩類型應運而生，即在壩體上游鋪設一層混凝土面板，便能完成防滲，人稱「面板堆石壩」。這種壩型施工快、造價低，一經問世便風靡全國。位於湖北恩施清江上游的水布埡大壩，壩體高達 233 米，是目前世界上同類壩型中唯一一座壩高超過 200 米的大壩。

以上種種由土料和石料堆築的大壩，統稱為「土石壩」。土石壩材料易得，結構簡單，施工簡便，因而應用廣泛。

相關數據統計顯示，在中國近 10 萬座水庫大壩中，土石壩的數量佔 95% 以上，可謂水庫大壩中的絕對「大佬」。

儘管土石壩的實際應用十分廣泛，但泥土、碎石等築壩材料本身屬鬆散顆粒，這便注定了土石壩並非十全十美。一方面，這些鬆散材料無論如何壓實，顆粒間的孔隙依然會存在，經年累月之下，壩體發生滲流在所難免。另一方面，鬆散顆粒堆積成的壩體表面難以抵抗洪水期猛烈的水流沖刷，因此土石壩不允許洪水漫頂，必須在遠離壩體的位置增設專門的泄洪通道。

那麼，如何才能建起更加堅固的大壩呢？

右頁上圖　從下游向上游方向俯瞰水布埡大壩 / 攝影　李順武

水布埡大壩位於湖北巴東水布埡鎮。圖中左側即為水布埡大壩，壩高 233 米，是世界上最高的面板堆石壩。壩體上游便是庫區。壩體上可見「Z」字形折綫，是用於排水、檢修、交通的馬道。右側為溢洪道，因土石料的表面難以抵抗洪水的沖刷，必須在遠離大壩的位置增設泄洪通道，以保障壩體的安全。

右頁下圖　從上游向下游方向俯瞰水布埡大壩 / 攝影　李雲飛

圖中左側為溢洪道，水流可以下泄。右側為壩體，其上游一側的混凝土面板清晰可辨。

貳 一夫當關

不妨想象，在江河之中有一塊重量足夠的巨石，憑藉其自身重量與地基產生的強大摩擦阻力，巨石便可歸然不動地立於河道之上，阻擋住上游來水。人們試圖打造一塊這樣的「巨石」，讓它以一己之力抵擋住奔騰的江河之水。這塊「巨石」便是「一夫當關，萬夫莫開」的重力壩。

為打造一座重力壩，人們再次將視綫聚焦到堅硬且緻密的混凝土上，混凝土重力壩就此誕生。[1] 它不僅能夠攔水截流，而且由於其壩體本身足夠堅固，壩身可以設置泄水孔，甚至可以建造可直接溢流的壩段[2]。在大江大河之上，每逢汛期水位暴漲，混凝土重力壩便如「定水神針」，成為防洪的中堅力量。

在諸多混凝土重力壩中，三峽大壩無疑是其中的「巨無霸」。它是一座高 181 米、全長 2309 米的龐然大物，用超過 1600 萬立方米的混凝土建造而成，能攔蓄 221.5 億立方米的洪水，這與約 4 個太湖的蓄水量相當。自大壩竣工以來，在 2010 年、2012 年和 2020 年三次長江大洪水中，削減洪峰 40% 左右，極大地緩解了長江中下游地區的防洪壓力。

1　在混凝土重力壩出現之前，早期的重力壩多由石灰漿黏結石塊建成。
2　溢流壩是壩頂可泄洪的壩，亦稱「滾水壩」。

2020 年夏季三峽大壩泄洪場景 / 攝影　李心寬

三峽大壩位置特殊，它地處長江上游與中游分界附近，控制流域超過 400 萬平方千米，佔到長江流域面積的 56%，加之長江上游的眾多水流僅在三峽這一處通道下泄，因此通過三峽大壩可以有效控制長江上游的洪水，緩解中下游地區的防洪壓力。

穩立於洪濤之中的重力壩並非無懈可擊。它必須戰勝一個「看不見的敵人」——揚壓力。這種特殊的作用力由兩部分組成，其一是地基滲水和壩體滲水所產生的滲透壓力，其二是淹沒於水下的壩體所承受的上浮力。在揚壓力的作用下，壩體向上被「托舉」，極不利於壩體的穩定。

為避免產生過大的揚壓力，工程師使盡千方百計，試圖在保證重力壩壩體穩定性的同時，盡可能減小壩體與地基的接觸面。比如，將每一段壩體的中部向內收縮，再拼成具有一節節空腔的完整大壩，成為「寬縫重力壩」；或直接將壩體的下部掏空，形成一座空腹的「空腹重力壩」。中國的第一座空腹重力壩是位於江西贛州的上猶江水庫大壩。

到這裏，重力壩就完美無缺了嗎？答案是否定的。無論是寬縫重力壩，還是空腹重力壩，它們的體形都非常龐大，對混凝土澆築的溫度條件要求較高，施工步驟也更為複雜。工程師並沒有知難而退，而是繼續對重力壩進行改進。

首先是改進用料，改用摻雜粉煤灰的特殊混凝土；其次是採用與土石壩相同的碾壓方式，建成碾壓混凝土重力壩。這種築壩技術將混凝土壩的結構優勢與土石壩的施工優勢相結合，既能夠減少混凝土用量，簡化施工步驟，也便於大型機械施工，從而縮短工期，降低造價，可謂一舉多得。正因如此，眾多越發宏偉的重力壩拔地而起。從 101 米高的水口大壩到 200.5 米高的光照大壩，再到目前世界上最高的碾壓混凝土重力壩——龍灘大壩，後者高度已經達到 216.5 米，遠超中國最高的常規混凝土重力壩三峽大壩。

當然，人們對大壩的要求不止於此。是否存在更加精巧的大壩結構，既能突破高度限制，又能控制用料和成本？

左頁圖　2020 年 7 月新安江水電站大壩九孔泄洪場景 / 攝影　方君堯
1957 年開工、1960 年首台機組發電的新安江水電站，是中國第一座自己設計、自製設備、自己施工的大型水力發電站。該電站大壩也是中國的第一座寬縫重力壩，為 20 世紀 60 至 80 年代中國多座寬縫重力壩的建成奠定了基礎。

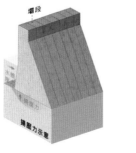

重力壩示意

在廣東省北部，一座體態輕盈、造型優美的大壩坐鎮於峽谷之中。它的壩體向水庫上游方向突出拱起，壩體厚度和高度之比僅為 0.11[1]。這就是中國最薄的拱壩——坐落在廣東韶關乳源瑤族自治縣南水河支流湯盆水的泉水大壩。

泉水大壩結構精巧，壩體向水庫上游方向突出而呈拱形，因而這類大壩被稱為「拱壩」。與重力壩相比，拱壩利用拱形結構，將大部分的水體推力傳向兩側堅實的山體，山體由此產生了作用於壩體的反作用力。在作用力與反作用力的加持下，壩體得以維持穩定，可謂「借力打力」。

得益於兩側山體分擔受力，拱壩的體積一般僅為同等高度重力壩的 30% 到 60%。因而拱壩的用料更省，可謂既美觀又經濟。更為精妙的是，在正常狀態之下，拱壩憑藉自身重力、水體推力、基岩支撐、溫度變化等多重條件的綜合作用，便可維持壩體平衡。如果遭遇突發情況，其中某個條件發生改變，壩體仍可在其餘條件的共同作用下維持穩定，這便是超靜定結構。

正因如此，拱壩才具備了出類拔萃的自身調整能力和超載能力，從而獲得了更高的安全性能。從實驗數據來看，其超載能力甚至可以達到設計性能的 10 倍以上。以位於四川汶川縣境內岷江一級支流草坡河上的沙牌拱壩為例，它距離「5·12」汶川地震震中映秀鎮僅 36 千米，即便當時的水庫滿載運行，在經歷地動山搖之後，壩體也未受到明顯損害。

不過，集美觀、經濟和安全性能於一身的拱壩，對地形和地質條件的要求極為苛刻。理想的拱壩壩址，要求兩岸基岩堅硬、完整；河谷左右對稱，上游到下游由寬變窄。只有這樣的地質、地形條件，才能將拱壩穩穩地「卡」在河谷之中。

隨著工程、材料及計算機模擬技術的進步，拱壩的應用範圍越來越廣，人們甚至在地質條件複雜的喀斯特地區建成了烏江渡、構皮灘等一眾知名的大型拱壩。拱壩的形態也越發多樣，其平面可以是廈門上李水庫拱壩的規則圓弧狀，也可以是烏江東風拱壩的雙曲綫形。而其剖面可以是保持豎直的單曲拱壩，亦可以是與平面同樣向上游彎曲的雙曲拱壩。

叁

借力打力

1　拱壩的厚薄通常以壩底厚度和最大壩高之比，即以厚高比來衡量，比值越小說明大壩越薄。

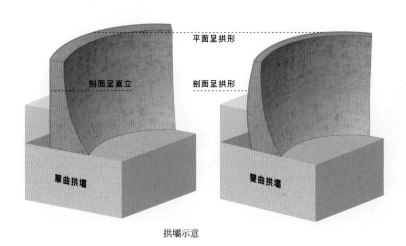

平面呈拱形

剖面呈直立　　剖面呈拱形

單曲拱壩　　雙曲拱壩

拱壩示意

右頁圖　烏東德水電站大壩 /
供圖　中國能建葛洲壩集團

位於雲南祿勸與四川會東之間的烏東德大壩，是金沙江烏東德水電站的組成部分。它的最大壩高為 270 米，而底部寬僅 51 米。為保證大壩結構的穩定，大壩兩端必須穩穩地「卡」在兩岸山體之間。

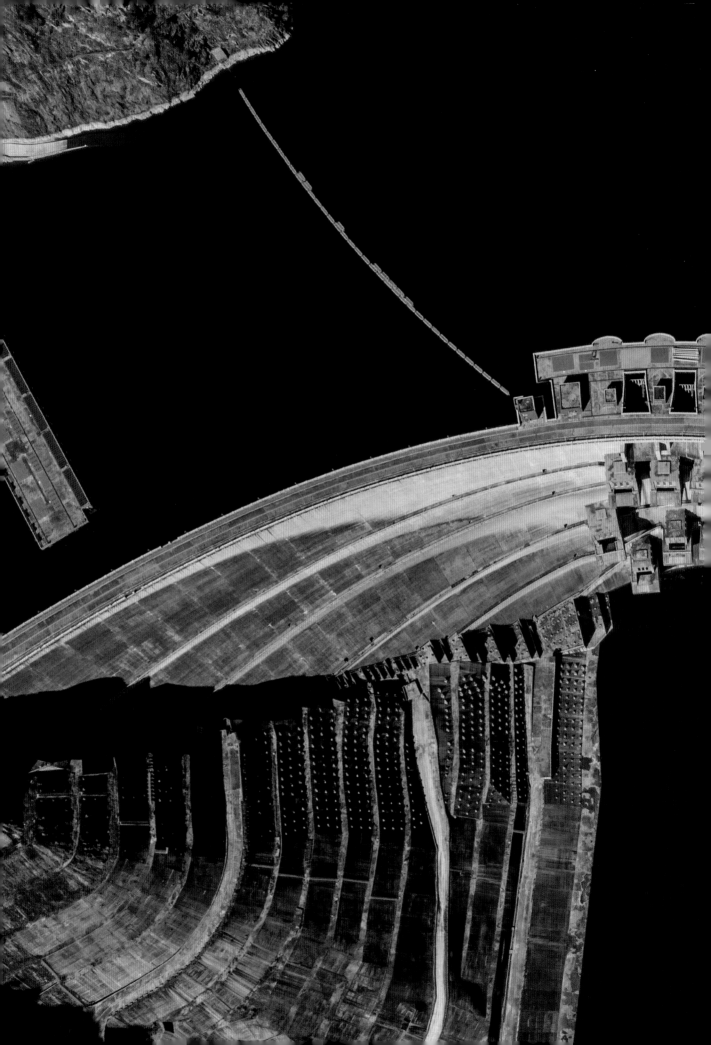

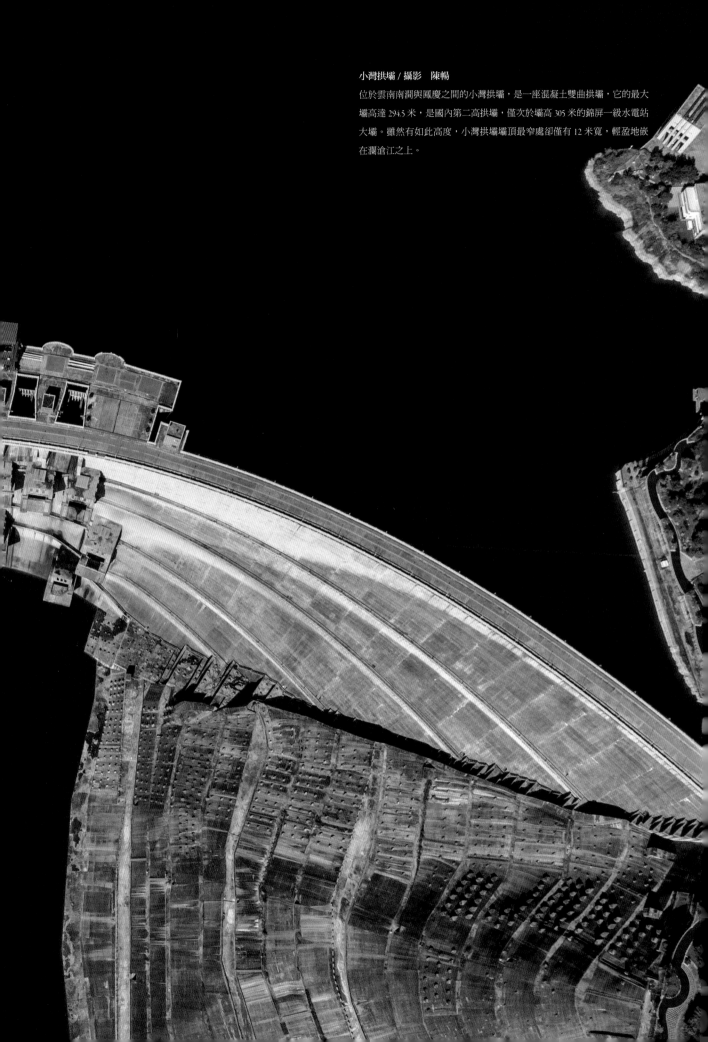

小灣拱壩 / 攝影　陳暢

位於雲南南澗與鳳慶之間的小灣拱壩，是一座混凝土雙曲拱壩，它的最大
壩高達 294.5 米，是國內第二高拱壩，僅次於壩高 305 米的錦屏一級水電站
大壩。雖然有如此高度，小灣拱壩壩頂最窄處卻僅有 12 米寬，輕盈地嵌
在瀾滄江之上。

令人震撼的是，拱壩的高度不斷刷新紀錄。2000 年，240 米高的二灘拱壩建成，這是中國首座突破 200 米級的大壩。2010 年，拉西瓦拱壩封頂，最大壩高突破 250 米。2014 年，溪洛渡大壩竣工，其壩高達 285.5 米。

放眼世界，在全球 76 座高度在 200 米以上的高壩中，拱壩佔據 38 座，毫無疑問地成了 200 米級高壩的主力。不過，200 米級不是拱壩的極限。瀾滄江上的小灣雙曲拱壩的高度達到 294.5 米，直逼 300 米級。雅礱江上的錦屏一級水電站拱壩，高度達 305 米，成功晉級已建成的世界最高壩，建立世界壩工技術新的里程碑。

就這樣，在中國西部的高山峽谷中，越來越多的高拱壩憑藉有利地形，以四兩撥千斤之勢攔洪蓄水、抬高水位，讓奔騰的江河帶來源源不斷的電能，輸送到全國各地，點亮萬家燈火。

右頁上圖　從大壩下游仰視白鶴灘水電站大壩及水墊塘 / 攝影　黃正平
水墊塘是大壩工程的重要泄洪消能設施，它像一張墊子鋪在大壩下游，目的是減輕下泄水流對壩基的沖擊。白鶴灘水電站水墊塘體長 360 米，寬 130 米，混凝土總方量約為 50 萬立方米。充水後將形成深度達 48 米的水墊，承擔高水頭、高流速、巨泄量的泄洪消能任務，為世界最大規模的反拱形水墊塘。

右頁下圖　從大壩上游俯瞰建設中的白鶴灘水電站大壩 / 攝影　黃正平
白鶴灘水電站大壩為 300 米級特高混凝土雙曲拱壩，最大壩高 289 米，相當於 100 層樓高，壩頂弧長為 709 米。壩體分為 31 個壩段施工，共澆築混凝土 800 多萬立方米。壩身佈置有 6 個導流底孔、7 個泄洪深孔和 6 個泄洪表孔，結構複雜。

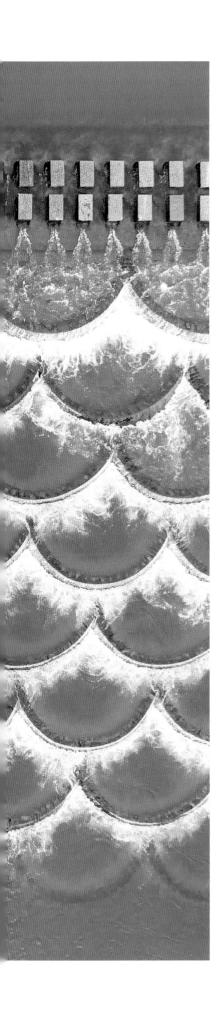

肆 十萬勇士

從「水來土掩」的土石壩到「一夫當關」的重力壩，再到「借力打力」的拱壩，它們組成了中國水壩家族的絕對主角。

但 10 萬座大壩的精彩不止於此，還有結構簡單到只需一組支墩和擋水蓋板的支墩壩；有以橡膠等合成材料做成封閉布囊，錨固於河道，「隨充隨用」的橡膠壩。

隨著大壩建造技術的突飛猛進，古老的土石壩也能衝擊新的高度。2014 年，糯扎渡大壩建成，高度達 261.5 米。一年後，雙江口大壩開工，其最大設計高度為 314 米，待其建成之際，將會重新定義世界最高壩。

就這樣，在 960 多萬平方千米陸地國土之上，中國人建造起大大小小近 10 萬座水壩。它們如同十萬個「勇士」，巍然坐鎮在群山之間、江河之上。

多雨季節，它們一次次騰出庫容，攔住洪水猛獸；當枯水期來臨時，它們又蓄水成庫，成為供水、灌溉的水源地。隨著水位的抬升，河道得以變深、加寬，通航條件顯著改善。同時，巨大的落差形成水能，進而轉化為電能，成為推動國家發展的重要力量之一。總之，這些勇士正時時刻刻守護著我們，守護著農田、鄉村、城鎮，守護著我們賴以生存的家園。

然而，一座大壩的誕生並不是一蹴而就的，在為人們帶來諸多裨益的同時，它產生的影響同樣不應被忽略。人們必須系統規劃、權衡利弊，才能讓這項工程發揮最大的效益。

例如，當壩體拔地而起時，在阻斷水流的同時，也將阻斷水生生物遷徙的通道。為此，人們必須增設仿生態魚道，來幫助魚類洄游，甚至採用人工繁育技術，來保護一些瀕危的物種。當河流被壩體阻擋時，水流流速迅速減緩，易導致泥沙淤積，堵塞河道。為此，人們必須在壩體上設置專門的排沙通道，並在運行期間合理調度水庫庫容，以實現汛期排沙、汛後蓄水。

而隨著上游水位升高、水面擴大，水體又將不可避免地淹沒地表上的房屋、農田、古蹟，甚至城鎮。這意味著人們必須面對的，不僅是一項水利工程，更是一項文物保護工程、一項移民安置工程。再者，巨大的水體負載於庫區地層之上，改變其受力狀態或引起變形，嚴重時可能存在誘發地震的風險。儘管全球大型水庫誘發地震的概率僅為 0.2%，中國築壩史上也僅有廣東新豐江水庫一例強震記錄，但為了防患於未然，全面的工程查勘、加固和監測仍然必不可少。

建造大壩，只是龐大水利工程系統的冰山一角。正如著名的三峽大壩在開工之前，已經歷長達 40 年的設計、論證，涉及泥沙淤積、生態環境保護、文物保護、移民安置等方面

面。而在大壩建造、水庫蓄水前後，人們又歷時約 17 年，完成了涵蓋 130 萬人的搬遷、安置、補償、致富的移民工程，規模之大在世界水利史上前所未有。

即便在三峽大壩封頂之後，仍歷時 6 年才建成世界上裝機容量最大的水電站；歷時 9 年才建成世界上規模最大的三峽升船機。直到 2020 年，這項水利樞紐工程才宣告全面完成。最終，它不僅是一堵攔截洪水的「巨牆」，也是一座龐大的蓄水池、一台強勁的發電機、一條航運物流的大通道。

三峽工程如是，每一座水利工程亦如是。每一座工程的背後，無不凝結著建設者的心血和智慧。正因如此，才誕生了中國大壩的奇蹟，乃至中國水利工程的奇蹟。

長江三峽水利樞紐工程 / 攝影　黃正平
三峽工程是世界最大的水利樞紐工程。三峽水利樞紐工程在 1992 年獲得全國人大批准建設，1994 年正式動工興建，2003 年開始蓄水發電，2012 年 7 月電站 32 台機組全面投產，主要有防洪、航運、發電、補水、養殖等功能。在長江三峽建造大壩的設想最早可追溯到孫中山，但這一設想的真正實現，則要待到中華人民共和國成立後。

⑤

長江防洪：
看得見、看不見

擁有萬餘條支流的長江

流域橫跨全國 19 個省級行政區

是亞洲第一長河，也是中國的「母親河」

有時她溫柔博愛

滔滔江水孕育了早期的中華文明

滋養了今天近 5 億的人口

有時她又兇猛無情

頻發的洪水常帶來巨大災難

1931 年長江流域因洪災死亡的多達 14.5 萬人

1954 年達到 3.3 萬人，1998 年則有 1526 人

而 2020 年的死亡人數也有上百人 [1]

面對這條讓人「愛恨交織」的大江

當洪水再次來襲時，該如何守衛我們的家園？

1　以上數據僅為直接死亡人數，近代因洪災造成的饑荒、瘟疫死亡人口更是不計其數。

的防綫

2020 年 7 月遭洪水圍困的鄂州觀音閣 / 攝影　馮光柳

鄂州觀音閣有「萬里長江第一閣」之譽，矗立在湖北鄂州的長江龍蟠磯之
上，始建於元代。每年汛期，觀音閣的大部分會沒入水中，汛期一過，則顯
露出全貌。

長江發源於青藏高原，容納百川東流入海，按地形大致可分為7個區域。

最西端的源頭地區，地形相對平坦，高寒少雨，河水往往肆意橫流。這裏多為荒無人煙之地，洪水對人類活動的影響很小。橫斷山區和秦巴－武陵山區山高谷深，洪水受地形束縛，難以漫流，危害較小。四川盆地雖然匯聚四方來水，但由於地勢抬升，長江下切較深，洪水威脅只限於沿江少數地區。

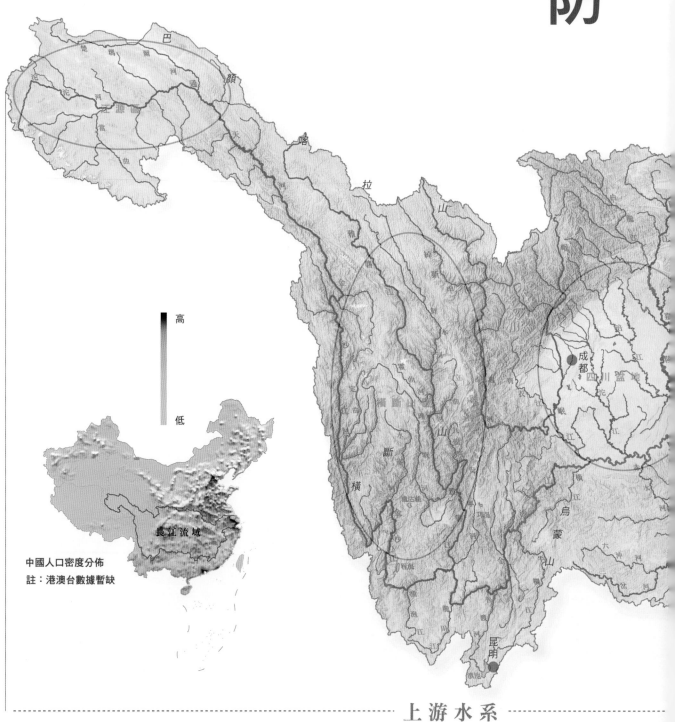

高

低

中國人口密度分佈
註：港澳台數據暫缺

長江流域

壹 堤 防

最東端的長江下游地區，自江西湖口到入海口沒有大的支流匯入，且江闊水深，東臨東海，洪水容易下泄。這一段的洪水主要來自中上游，而非本地，因此緊鄰中游的安徽江段最易受影響。

相較之下，江漢—洞庭盆地和鄱陽湖盆地腹地，是長江沿綫飽受洪水之苦的最主要地區。兩地地勢低窪，前者海拔普遍在 20 到 40 米，後者則為 10 到 30 米，四周群山環繞，大小河流紛紛向中心匯聚。河水與泥沙在此沖積出肥沃的土地，明清以來得到大規模開發，人口稠密。盆地內部地勢平緩，水流易於壅塞。每到汛期，上游洪水、本地降雨和下游頂托的水流，迅速推高盆地內長江幹流與支流的水位。加上膨脹的人口大量圍湖造田，許多可以調蓄洪水的湖泊快速萎縮甚至消失，洪水無處宣泄，最終釀成巨大水災。

長江流域水系、地形圖

中游水系 ———— 下游水系

面對洪水，早在東晉時，長江中游的人們就開始在長江兩岸築起堤防，作為抵禦洪水的基礎防綫。堤防束縛了水流，但也阻礙了泥沙溢出河道，大量泥沙在河道內淤積，抬高河床。人們不得不相應加高堤防，江河水位也被進一步抬升，由此形成惡性循環。

在早期，受工程建造能力限制，許多堤防並不牢靠，每到汛期屢屢潰口，洶湧的洪水撕開大堤，沖刷地表，常形成深達數米的深潭和水道。潰口留下的痕跡，甚至歷經百年也不會消失。經潰口而入的洪水肆意橫流，氾濫成災，所到之處房倒田毀，慘絕人寰。

中華人民共和國成立以來，特別是經歷了 1954 年和 1998 年的大洪水後，原有的堤防被全面加固和擴建，形成了長約 64000 千米的堤防體系。

這個堤防體系包括長江幹堤，漢江、湘江、贛江等支流堤防，洞庭湖、鄱陽湖等湖泊堤防，以及城市堤防。在地域分佈上，又以湖北、湖南、江西、安徽等長江中下游省份的堤防最長。

在江漢—洞庭盆地和鄱陽湖盆地腹地，很多堤防高於城鎮和鄉村，往往是當地海拔最高的地方，它們守護著廣闊的平原和大小城鎮。以著名的長江荊江河段為例，它在平原上肆意蜿蜒，流經荊州城區時，水位常超過 40 米，1998 年大洪水時甚至達到 45.22 米，而堤內荊州城區的高程大多不足 35 米。正所謂「萬里長江，險在荊江」。一道牢固的堤防，就成了當地的生命防綫。

雲霧中的荊州長江兩岸 / 攝影　鄧雙
堤防是荊州長江兩岸的重要安全保障。早在東晉時期，桓溫在荊州江陵城西北至城東南修建的護城堤「金堤」，是已有記載中最早的荊江堤防。歷史上，隨著荊江的淤塞越發嚴重，該堤曾多次潰決，大堤也不斷被重新加固、加高、延長。

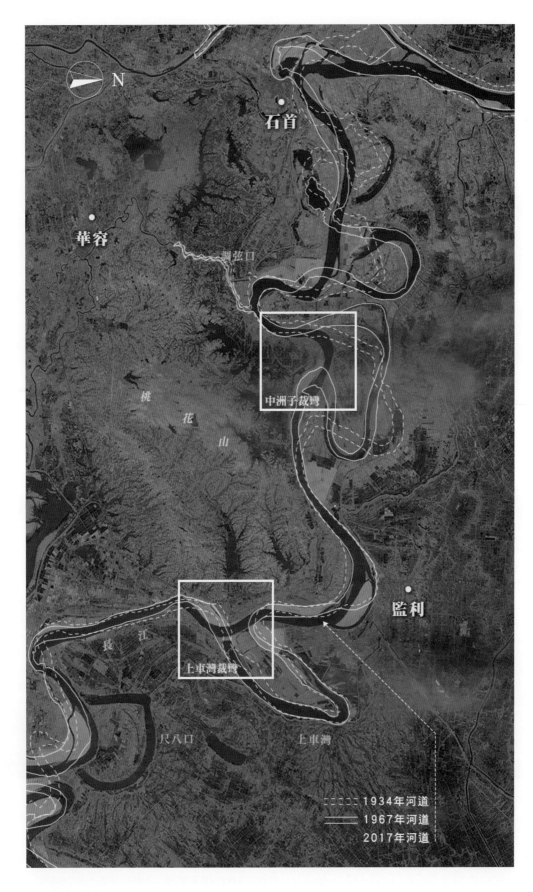

下荊江河道演變示意

衛星影像來源：Sentinel-2，拍攝日期為 2017 年 5 月 18 日。

防洪大堤的高度由堤防的「設計水位」決定，設計水位通常會根據河流的歷史水文條件、防洪標準確定。堤防工程所能保證自身安全運行的水位則稱為「保證水位」，一般為河流歷史最高洪水位。根據大堤的重要性等情況，堤頂還要超過設計水位 1 到 2.5 米，以防極端情況下水流溢出。大堤由近似梯形的人工填土築成，由於地基或堤身可能存在沙、礫等透水層，因此部分大堤嵌入了防滲牆，以防管湧、潰決的發生。

在一些空間有限的城區，堤防難以加高，加築在大堤上的防洪牆成為較優的選擇。比如在橫跨兩江四岸的武漢，人們在原有土堤的基礎上修築了混凝土構成的防洪牆，牆頂可高出地面 3 到 5 米，相對於一般的梯形大堤，大大節省了建設空間。

修築堤防之外，河道整治工程也在同步進行。荊江的下荊江河段（藕池口—城陵磯），河道蜿蜒曲折，九曲迴腸，洪水排泄不暢，極易造成洪災。為減少河道曲流、加強排洪，便實施了裁彎取直工程。

憑藉堤防工程與河道整治，1954 年以來，長江幹流和主要支流鮮有潰口發生。不過，堤防的建設成本高、佔地面積大，堤防的防洪能力也不能無限提升。在三峽水庫建成之前，長江荊江河段的防洪標準僅為十年一遇，武漢河段為 20 到 30 年一遇，一些支流堤防甚至更加脆弱，難以長久保證沿岸安全。

我們需要第二道防綫。

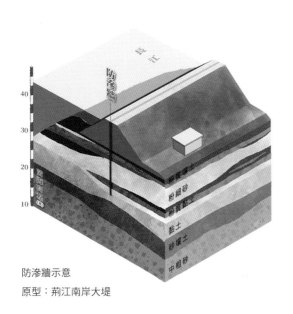

防滲牆示意
原型：荊江南岸大堤

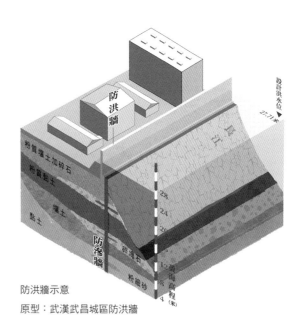

防洪牆示意
原型：武漢武昌城區防洪牆

參考資料：水利部長江水利委員會編制.《長江重要堤防隱蔽工程地圖集》[M]. 科學出版社, 2004.

2020年夏季被淹沒的武漢漢口江灘公園 / 攝影　姜軻

武漢市地處長江中游，長江和漢水在此交匯，市區江河縱橫、湖泊密佈。
城市防洪全靠堤防保護，堤防是武漢賴以生存和發展的生命綫。

貳 水庫

當洪水來勢兇猛，長江行洪能力捉襟見肘時，水庫攔蓄洪水能夠減輕其下游堤防的壓力。因此，水庫是保障民眾安全的又一道防線。

在諸多水庫中，最著名的莫過於三峽水庫。三峽水庫由三峽大壩攔截長江而成，其電站的裝機容量高達 2250 萬千瓦，遠大於已建成的世界第二大水電站伊泰普水電站的 1400 萬千瓦。雖然兩者裝機容量相差巨大，但年發電量相當，一個重要原因在於長江受季風氣候影響，流量隨季節變化大，而三峽水庫承擔著艱巨的防洪任務，難以長期滿負荷發電。

冬半年時，三峽上游來水少，三峽水電站發電量較小，發電裝機容量沒有被充分利用。而在每年 6 月 10 日之前，三峽水庫要把大量蓄水排出，並在汛期長期維持 145 米的汛期限制水位，以留出充足的庫容防洪。汛期上游來水大時，流量遠遠超過發電機組的發電需求，產生棄水，水能資源無法得到充分利用。

作為一個以防洪為第一任務的水庫，三峽水庫的防洪庫容高達 221.5 億立方米，佔總庫容的一半以上。在危急時刻，三峽水庫能發揮重要作用。2020 年 7 月初，連續的暴雨導致長江中游防汛壓力巨大，洞庭湖城陵磯站與鄱陽湖湖口站的水位都接近各自保證水位，情況十分危急。於是三峽水庫緊急削減下泄流量，一週內攔蓄了約 30 億立方米的洪水，大大緩解了中游的防洪壓力。

左頁圖　俯瞰三峽大壩和庫區 / 攝影　劉彥斌
防洪是三峽工程的主要功能，也是興建三峽工程的首要目的。三峽水庫的防洪庫容為 221.5 億立方米，約等於 4 個太湖的水量。2020 年，長江發生流域性大洪水，以三峽為核心的流域控制性水庫群共攔蓄洪水約 500 億立方米，有效保障了長江中下游的防洪安全。

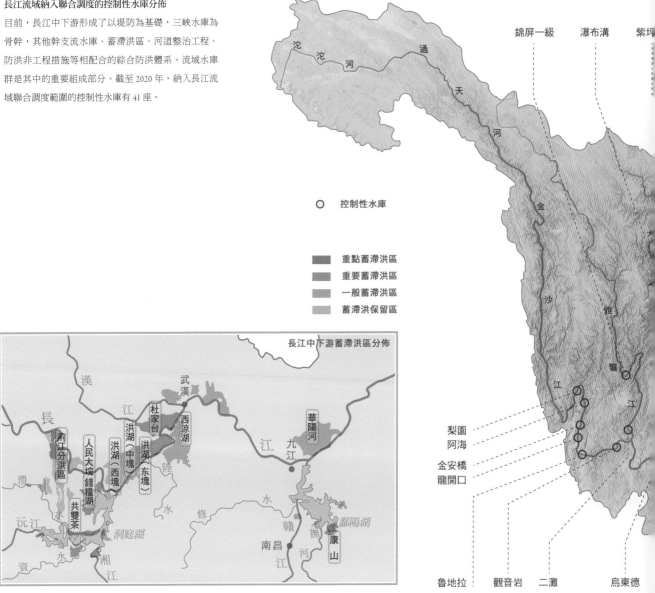

長江流域納入聯合調度的控制性水庫分佈

目前，長江中下游形成了以堤防為基礎，三峽水庫為骨幹，其他幹支流水庫、蓄滯洪區、河道整治工程、防洪非工程措施等相配合的綜合防洪體系。流域水庫群是其中的重要組成部分。截至 2020 年，納入長江流域聯合調度範圍的控制性水庫有 41 座。

○　控制性水庫

　　重點蓄滯洪區
　　重要蓄滯洪區
　　一般蓄滯洪區
　　蓄滯洪保留區

長江中下游蓄滯洪區分佈

錦屏一級　瀑布溝　紫坪

梨園
阿海
金安橋
龍開口

魯地拉　　觀音岩　二灘　　烏東德

在長江中下游地區，僅靠一個三峽水庫，不足以滿足防洪需求。

數十年來，中國在長江及其支流建成了 5 萬多座水庫，總庫容達到 3600 多億立方米，相當於 9 個三峽水庫，組成了一個超級水庫群。其中的 41 座控制性水庫，防洪庫容高達 598 億立方米，可以裝下兩個鄱陽湖。

在雅礱江，建有二灘水庫和錦屏一級水庫；金沙江之上，分佈著溪洛渡、向家壩和烏東德水庫；漢江上游，有大名鼎鼎的丹江口水庫；清江則有隔河岩和水布埡兩座水庫……

通過水庫群的聯合調度，長江堤防的防禦能力得到提高。如荊江河段的防洪標準，從十年一遇提高到了百年一遇，遠高於堤防本身的防禦能力。這也是 1998 年之後，再沒出現類

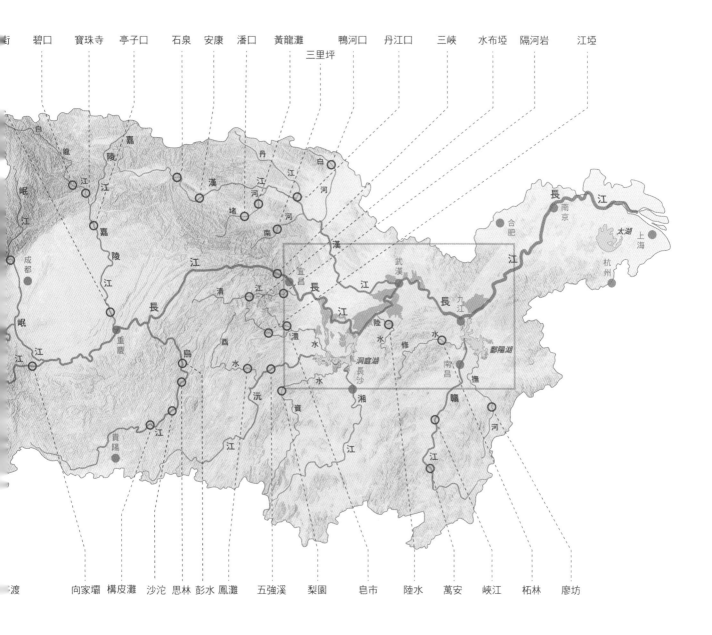

似當年的被動局面的重要原因。

不過，即使有數萬座水庫，我們依然無法「馴服」桀驁的長江。

首先，與長江近 1 萬億立方米的年徑流量相比，防洪庫容還很不足，而水庫的修建需要佔用大量土地，並且會對生態環境造成巨大影響，不能無限增加。其次，主要的大型水庫大多位於長江中上游山區，而受災最重的中下游平原卻因地勢平坦難以修建水庫。即使大如三峽水庫，對於距離遙遠的武漢以下河段，防洪作用也十分有限。

因此，我們還需要第三道防綫。

蓄滯洪區

1870 年，宜昌長江幹流的洪峰流量曾高達 105000 立方米每秒，遠超荊江河段的行洪能力。以這樣的流量，只需 130 多秒就可填滿杭州西湖，兩天半就能填滿三峽水庫的防洪庫容。即便以現在的條件，我們也只能通過各大水庫的調蓄將其流量削減至 80000 立方米每秒左右，而這仍超過了荊江的承受範圍。

當出現堤防和水庫都無法抵禦的超額洪水時，蓄滯洪區便可登場。

蓄滯洪區是一片地勢低窪的區域，它的外圍是高大的堤防，堤防上設置有閘門。平時大堤和閘門將洪水隔離在外，在分洪時，閘門被開啟，洪水被引入蓄洪區，以減輕河道堤防的壓力。

1952 年春，為應對即將到來的汛期，30 萬軍民只花了 75 天就完成了荊江分洪區的建設。該分洪區面積達 921 平方千米，相當於 1/4 個鄱陽湖；有效蓄洪容積為 54 億立方米，是三峽水庫的 1/4。兩年後的 1954 年，20 世紀長江最大的洪水席捲而來，這裏先後三次分洪，成功降低了荊江河段的水位，避免了更大險情和災害的發生，充分證明修建蓄滯洪區的正確性。

目前，長江中游幹流已建成 42 處主要蓄滯洪區，總面積約 1.2 萬平方千米，相當於兩個上海市的面積；有效蓄洪容積為 589.7 億立方米，與長江控制性水庫群的防洪庫容相當。

這些蓄滯洪區分佈在長江幹流兩岸和鄱陽湖、洞庭湖周圍。荊江分洪區是長江流域唯一的重點蓄滯洪區，對於荊江河段的安全至關重要，是蓄滯洪區的「領頭羊」。武漢沉湖附近的杜家台蓄滯洪區，守護著武漢、漢川、仙桃等地的安全。此外，1998 年以來，人們在長江中下游嚴重阻礙行洪的洲灘民垸相繼實施了平垸行洪、退田還湖工程，增加了數十億立方米的蓄洪容積。

然而，不到萬不得已，蓄滯洪區不會輕易被啟用——蓄滯洪區內往往有大量農田和城鎮，分洪前必須將居民遷走。那些遷不走的農田、房屋、工廠等則將被淹沒。因此，蓄滯洪區分洪是人們在緊急情況下被迫採取的下策。

幸好，在最危急的時刻到來之前，還有一支看不見的力量守護著人們的安全。

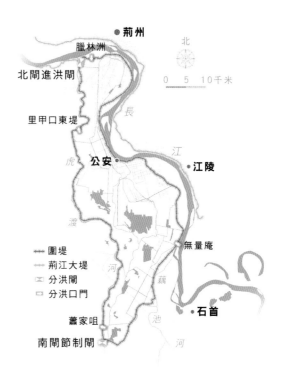

荊江分洪區示意

下圖　湖北仙桃杜家台分洪閘 / 攝影　尹權

杜家台分洪閘位於漢江下游的右岸，主要用以分泄漢江下游河段的超額洪水，為杜家台分蓄洪區工程的一部分。1956 年建成以來，共啟用 21 次，累計分蓄洪近 200 億立方米，對保護漢江下游和武漢市的安全起到了十分重要的作用。

漢江　杜家台分洪閘　　　　　　　　　　　　分洪道

肆 看不見的 體系

1998 年 8 月 16 日夜，荊江大堤邊，面對遠超設計防洪能力的洪水，政府撤離了荊江分洪區內的 30 多萬公安縣居民，埋好了爆破防淤堤的炸藥。然而，是否要炸毀堤防進行分洪，卻成了一個極為艱難的抉擇：分洪，數十萬人會被迫離開家園，幾十年積累的財富化為泡影；不分洪，從荊州到武漢的江堤隨時可能出現潰口，損失和代價將更大。

在那個不眠之夜，分洪區的廣播不停地播放著即將分洪的消息，巡視人員不斷發出預警信號，軍隊已經在北閘防淤堤待命，分洪區的百姓遠遠望著即將被淹沒的家鄉。各方專家與國家防汛抗旱總指揮部緊急會商，反覆計算水文數據、評估長江堤防狀況，得出結論：雖然洪峰水位超過歷史紀錄，但嚴守大堤可以挺過去，不建議分洪。最終，「共和國沒有開閘」，沿岸百萬軍民嚴防死守，長江幹流沒有繼續出現潰口，30 多萬人的家園也得以保全。

成功防洪決策的背後，是一個看不見的體系在運作。

它構成了最後一道防綫：在這個體系裏，三萬多個水文、氣象站點與衛星組成了監測網，實時監測和反饋水雨情信息，為防洪決策提供依據；從「兩院」院士到專業技術人員組成了專家團隊，分析洪水形勢、預測未來趨勢，提出防洪應對方案；從國家防汛抗旱總指揮部到基層組織組成了行政體系，調度防洪人力和物資，制定、實施防洪的方案與措施；從軍人到各地居民組成了一綫人員，巡視、加固堤防、搶險救災……

正是這個看不見的體系，協調和運行著數萬千米的堤防、數萬個水庫、數十個蓄滯洪區，以及數不清的閘、站、渠、泵等，打贏了一場場「洪水保衛戰」。

堤防、水庫、蓄滯洪區、「看不見的體系」，構成了長江防洪的四道防綫。

這四道防綫共同構成了守護長江安瀾的保護網，保護著廣達 180 萬平方千米的土地，保護著近 5 億人，保護著全國 40% 的 GDP，保護著全國 30% 的糧食產量。

正是因為有了這四道防綫，才能「不管風吹浪打，勝似閒庭信步」。

江西永修縣永吳公路大湖池段 / 攝影　廖昊

永吳公路大湖池段全長約五千米，每年入汛期間，鄱陽湖水位上漲，湖水就

會漫過永吳公路大湖池段，形成一道奇特的水上公路景觀。

4 夢想

①

火箭：
中國人的飛天

飛天之路注定是坎坷的

截至目前

中國航天史上共計有 26 次發射失敗

失敗是沉痛的

但科學的高峰永遠是咬著牙才能攀上的

誠如「中國航天之父」錢學森所說

「正確的結果，是從大量錯誤中得出來的」

正因如此，到 2020 年年底

中國運載火箭發射成功達 404 次

50 多年前，中國成功發射了第一顆人造衛星

50 餘年後，一代代中國運載火箭奔向星辰大海

這是一條怎樣的升級之路？

未來又將如何？

「火焰拉麵」/ 攝影　都鑫鑫、蕭海林、陳肖

2020 年 12 月 22 日，「長征八號」運載火箭首次飛行試驗在文昌航天發射場取
得圓滿成功。圖為火箭尾部特寫，其噴射出的火焰彷彿拉麵。

壹　小型火箭的誕生

1970 年 1 月 30 日，中國第一顆中遠程彈道導彈「東風四號」試飛成功。它利用燃燒產生的噴射氣流獲得推力，推進劑是燃料與氧化劑的組合，無須氧氣也可產生強大的噴射氣流。其箭體自下而上分為兩級，第一級工作結束後便在高空分離，再由第二級點火、接力推進。這便是中國運載火箭的雛形。

要實現環繞地球飛行，衛星的飛行高度一般不能低於 180 千米，入軌速度也需達到第一宇宙速度（7.9 千米 / 秒），否則衛星將在地球引力和大氣阻力的作用下墜入大氣層。遺憾的是，這樣的速度和高度讓「東風四號」望塵莫及。

於是，工程師們開始對「東風四號」進行改造。原有的二級箭體升級為三級火箭，箭體頂部的導彈彈頭被衛星取代，並加上整流罩予以保護，使其避免遭受高速氣流的衝刷。第一級和第二級箭體由金屬桿相連，連接處形如鏤空，以便二級發動機點火時噴射的火焰能快速排出。

經過一系列升級，「東風四號」導彈搖身一變，成為中國第一枚運載火箭——「長征一號」(CZ-1)。它的直徑為 2.25 米，高約 30 米，能將不超過 0.3 噸的載荷送至高度約 440 千米的近地軌道。1970 年 4 月 24 日，中國第一顆人造衛星「東方紅一號」便由「長征一號」運載火箭發射升空。

自此，中國繼蘇聯、美國、法國和日本之後，成為第五個可以獨立發射人造衛星的國家，中國航天的近地衛星時代就此開啟。

火箭總長29.86米
芯級直徑2.25米

整流罩

二子級

一子級

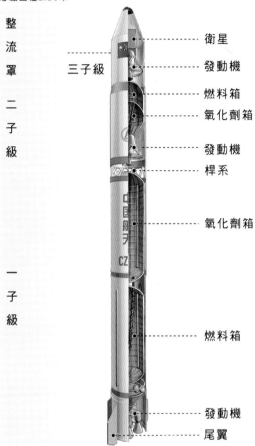

三子級

衛星

發動機

燃料箱

氧化劑箱

發動機

桿系

氧化劑箱

燃料箱

發動機

尾翼

「長征一號」運載火箭圖解

「長征四號丙」運載火箭發射升空 / 攝影　韓超

火箭升空後，箭體剝落的是泡沫保溫層，它能夠讓火箭內部保
持適宜的溫度。兩級間的「鏤空」結構為斜拉金屬桿，這樣的
結構可以保證第二級火箭點火後，火焰能夠及時排出。

不過，0.3 噸的載荷遠遠滿足不了一般衛星的需求，運載火箭需要繼續升級。

推進劑方面，工程師們改用全新的「燃料＋氧化劑」組合，即「偏二甲肼＋四氧化二氮」，它們不僅具有更高的推進效率[1]，而且均為常溫液體，相遇即可燃燒，點火簡單，維護方便。結構方面，根據當時的鐵路運輸條件，火箭直徑加大至 3.35 米的極限尺寸。更強的推進劑與更大的直徑大大提高了火箭的運載能力，即便重回兩級火箭也能達到入軌速度。

升級後的新一代火箭，其一得名「風暴一號」(FB-1)，中國因此可以首次發射超過 1 噸重的衛星，也首次實現了「一箭三星」的發射；其二便是「長征二號」(CZ-2)，其近地軌道載荷約 1.8 噸，成功發射了中國第一顆返回式衛星，走出了載人航天的第一步。

然而，此時中國運載火箭的近地軌道載荷仍未突破 2 噸，屬小型火箭範疇。更大的衛星、更遠的星空、載人航天的期盼、空間站的夢想，都將交給下一代火箭，成為它們光榮的使命。

1　推進效率是指比推力，即單位時間內消耗單位推進劑產生的推力，也稱「比衝」。

左頁左圖　酒泉衛星發射中心陳列的「東風二號」／攝影　白龍
「東風二號」是中國自行研製的第一種彈道導彈，後來衍生出東風系列彈道導彈。而「長征一號」運載火箭就是在「東風四號」的基礎上研製成功的，因而中國的航天運載火箭事業與彈道導彈之間有著密切的聯繫。

左頁右圖　酒泉衛星發射中心陳列的「風暴一號」／攝影　白龍
1975 年 7 月 26 日，「風暴一號」運載火箭將重 1107 千克的「長空一號」衛星發射升空，成為中國第一枚載重超過 1 噸的運載火箭。1981 年 9 月 20 日，「風暴一號」又成功發射 3 顆一組的新型空間物理探測衛星，中國由此成為第四個掌握「一箭多星」技術的國家。

貳 中型火箭的使命

中型火箭的近地軌道載荷在 2—20 噸，載重 1.8 噸的「長征二號」距此僅有一步之遙。於是工程師們在「長征二號」的基礎上進行改進，將箭體加長以攜帶更多燃料，並對材料和發動機進行優化。

最終，比「長征二號」高近 10 米、近地軌道載荷增至 4 噸的「**長征二號丙**」**(CZ-2C)** 和「**長征二號丁**」**(CZ-2D)** 就此誕生，它們一舉步入中型火箭的行列，同時也成為發射返回式衛星的主力軍之一。

然而，返回式衛星通常在高度約數百千米的近地軌道中工作。相較之下，氣象衛星軌道高度約為 1000 千米，導航衛星軌道高度可達約 20000 千米。還有一類軌道則更為遙遠，其高度約為 36000 千米，且軌道平面與赤道平面重合，運行在這裏的衛星能與地面始終保持相對靜止，這便是獨一無二的地球靜止軌道。

在理想狀態下，只需在地球靜止軌道部署三顆衛星，便可基本覆蓋全球通信。但要抵達地球靜止軌道卻並非易事——衛星須先以約 10 千米 / 秒的速度進入一個過渡軌道，再通過精確的變軌，在目標軌道的指定位置入軌定位。「長征二號丙」、「長征二號丁」無法滿足這樣的發射需求，還需要飛得更遠、更高、更精準的火箭。

為此，工程師們首先嘗試的依舊是縱向加級。此時有兩種方案擺在人們面前：其一，以「長征二號丙」為基礎，在第三級使用全新的低溫推進劑，用「液氫 + 液氧」的組合替換傳統的常溫推進劑；其二，在「風暴一號」的基礎上，第三級依舊使用技術成熟的傳統常溫推進劑。

在第一種方案中，「液氫 + 液氧」能夠大幅提高推進效率，是較為先進的方案。但液氫溫度低於 -253℃，且易燃易爆，從發動機技術到低溫燃料的儲存、運輸、加注技術，都要從零開始，難度巨大。相比之下，第二種方案風險更低、把握更大，但技術較為保守。

一面是高技術，一面是低風險，這個選擇並不好做。人們各執己見，爭論不休，直到中國通信衛星總工程師任新民站出來說：

> 中國要想在本世紀末（20 世紀末）成為航天大國，甩掉落後的帽子，眼睛必須瞄準當代火箭發動機的高峰……航天事業本身就是個大風險，如果怕失敗、怕風險，還搞什麼航天！

此一言出，擲地有聲。自此，約 10 年後成功扛起中國地球靜止軌道衛星發射大旗的，是採取第一套方案、第三級使用「液氫 + 液氧」組合推進劑的「**長征三號**」**(CZ-3)**。它的第三級推進劑儲箱防凍、防滲、防潮、絕熱，發動機則能進行二次點火，令衛星再次加速進入過渡軌道。而進一步改進誕生的「**長征三號甲**」**(CZ-3A)**，首次將中國衛星送入地月轉移軌道，從此開啟了中國航天的「嫦娥時代」。

418

左圖 「長征二號丁」運載火箭發射升空 / 攝影　王明艷

「長征二號丁」運載火箭為兩級液體推進劑火箭，是在長征四號火箭第一、二級的基礎上研製出的，用於發射各種執行低軌道任務的衛星。

右圖 「長征三號甲」運載火箭發射升空 / 攝影　崔建平

「長征三號甲」運載火箭全長 52.5 米，一、二子級直徑為 3.35 米，三子級直徑為 3 米，衛星整流罩最大直徑為 3.35 米，起飛質量為 243 噸，地球同步轉移軌道運載能力為 2.65 噸。

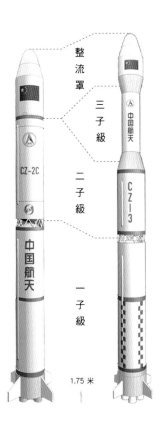

整流罩

三子級

二子級

一子級

1.75 米

長征二號丙
CZ-2C
火箭總長 43.027 米

長征三號
CZ-3
火箭總長 44.86 米

「長征二號丙」與「長征三號」結構對比

419

與此同時，使用傳統常溫推進劑的加級方案沒有被放棄，而被**「長征四號」**系列採納。「長征四號」系列包括「長征四號甲」(CZ-4A)、「長征四號乙」(CZ-4B)、「長征四號丙」(CZ-4C) 等，它們是發射太陽同步軌道衛星的主力軍。這又是一類特殊的軌道，其軌道平面可繞地軸旋轉，運行周期與地球公轉周期一致，每當衛星經過同一點時，它能保持大致相同的日照條件，因而被稱為「太陽同步軌道」。

太陽同步軌道衛星運行的特點，使它極其適合氣象、地面觀測。不過，這種軌道的傾角往往超過 90°，需要火箭提供大量推力用於改變飛行方向。1988 年 9 月 7 日，「長征四號甲」載著中國第一顆氣象衛星「風雲一號」成功進入高約 900 千米、傾角為 99° 的太陽同步軌道，就此宣告中國依靠國外氣象衛星數據的時代正式結束。

至此，中國中型運載火箭的近地軌道載荷已約 6 噸。然而，載人航天的載荷需求是至少近 8 噸。此時單芯級火箭的起飛推力幾乎加無可加，這該如何突破？

答案便是橫向捆綁。工程師們以「長征二號丙」為基礎，縱向上適當加長以增加推進劑儲存量，橫向上則「捆綁」4 個高 15.3 米、直徑為 2.25 米的助推器，組成了中國第一枚捆綁式火箭——**「長征二號」捆綁運載火箭** (CZ-2E，簡稱「長二捆」)。

起飛時，「長二捆」的 4 個中間芯級發動機和 4 個助推器發動機共同點火，起飛推力可達「長征二號丙」的兩倍，近地軌道載荷約 9.5 噸。從它開始研製到首次發射，只用了 18 個月。

左頁左圖 「長征四號乙」運載火箭 / 攝影　史悅

「長征四號乙」是在「長征四號甲」的基礎上研製成功的運載能力更大的火箭，最初是發射地球同步軌道衛星的備份火箭，後來成為中國發射太陽同步軌道衛星的主力火箭。

左頁右圖 「長征二號丙」運載火箭 / 攝影　江程傑

「長征二號丙」運載火箭是一型兩級常規液體運載火箭，火箭長 43 米，一、二子級直徑為 3.35 米，主要用於發射低軌和太陽同步軌道衛星。

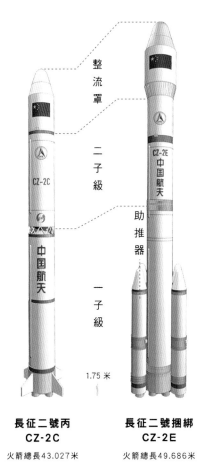

長征二號丙
CZ-2C

火箭總長43.027米

長征二號捆綁
CZ-2E

火箭總長49.686米

「長征二號丙」與「長征二號捆綁」結構對比

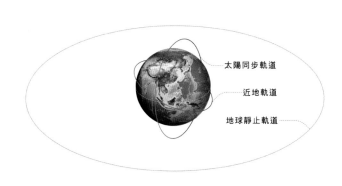

部分衛星軌道示意

不過，真正實現中國人的載人航天夢的是大名鼎鼎的「長征二號 F」(CZ-2F)。

相比「長二捆」，它在整流罩頂部增加了一頂稱為「逃逸塔」的「尖帽子」。這是一個安全保障裝置，在起飛前 15 分鐘至起飛後的 120 秒，火箭一旦出現意外，逃逸發動機便可立即點火，帶著飛船的軌道艙和返回艙迅速與箭體分離，幫助航天員脫離危險，堪稱一座「生命之塔」。

包括逃逸塔在內的救生系統，以及主控制系統的備份、故障自動檢測系統，三管齊下，令「長征二號 F」的設計可靠性從「長二捆」的 0.91 增至 0.97(最高為 1)。它也不負眾望，在 2003 年 10 月 15 日，將中國第一位航天員楊利偉安全送入太空，中國因此成為全球第三個實現載人航天的國家。

在服役的 20 多年裏，「長征二號 F」戰功赫赫──從「神舟一號」到「神舟十二號」，再到「天宮一號」、「天宮二號」，共計發射 5 次無人飛船、7 次載人飛船、1 次目標飛行器和 1 次空間實驗室，至今仍保持著 100% 的發射成功率，可謂「神箭」。

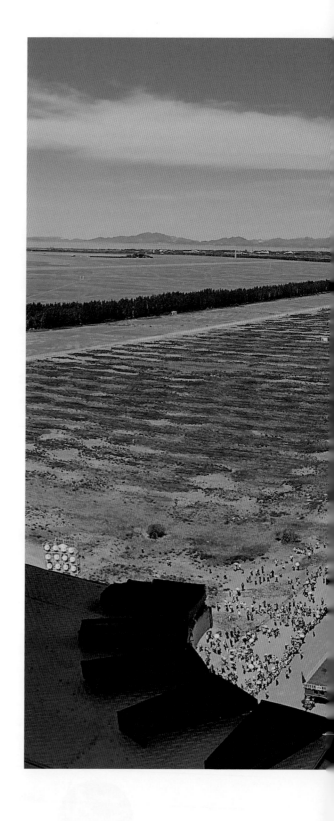

被運往發射塔架的「長征二號 F」運載火箭 / 攝影　孫海英
「長征二號 F」運載火箭可以「垂直總裝、垂直測試、垂直運輸」，全長 58.4 米。整流罩頂部的「尖帽子」便是保障航天員安全的逃逸塔。「長征二號 F」可以把 8.6 噸的有效載荷送到近地點 200 千米、遠地點 350 千米的地球近地軌道。

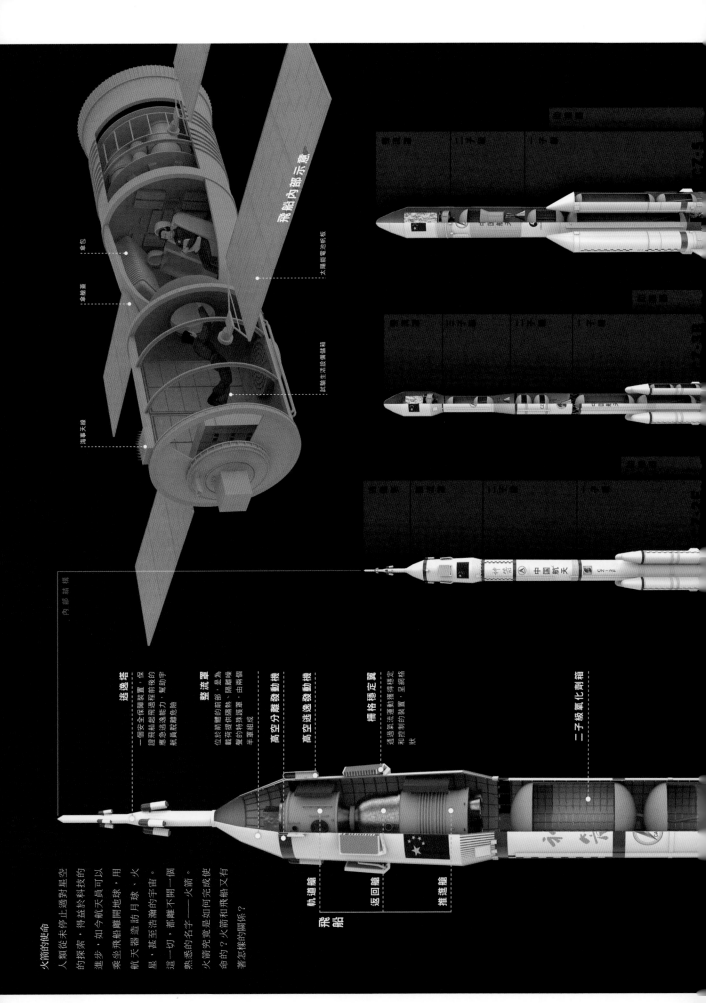

飛船內部示意

傘包
傘繩罩
海事天線

太陽能電池帆版
試驗生活設備儲箱

內部結構

逃逸塔
一個安全保障裝置，保證飛船起飛過程前後的應急逃逸能力，幫助宇航員脫離危險

整流罩
位於箭體的前部，隔離熱、隔離噪聲的特殊護罩，由兩個半罩組成

高空分離發動機

高空逃逸發動機

柵格穩定翼
通過氣流運動得到穩定和控制的裝置，呈網格狀

二子級氧化劑箱

軌道艙
返回艙
推進艙
飛船

火箭的使命

人類從未停止過對星空的探索，得益於科技的進步，如今航天員可以乘坐飛船離開地球，用航天器造訪月球、火星，甚至浩瀚的宇宙。這一切，都離不開一個熟悉的名字——火箭。

火箭究竟是如何完成使命的？火箭和飛船的關係又有著怎樣的關係？

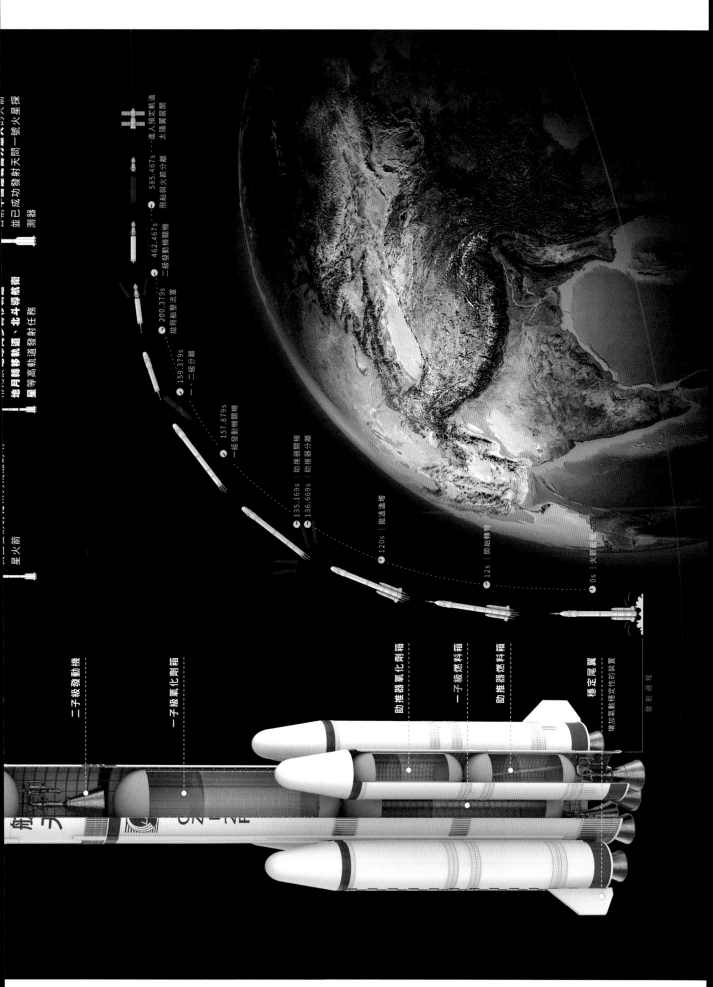

穩定尾翼
增加氣動穩定性的裝置

助推器燃料箱

一子級燃料箱

助推器氧化劑箱

一子級氧化劑箱

二子級發動機

星火前

地月轉移軌道、北斗導航衛

星等高軌道發射任務

並已成功發射天問一號火星探

測器

0s | 火箭新起飛

12s | 開始轉彎

120s | 拋逃逸塔

135.169s | 助推器關機
136.669s | 助推器分離

157.879s
一級發動機關機

159.379s
二級分離

200.379s
拋飛船整流罩

462.467s
二級發動機關機

585.467s | 飛船與火箭分離
進入預定軌道
太陽翼展開

「長征二號」系列均為兩級火箭。若在「長征三號甲」的基礎上加長、捆綁,便可形成三級捆綁火箭——**「長征三號乙」(CZ-3B)**、**「長征三號丙」(CZ-3C)**。

作為捆綁 4 個助推器的三級火箭,「長征三號乙」在 20 多年間是中國運載火箭的「頂配」,其近地軌道載荷首次突破 10 噸大關,達到約 11.5 噸,成為中國中高軌道發射的絕對主力,更成功發射「嫦娥三號」和「嫦娥四號」,築就了中國的「登月天梯」。

然而,「當中國的運載火箭從連續成功的驚喜中醒來時,它面對的將是 4 個強大的對手。」到了 21 世紀初,美國、歐洲、俄羅斯的商用大型火箭紛紛亮相,這些外國大型火箭具有安全清潔、部署迅速、成本低廉等優勢,運載能力也遠遠超過「長征三號乙」,有的近地軌道載荷甚至達到「長征三號乙」的兩倍。中國運載火箭幾乎在各方面都相形見絀,一次全方位升級迫在眉睫。

不甘落後的中國航天工作者再次對火箭進行改造。推進劑方面,用「煤油+液氧」的組合,替換使用了近 40 年的「偏二甲肼+四氧化二氮」組合。前者燃燒後只產生二氧化碳和水,全程無毒無污染,成本也大幅降低。發動機也隨著推進劑的替換而升級,推進效率可再提高約 15%。助推器則被提高到近 27 米,是此前型號的近兩倍。

這些升級,構成了新一代的長征運載火箭——**「長征七號」(CZ-7)**。它的近地軌道載荷約為 14 噸,足以發射重約 13 噸的「天舟一號」貨運飛船,在中國的「空間站時代」扮演了至關重要的角色。未來,它還將逐步接替「長征二號」、「長征三號」、「長征四號」系列的使命,承擔中國約 80% 的發射任務,成為支撐中國航天夢的中流砥柱。

至此,中國的中型運載火箭全部登場。若要在近地軌道發射超過 20 噸的載荷,就必須依靠大型運載火箭。

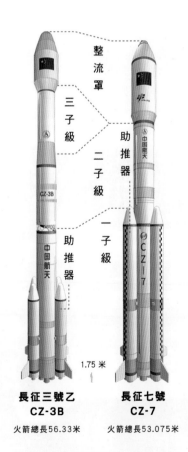

長征三號乙 **長征七號**
CZ-3B **CZ-7**

火箭總長56.33米 火箭總長53.075米

「長征三號乙」與「長征七號」結構對比

轉運到發射塔架的「長征七號」/ 攝影 宿東

「長征七號」是為滿足中國載人航天工程發射貨運飛船而全新研製的新一代中型運載火箭,採用了新型液氧煤油發動機和綠色、低溫又高能的液氧煤油燃料。起飛時,6 台 120 噸級大推力發動機可提供超過 700 噸的推力,將大幅提升中國進入空間的能力。

叁
大型火箭
的博弈

中國「長征」系列運載火箭型譜

「長征」系列運載火箭是中國航天的絕對主力運載火箭，從1970年首飛至今，「長征」系列運載火箭實現了從無到有、從串聯到捆綁、從一箭一星到一箭多星，具備了發射低、中、高不同軌道、不同類型載荷的能力。「長征」系列運載火箭有力支撐了中國載人航天、月球探測、北斗衛星導航等一系列重大工程的成功實施，為航天強國建設打下堅實基礎。

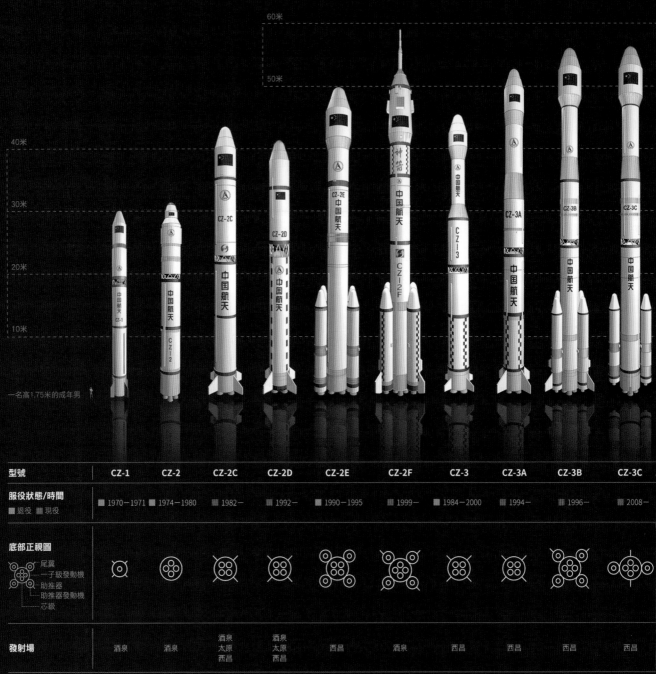

60米

50米

40米

30米

20米

10米

一名高1.75米的成年男子

型號	CZ-1	CZ-2	CZ-2C	CZ-2D	CZ-2E	CZ-2F	CZ-3	CZ-3A	CZ-3B	CZ-3C
服役狀態/時間　■ 退役　▥ 現役	■ 1970－1971	■ 1974－1980	▥ 1982－	▥ 1992－	■ 1990－1995	▥ 1999－	■ 1984－2000	▥ 1994－	▥ 1996－	▥ 2008－
底部正視圖										
發射場	酒泉	酒泉	酒泉 太原 西昌	酒泉 太原 西昌	西昌	酒泉	西昌	西昌	西昌	西昌

註：圖表中，酒泉指酒泉衛星發射中心，太原指太原衛星發射中心，西昌指西昌衛星發射中心，文昌指中國文昌航天發射場，黃海海域指黃海海域海上發射平台。

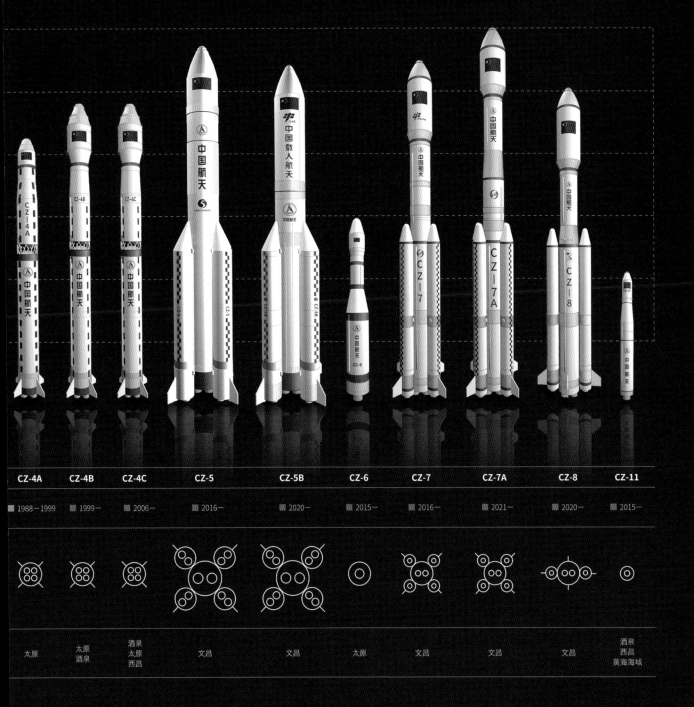

CZ-4A	CZ-4B	CZ-4C	CZ-5	CZ-5B	CZ-6	CZ-7	CZ-7A	CZ-8	CZ-11
▥ 1988—1999	▥ 1999—	▥ 2006—	▥ 2016—	▥ 2020—	▥ 2015—	▥ 2016—	▥ 2021—	▥ 2020—	▥ 2015—
太原	太原 酒泉	酒泉 太原 西昌	文昌	文昌	太原	文昌	文昌	文昌	酒泉 西昌 黄海海域

②

神舟：
一個國家的記

1999 年 11 月 20 日

高度相當於 20 層樓的「長征二號 F」運載火箭

在酒泉衛星發射中心點火升空

在巨大的轟鳴聲中

火箭騰空而起

搭載著中國第一艘宇宙飛船

「神舟一號」試驗飛船絕塵而去

這是中國載人航天工程的第一次飛行試驗

這一年是 1999 年

對中國來說是個轉折之年

而對中國的載人航天事業

這一年是里程碑之年

憶

火箭整流罩包裹的「天和」核心艙／攝影　崔岳豪

發射中國空間站「天和」核心艙的火箭是「長征五號 B 遙二」運載火箭。
由於核心艙的體量巨大，所以火箭採用了更長更大的整流罩，該整流罩全長
20.5 米，直徑 5.2 米，整體相當於 7 層樓高，是目前中國尺寸最大的整流罩，
專門為中國空間站核心艙和實驗艙而設計，整流罩上寫著「中國載人航天」
六個字，並印有「中國載人航天」的標誌。

壹

起步

「神舟一號」發射之前，在世界載人航天領域，美國和俄羅斯雙雄並立，中國遠遠落後。
要想突破，只有通過實現數個階段性目標，一步步追趕。[1]

首先是進行無人飛船的發射和試驗。

這一步是為載人飛船驗證各項技術打基礎，「神舟一號」試驗飛船由此誕生。它採用三艙
結構，後端的推進艙為飛船提供動力；中間的返回艙是未來航天員的座艙，也是唯一可以
返回著陸的艙段；最前端的軌道艙在返回艙返回後繼續留在太空，進行科學實驗。

因為整艘飛船重量超過 8 噸，一枚推力強勁的火箭必不可少。「長征二號 F」是按照發射
載人飛船的要求研製的運載火箭。箭體由四個液體助推器、芯一級火箭、芯二級火箭、整
流罩和逃逸塔幾部分組成。在該火箭近 480 噸的起飛質量中，超過 90% 都是燃料，可以
把 8.8 噸的有效載荷送入近地點 200 千米、遠地點 350 千米的地球近地軌道。

1　1992 年 9 月 21 日，中共黨中央做出實施載人航天工程「三步走」發展戰略。第一步，發射載人飛船，建成初步配套的試驗性載
　　人飛船工程，開展空間應用實驗；第二步，突破航天員出艙活動技術、空間飛行器的交會對接技術，發射空間實驗室，解決有一
　　定規模的、短期有人照料的空間應用問題；第三步，建造空間站，解決有較大規模的、長期有人照料的空間應用問題。目前，「三
　　步走」中的前兩步均已實現。2020 年 5 月，「長征五號 B」運載火箭首飛成功，正式拉開中國載人航天工程第三步任務的序幕。

右頁右圖　正在做振動實驗的「神舟六號」飛船 / 攝影　南勇
「神舟」系列飛船是中國自行研製的用於天地往返運輸人員的載人航天
器。飛船由軌道艙、返回艙、推進艙和附加段組成，從「神舟八號」開
始，附加段被正式的對接機構取代。此圖中未出現附加段，附加段一般接
在軌道艙上部。

右頁左圖　「神舟一號」無人試驗飛船返回艙 / 攝影　宿東
「神舟一號」飛船是中國載人航天計劃中發射的第一艘無人試驗飛船。中
國載人航天工程從 1992 年開始實施。「神舟一號」試驗飛船的成功發射與
回收，標誌著中國載人航天技術獲得了重大突破。

軌道艙

返回艙

推進艙

周到细

失

神舟一号无人试验飞船返回舱

「長征二號 F」運載火箭載著「神舟五號」飛船起飛的過程 / 攝影　南勇
「長征二號 F」是在「長二捆」的基礎上，按照發射載人飛船的要求研製
的運載火箭。1999 年 11 月 20 日首次發射，並成功將中國第一艘試驗飛船
「神舟一號」送入太空。

發射場選擇地處西北內陸的酒泉衛星發射中心。這裏乾燥少雨，一年中有多達 300 天適宜發射，周邊地形平坦、人煙稀少，有利於異常發射後的搜救，火箭殘骸墜落的危害也較小。

「神舟一號」發射之時，在遠離發射場的太平洋、印度洋和大西洋海域，四艘「遠望號」測量船與分佈在全球的多個地面站，組成了一個完備的測控通信系統，保證專家能在地球上控制「神舟一號」飛行的全過程。

精心的準備保障了「神舟一號」順利發射升空。它在太空中飛行 21 小時後，返回艙成功降落在預定的著陸場。這是中國載人航天工程的首次飛行，標誌著中國載人航天技術取得重大突破，為實施載人航天工程後續任務奠定了重要基礎。

「神舟一號」成功發射一個月後，澳門回歸。緊接著，北京中華世紀壇的「世紀聖火」被點燃，宣告 21 世紀的到來。《南方週末》在千禧年獻詞中寫道：「為了歡呼新世紀的太陽照臨地球，全世界的人們都在翹首以待。」之後的 2001 年，北京申奧成功。在這一年年末，中國正式加入 WTO(世界貿易組織)，全球產業轉移的紅利向中國滾滾襲來。

在舉國歡騰之時，「神舟」飛船的試驗依舊緊鑼密鼓。2001 年 1 月，「神舟二號」成功發射，人體代謝模擬裝置和假人被安置在飛船上，以檢驗飛船的生命保障系統的功能。2002 年 3 月和 12 月，「神舟三號」與「神舟四號」先後發射，重點改進了航天員的逃逸和應急救生系統，全系統合演也臻於完美。

至此，中國航天事業邁出了無人飛船試驗的第一步，緊接著則是載人飛船事業的開啟。

左頁上圖　「神舟十號」飛船從酒泉發生升空 / 攝影　趙欣

中國載人航天發射場是在酒泉衛星發射基地的基礎上建成的。1999 年以來，中國歷次載人航天任務的發射場地都選在了酒泉，這裏也成為中國載人航天工程的「母港」。

左頁下圖　「遠望 7 號」測量船 / 供圖　中國衛星海上測控部

「遠望 7 號」測量船是中國最新一代航天遠洋測量船，集當今船舶建造、航天測控、航海氣象、船舶動力等領域的最新技術於一身，圓滿完成了「天宮二號」、「嫦娥四號」、「北斗」衛星等多次海上測控任務。

貳 載人飛船

2003 年，「非典」爆發，數千人感染，學校停課，工廠停工。然而，疫情並沒有阻擋中國載人航天事業的腳步。

2003 年 10 月 15 日 9 時，「長征二號 F」火箭再次點火，載著「神舟五號」與航天員楊利偉向太空進發。這一刻，全國人民望向天空，楊利偉成為中國進入太空的第一人。10 月 16 日，在繞地球 14 圈、飛行 21 小時 23 分後，距離地表 300 多千米的飛船啟動返回程序。16 日 6 時 23 分，飛船在內蒙古四子王旗成功著陸。

當楊利偉從返回艙走出來的那一刻，全國人民為之沸騰，中國正式成為全球第三個獨立掌握載人航天技術的國家，中華民族千年的飛天夢想得以慣現。這是中國航天史上的里程碑事件。

有了運載一個人進入太空的經驗，緊接著，多人和長時間停留太空便成為中國載人航天事業的下一個目標。2005 年 10 月 12 日，航天員費俊龍和聶海勝搭乘「神舟六號」進入太空，兩人在太空停留 5 天，中國載人航天首次完成了多人多天載人飛行。

2008 年，「神舟七號」的航天員增加到三人，翟志剛、劉伯明和景海鵬用 5 天時間完成 1000 多項規定動作。其中最關鍵的一項是出艙行走。未來空間站的建設與維護，很多環節需要航天員出艙操作。在執行「神舟七號」的任務時，翟志剛成為第一個出艙行走的中國航天員，中國人的第一次太空出艙活動目標正式達成。

「航天英雄」楊利偉 / 攝影　南勇

楊利偉是中國培養的第一代航天員，也是中國第一位進入太空的航天員。
伴隨著他的成功返航，中華民族的千年飛天夢想得以實現，中國成為繼美
國和俄羅斯之後第三個掌握載人航天技術的國家。2003 年 11 月 7 日，中
共中央、國務院、中央軍委授予楊利偉「航天英雄」榮譽稱號和「航天功
勳獎章」。

447

2008 年前後，動車和高鐵逐漸取代「綠皮車」，成為人們主要的出行工具。三峽大壩、青藏鐵路、西氣東輸等超級工程相繼完工。北京奧運會場面宏大，驚艷全球。大量大學生走出校門，成為崛起大國的一個又一個建設者。互聯網的發展更是讓人驚艷，大公司紛紛崛起。

中國在落後中奮起直追，在災難中經受磨礪。中國載人航天的重要一步——「空間站預演」即將到來。

叁 空間站 預演

大型空間站的質量可重達數百噸，無法通過一次發射搭建完成。工程師們必須將空間站的一個個模塊先後送入太空，最後將其像搭積木一樣拼接成一個整體，其中的關鍵便是空間交會對接技術。該技術是指兩個航天器在空間軌道上會合並在結構上連成一個整體的技術，是載人航天活動的三大基本技術之一。[1]

為了驗證交會對接技術，還需要一個與之匹配的目標飛行器，這就是「天宮一號」，它將與「神舟」飛船共同完成航天器空間交會對接飛行試驗。「天宮一號」長 10.4 米，最大直徑為 3.35 米，內部有效使用空間約為 15 立方米，可滿足三名航天員在艙內生活，設計在軌壽命為兩年，也是中國第一個空間試驗平台。

「天宮一號」由運載能力更強大的「長征二號 F」改進型火箭「長征二號 FT1」負責送上太空。2011 年 9 月 29 日，「天宮一號」從酒泉衛星發射中心成功升空。隨後，11 月 1 日，「神舟八號」無人飛船也成功升空。11 月 3 日凌晨，「神舟八號」進入軌道，與「天宮一號」的距離一步步縮小，直至完美對接，形成組合體。這是中國首次實現空間飛行器自動交會對接，標誌著中國空間交會對接技術取得重大突破。

2012 年 6 月 16 日，「神舟九號」搭載著三名航天員成功升空。在載人狀態下，「神舟九號」先是在 6 月 18 日與「天宮一號」實現自動交會對接，之後與「天宮一號」分離。6 月 24 日，航天員劉旺操控飛船與「天宮一號」進行對接，實現首次手控交會對接。

無人狀態下的自動交會對接、載人狀態下的自動交會對接以及載人狀態下的手控交會對接，這三次「花式對接」意味著中國完整掌握了空間交會對接技術。

---

1 載人航天的三大基本技術，即載人天地往返、航天員出艙活動及交會對接。

工作人員調試「天宮一號」/ 攝影　宿東

神舟八號與天宮一號對接示意

原型參考：新華社王永卓、孫彥新製作交匯對接圖

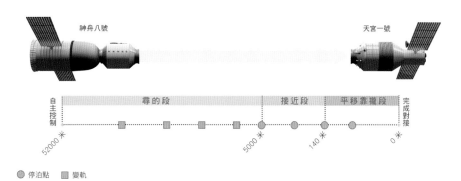

神舟八號　　　　　　　　　　　　　　　　　天宮一號

到 2013 年，「神舟十號」升空，再次與「天宮一號」對接。成熟的技術讓中國航天人更加自信，他們利用發達的天地通信網絡開展了首次實時「太空授課」。

在完成任務並超期服役多年後，「天宮一號」在 2016 年正式終止數據服務，並在兩年後的 2018 年離軌，隕落至南太平洋，終結了光榮的一生。它的升級版「天宮二號」在 2016 年 9 月發射升空，10 月，「神舟十一號」發射升空，兩名航天員通過飛船進入「天宮二號」，在其中駐留長達 30 天。

為了實現航天員更長時間的駐留，維持空間站的長時間運行，除了載人的神舟飛船，還需要負責載貨的「太空貨車」，這就是「天舟」飛船。

「天舟」的起飛質量為近 13 噸，新一代運載火箭「長征七號」承擔起發射任務。2017 年 4 月 20 日，「天舟一號」在新建成的海南文昌航天發射場成功發射。低緯度的海南文昌更利於藉助地球自轉提升運載效率。2017 年 4 月 22 日，「天舟一號」與「天宮二號」自動對接成功，開始多次向後者補加推進劑，實現了「太空快遞」的使命。

至此，從「神舟一號」到「神舟十一號」，從「天宮一號」到「天宮二號」，再到「天舟一號」，中國的載人航天家族逐漸壯大。預演已經完成，只待真正的空間站登場。

搭載「天舟二號」貨運飛船的「長征七號遙三」運載火箭 / 攝影　史悅
「天舟」系列貨運飛船主要用於為中國空間站提供補給。「天舟二號」貨運飛船採用兩艙構型，由全密封貨物艙和推進艙組合而成，總長 10.6 米。目前世界上運載能力超過 5 噸的現役貨運飛船只有兩型，「天舟」貨運飛船就是其中之一，運載能力處於國際領先水平。

「天和」核心艙具備交會對接、轉
位與停泊、航天員長期駐留及出艙
活動、保障空間科學實驗等能力，
艙內配置有工作區、睡眠區、衛生
區、就餐區、醫監醫保區和鍛煉
區，可為航天員工作和生活提供舒
適的條件。

肆 天宮 登場

2021 年 4 月 29 日，中國「天宮」空間站的首個模塊——「天和」核心艙發射成功。這標誌著中國空間站在軌組裝建造全面展開，中國正式進入空間站時代。

「天和」核心艙全長 16.6 米，最大直徑 4.2 米，內部可供航天員活動的空間高達 50 立方米，是「天宮一號」的 3 倍之多。其發射質量達 22.5 噸，由「長征五號 B」運載火箭發射升空，是目前中國最大、最複雜的航天器，也將是「天宮」空間站的管理和控制中心。

以「天和」核心艙為中心，「天宮」空間站的後端用來對接貨運飛船，前端設置節點艙，並通過機械臂，在節點艙的左右兩側，對接「夢天」與「問天」兩座實驗艙。而節點艙的前端和底部可對接載人飛船，頂部則用於航天員出艙。最終如同搭積木一般，形成「T」字構型。預計在 2022 年，太空中將完整呈出這個「T」字構型的空間站。

「天宮」空間站的外部由鋁合金緩衝屏和各類纖維填充層層保護，可以削減撞擊物帶來的損傷。而在它的內部，氧氣、二氧化碳、飲用水、尿液和推進劑之間更能實現循環轉化，為航天員提供安全、長期的生存環境。

儘管「天宮」空間站的最大重量不到國際空間站的一半，但它卻擁有更高的空間利用效率和供電效率。更具創新性的是，它將與一座搭載空間望遠鏡的「巡天號」光學艙共軌飛行。這座口徑達 2 米的望遠鏡，不僅擁有媲美哈勃望遠鏡的分辨率，更有超過其 300 倍的視野範圍，既能「巡天」又能「查地」。需要的時候，光學艙還能與空間站組合對接，方便其維護和修理。更重要的是，「天宮」空間站將面向聯合國所有會員國開放合作。通過增加 1 個核心艙、2 個實驗艙，最終可擴展為一個龐大的「干」字構型。

2021 年 5 月 29 日和 6 月 17 日，「天舟二號」貨運飛船和「神舟十二號」載人飛船依次發射成功。它們分別與「天和」核心艙完成自主快速交會對接，形成三艙組合體。6 月 17 日 18 時 48 分，聶海勝、劉伯明、湯洪波 3 名航天員依次從飛船進入「天和」核心艙，這是中國人第一次進入自己的空間站。如果國際空間站（最早 2024 年）停止運行，中國「天宮」空間站就將成為太空中唯一運行的空間站，人類的載人航天史也將正式進入「天宮時代」。

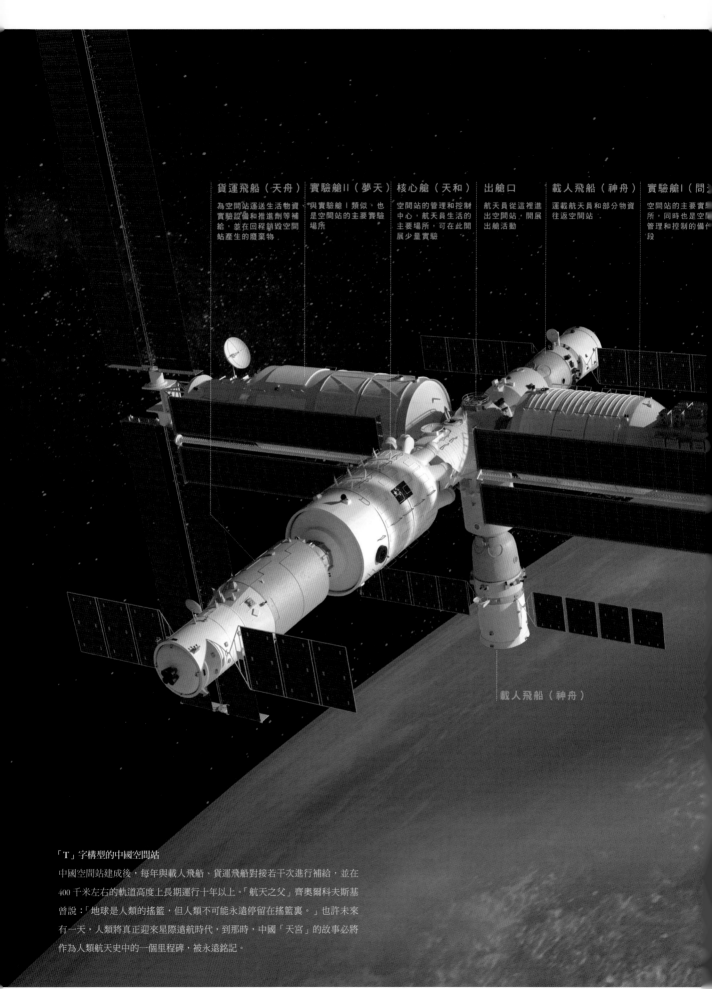

貨運飛船（天舟）
為空間站運送生活物資、
實驗設備和推進劑等補
給，並在回程銷毀空間
站產生的廢棄物

實驗艙II（夢天）
與實驗艙I類似，也
是空間站的主要實驗
場所

核心艙（天和）
空間站的管理和控制
中心，航天員生活的
主要場所，可在此開
展少量實驗

出艙口
航天員從這裡進
出空間站，開展
出艙活動

載人飛船（神舟）
運載航天員和部分物資
往返空間站

實驗艙I（問
空間站的主要實
所，同時也是空
管理和控制的備
段

載人飛船（神舟）

「T」字構型的中國空間站

中國空間站建成後，每年與載人飛船、貨運飛船對接若干次進行補給，並在
400 千米左右的軌道高度上長期運行十年以上。「航天之父」齊奧爾科夫斯基
曾說：「地球是人類的搖籃，但人類不可能永遠停留在搖籃裏。」也許未來
有一天，人類將真正迎來星際遠航時代，到那時，中國「天宮」的故事必將
作為人類航天史中的一個里程碑，被永遠銘記。

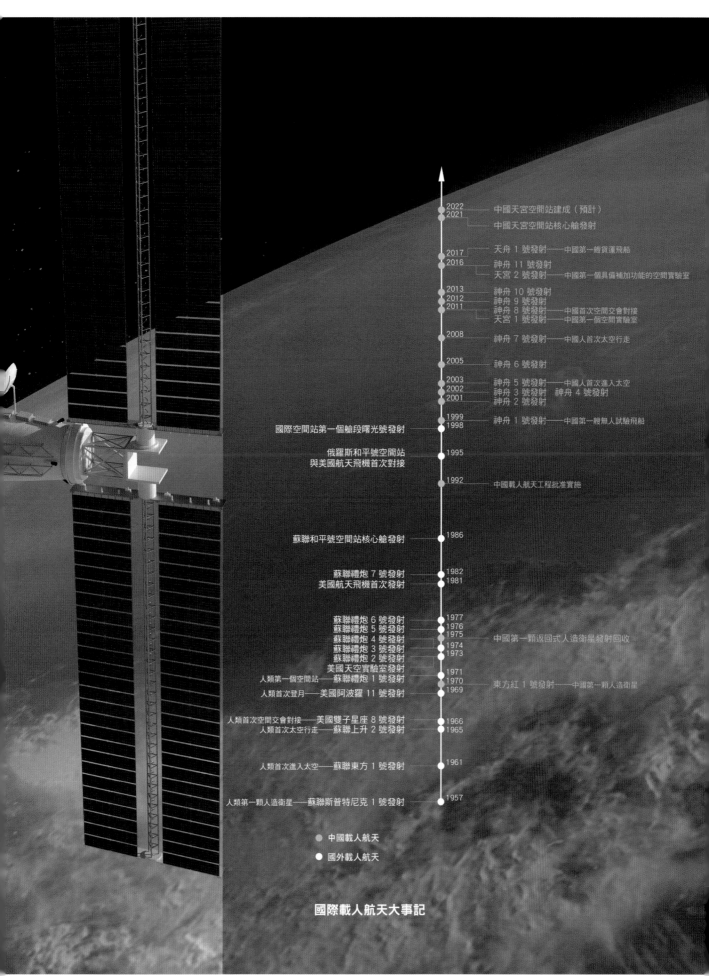

國際載人航天大事記

2022 ——— 中國天宮空間站建成（預計）
2021 ——— 中國天宮空間站核心艙發射

2017 ——— 天舟 1 號發射———中國第一艘貨運飛船
2016 ——— 神舟 11 號發射
天宮 2 號發射———中國第一個具備補加功能的空間實驗室

2013 ——— 神舟 10 號發射
2012 ——— 神舟 9 號發射
2011 ——— 神舟 8 號發射———中國首次空間交會對接
天宮 1 號發射———中國第一個空間實驗室

2008 ——— 神舟 7 號發射———中國人首次太空行走

2005 ——— 神舟 6 號發射

2003 ——— 神舟 5 號發射———中國人首次進入太空
2002 ——— 神舟 3 號發射　神舟 4 號發射
2001 ——— 神舟 2 號發射

1999 ——— 神舟 1 號發射———中國第一艘無人試驗飛船
國際空間站第一個艙段曙光號發射 ——— 1998

俄羅斯和平號空間站
與美國航天飛機首次對接 ——— 1995

——— 1992 ——— 中國載人航天工程批准實施

蘇聯和平號空間站核心艙發射 ——— 1986

蘇聯禮炮 7 號發射 ——— 1982
美國航天飛機首次發射 ——— 1981

蘇聯禮炮 6 號發射 ——— 1977
蘇聯禮炮 5 號發射 ——— 1976
蘇聯禮炮 4 號發射 ——— 1975 ——— 中國第一顆返回式人造衛星發射回收
蘇聯禮炮 3 號發射 ——— 1974
蘇聯禮炮 2 號發射 ——— 1973
美國天空實驗室發射 ——— 1971
人類第一個空間站———蘇聯禮炮 1 號發射 ——— 1970 ——— 東方紅 1 號發射———中國第一顆人造衛星
人類首次登月———美國阿波羅 11 號發射 ——— 1969

人類首次空間交會對接———美國雙子星座 8 號發射 ——— 1966
人類首次太空行走———蘇聯上升 2 號發射 ——— 1965

人類首次進入太空———蘇聯東方 1 號發射 ——— 1961

人類第一顆人造衛星———蘇聯斯普特尼克 1 號發射 ——— 1957

● 中國載人航天

● 國外載人航天

國際載人航天大事記

457

蘇聯解體後，有人問「瓦良格」號航母的建造者馬卡洛夫：

為了將其完工，我們需要什麼？

他回答道：

（我們需要）蘇聯、黨中央、國家計劃委員會、軍事工業委員會和 9 個國防工業部、
600 個相關專業、8000 家配套廠家。總而言之，我們需要一個偉大的國家。

從 1999 年到 2021 年，20 餘年，中國國力力越發強大，曾經的「瓦良格」號蛻變為中國
的第一艘航母——遼寧艦。

20 餘年，中國航天領域的突破層出不窮。載人航天之外，還有北斗導航衛星、嫦娥探月
工程。

20 餘年，從無人到載人，從一人一天到多人多天，從太空出艙到交會對接，中國的載
人航天事業以一次又一次的突破，在浩瀚太空中譜寫出壯美篇章，也成就了一個國家的
記憶。

「天和」核心艙發射升空 / 攝影　陳肖
2021 年 4 月 29 日，中國空間站「天和」核心艙由「長征五號 B 遙二」運載火
箭成功送入預定軌道。航天愛好者和遊客聚集在海南文昌航天發射場東側觀
看火箭升空。

伍 20 餘年

③

北斗：
排星佈陣 20 年

2020 年 6 月 23 日

在西昌衛星發射中心

最後一顆北斗組網衛星發射升空

至此，北斗衛星導航系統全面建成

這是一項龐大的工程

太空中，45 顆導航衛星環繞地球

地面上，2700 多個基準站組成「天羅地網」

這也是一個艱難的工程

從立項到完成

30 多萬名科技人員，400 多家研發單位

奮戰 20 多年，終於夢想成真

如今，北斗衛星導航系統（BDS）覆蓋全球，與美國的全球定位系統（GPS）、俄羅斯的
格洛納斯系統（GLONASS）、歐盟的伽利略系統（Galileo），並稱全球四大衛星導航系統
（GNSS）。

排星佈陣 20 年，中國是如何做到的？

「北斗三號」最後一顆全球組網衛星發射升空 / 攝影　南勇

2020 年 6 月 23 日，「北斗三號」最後一顆全球組網衛星發射升空，標誌著北
斗衛星導航系統全球組網完成。一個多月後，2020 年 7 月 31 日上午，「北斗
三號」全球衛星導航系統正式宣佈開通。

壹 導航衛星的秘密

要想獲取我們的位置，就需要在太空中佈置至少 3 顆導航衛星。衛星發射的電磁波信號被地面上的導航設備接收，收發信號之間產生的時間差，乘以電磁波的傳播速率（光速），便可得出我們與衛星的距離。最後可以根據這些距離數據來獲取我們所在的位置。

只有 1 顆導航衛星時，以衛星為中心，我們與衛星的距離為半徑，便得到一個球面，球面上的任何一點都可能是我們的位置。若有 2 顆導航衛星，兩個球面相交得到一個圓周，圓周上任何一點都可能是我們的位置。若有 3 顆導航衛星，三個球面相交得到 A、B 兩個點，其中僅有 B 點位於地表附近，就此便鎖定了我們的位置。這就是衛星導航的秘密，即三球交會定位原理。

3 顆衛星實現定位只是理論上的可能。衛星鐘、接收機鐘精確與否，電磁波在穿越大氣時發生的延遲……這些外在因素會導致測定的距離存在誤差。因此，人們還需要第 4 顆衛星的輔助，以對準時鐘。

為了保證地球上的每一個角落都能接收 4 顆以上的導航衛星信號，眾多導航衛星會分佈在不同的軌道平面，最終使得環繞地球的衛星總數遠遠大於 4 顆，如美國全球定位系統和俄羅斯格洛納斯系統的導航衛星都在 24 顆以上。

在 20 世紀 90 年代，想要短期內發射同等數量的導航衛星，對於航天及導航技術相對落後的中國來講，幾乎是一個不可能實現的夢想。

人們不禁要問，能否用最少的衛星實現定位的目標？

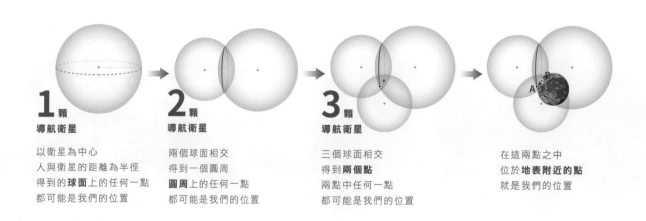

1 顆 導航衛星
以衛星為中心
人與衛星的距離為半徑
得到的**球面**上的任何一點
都可能是我們的位置

2 顆 導航衛星
兩個球面相交
得到一個圓周
圓周上的任何一點
都可能是我們的位置

3 顆 導航衛星
三個球面相交
得到**兩個點**
兩點中任何一點
都可能是我們的位置

在這兩點之中
位於**地表附近的點**
就是我們的位置

三球交會定位原理圖解

貳 蹣跚起步

1983 年，「兩彈一星」功勳、著名電子學家陳芳允提出了一個大膽的方案：以兩顆衛星組成的雙星定位系統實現衛星導航。

這一方案的巧妙之處在於，它在地面設置了一個「大腦」，即地面控制中心。人們利用地面控制中心在地球周圍「虛構」出一個球體，並通過控制中心、衛星、用戶三者之間的交互，計算出用戶的位置。與此同時，兩顆衛星均位於地球靜止軌道，其軌道高度在 35786 千米，運行周期與地球自轉周期保持一致，可始終朝向地球的同一面，保證了中國境內全時段的信號覆蓋。

從 1994 年方案獲得正式立項到 2000 年兩顆北斗導航試驗衛星成功入軌，歷時 6 年多研發，北斗雙星的設想終於變成了現實，這便是「北斗一號」。

「北斗一號」的信號基本可以覆蓋全中國，用戶不僅能接收位置信息，還能像「發短信」一樣主動發送文字消息。這一功能在求救和援助時尤為關鍵，卻是如「收音機」般單向接收數據的 GPS 等導航系統無法做到的，屬國際首創。美國「GPS 之父」帕金森教授後來對此讚譽有加：「既能夠知道你在哪裏，也能夠知道我在哪裏，這是多麼美妙的體驗。」

不過，「北斗一號」的缺陷同樣顯而易見。它的水平定位精度僅為 100 米，在有標校的地區能達到 20 米，單向授時精度為 100 納秒，與同期 GPS 的 10 米定位精度和 20 納秒授時精度相比，差距明顯。「北斗一號」也僅支持 150 個用戶同時在綫，遠遠達不到全球覆蓋的目標。「發短信」式的交互模式過程較為煩瑣，信號易被攔截，不僅導致定位中存在 1 秒左右的延時，還容易暴露自身位置，這對於高速運動的飛機、導彈及需要保密的軍事行動而言，可謂致命缺陷。

儘管如此，「北斗一號」還是解決了中國衛星導航系統從無到有的問題。蹣跚起步的衛星導航夢想，接下來會順利嗎？

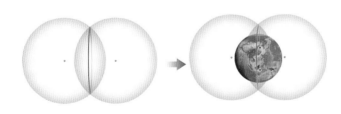

兩顆地球靜止軌道衛星
與用戶的距離
確定了兩個球面
且相交一個圓周

在地球周圍虛擬出第三個球面
與圓周相交於兩個點
且分別位於南北半球
其中**北半球的點**是用戶位置

雙星定位原理圖解
註：雙星定位的實際工作原理較為複雜，這裏僅做簡要示意。

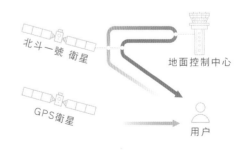

北斗一號、GPS 用戶交互對比示意

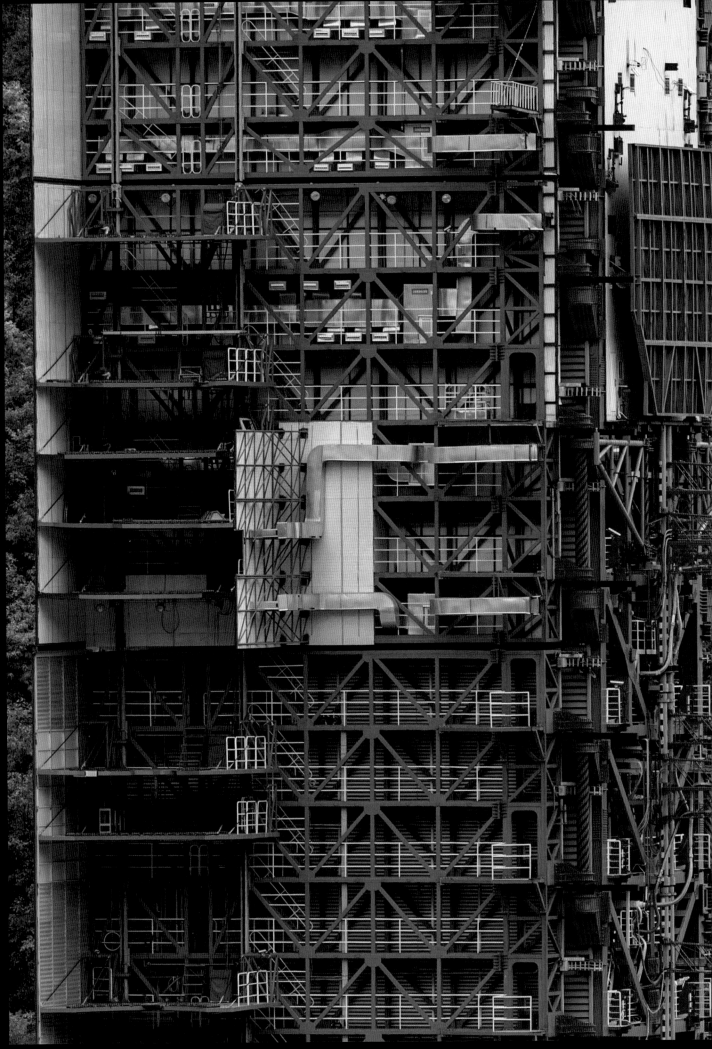

搭載北斗導航衛星的「長征三號乙」運載火箭/攝影 史悅

2018 年 10 月 15 日，西昌衛星發射中心的發射塔架上，蓄勢待發的「長征三號乙」運載火箭，整流罩上印有「北斗衛星導航系統」標誌。此次發射的是第 39、40 顆北斗導航衛星。

2010 年起，西昌衛星發射中心變得非常熱鬧。在不到 3 年的時間裏，有 14 顆導航衛星從這裏陸續發射升空。與此同時，運算、控制等地面配套系統也一步步建設開來，衛星與地面的調整測試同步進行。2012 年年底，新系統組網成功，這就是「北斗二號」。

與「北斗一號」相比，「北斗二號」的覆蓋範圍明顯擴大，擴大至亞太地區的大部分區域，定位精度獲得大幅度提升，平面精度和高程精度達到 10 米，單向授時精度從 100 納秒提升至 50 納秒。「北斗一號」獨特的通信功能被完整繼承，可在應急通信中發揮重要作用。然而，這樣的升級並非一帆風順，一道道難關橫在工程師們面前。

難關之一是衛星如何佈局。

實現導航衛星全球覆蓋的最優選擇，是高度約 20000 千米的中圓軌道，GPS 等衛星導航系統的衛星便分佈於此。不過，中圓軌道衛星飛越目標區域的時間較短，想要實現對此區域的穩定覆蓋，必須發射足夠多的衛星。然而在當時，中國發射此類衛星的技術尚未成熟，倘若全部使用中圓軌道，無疑充滿風險。

為了在短期內實現目標，中國科學家另闢蹊徑，通過排兵佈陣，將 14 顆衛星分佈在三種軌道上：5 顆傾斜同步軌道衛星保證信號對亞太地區的長時間覆蓋，5 顆地球靜止軌道衛星實現此區域的全時段穩定覆蓋，還有 4 顆導航衛星佈置在中圓軌道上，這樣既能驗證多軌道運行的可行性，也能應對衛星失效的特殊狀況，還能為未來全球系統的部署提供經驗。由此，中國的科學家們首創了「混搭」的衛星佈局方式。

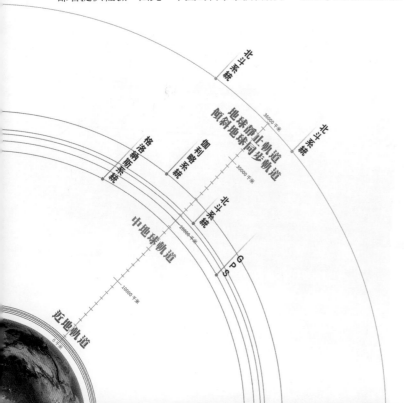

四大衛星導航系統的軌道示意

「北斗二號」第 12、13 顆衛星與整流罩合體轉場 / 攝影　南勇

2012 年 4 月 30 日，北斗導航衛星首次採用「一箭雙星」方式發射第 12、13 顆組網衛星。發射前，衛星和火箭整流罩合體進行轉場。在火箭飛行穿過大氣層的過程中，整流罩可以保護衛星，避免來自大氣層的各種干擾。

難關之二在於精度如何提高。

電磁波以光速傳播，存在 1 納秒的時間誤差，便會產生 0.3 米的距離誤差。為減小誤差，導航衛星上使用的是一種被稱為「原子鐘」的高精度計時裝置。它依靠原子吸收或釋放能量所引起的電磁波頻率變化來計時，是目前世界上最精確的計時工具。國際上通用的星載原子鐘精度需要達到 10^{-13}，這相當於每過 10 萬年才會產生 1 秒的誤差，而當時僅美國、俄羅斯和瑞士三個國家擁有此項技術。

「北斗一號」所用的原子鐘便是從瑞士進口的，到「北斗二號」時，引進原子鐘的合作被迫中斷。要想順利研發「北斗二號」，中國人必須爭分奪秒地實現原子鐘的自主研製。

難關之三便是衛星如何按時發射。

根據國際電信聯盟的規則，衛星運行的軌道和使用信號頻率須提前申請，且必須在申請通過後的 7 年內完成衛星發射入軌和信號接收，否則相關資源就會被回收。

2000 年 4 月 18 日，中國的申請得以通過。這意味著在接下來的 7 年裏，衛星及火箭技術必須做到萬無一失。科學家們夜以繼日地反覆實驗和測試，用 7 年時間掌握了相關衛星技術，2 年內攻克原子鐘難關，甚至面對臨發射前的突發故障，僅用十多天，便完成了衛星取出、測試、裝回等一系列複雜操作。

2007 年 4 月 14 日，「長征三號甲」運載火箭帶著第一顆北斗導航衛星順利升空。所有人在忐忑中等待著衛星返回信號。直到 17 日晚上 8 點，距離軌道失效的截止時間僅僅剩下 4 個小時，信號終於傳回，北斗導航衛星最終獲得了珍貴的頻段資源。

在接下來的 5 年裏，陸續又有十多顆衛星發射升空。到 2012 年年底，歷盡幾番磨煉，突破重重技術封鎖，一個中國自主設計、覆蓋亞太地區的衛星導航系統就此建成。這距離實現全球導航，只差最後一步。

搭載北斗導航衛星的「長征三號乙」運載火箭發射升空 / 攝影　白龍

2019 年 12 月 16 日，在西昌衛星發射中心，「長征三號乙」運載火箭（及配套「遠征一號上面級」）以「一箭雙星」方式成功發射第 52、53 顆北斗導航衛星。「長征三號乙」運載火箭主要用於發射地球同步轉移軌道衛星、北斗導航衛星，可進行「一箭多星」發射。

肆　天羅地網

最後一步，便是實現全球覆蓋的「北斗三號」。

為實現這一目標，科學家們首先對北斗導航衛星進行了全方位升級：相比於「北斗二號」，「北斗三號」衛星的使用壽命增至 10 年以上，原子鐘的精度達到 300 萬年才會產生 1 秒誤差，衛星的組成部件全部實現中國製造。

此時，中國「一箭雙星」技術已經成熟，火箭發射技術已不再是阻礙。從 2017 年年底到 2020 年，不到 3 年時間，18 枚火箭帶著 30 顆北斗導航衛星發射升空，以前所未有的速率完成組網。

太空之中，3 顆地球靜止軌道衛星分佈在赤道正上空，3 顆傾斜地球同步軌道衛星穩定覆蓋亞太地區，24 顆中圓軌道衛星則晝夜不停地圍繞地球運轉，它們共同組成一張龐大的衛星網絡。無論是白天還是黑夜，無論身處地球何處，人們抬頭的那一刻，至少會有 5 顆北斗導航衛星在天空翱翔，全球覆蓋的目標終於實現。

◀ **北斗衛星發射時間線**

運行軌道
◇ 地球靜止軌道(GEO)
● 傾斜地球同步軌道(IGSO)
● 中圓軌道(MEO)
● 在軌試驗
◇ 退役或失效

運載火箭
A　CZ-3A
B　CZ-3B
C　CZ-3C

北斗完全體

北斗完全體是「北斗二號」和「北斗三號」組成的衛星導航系統，「北斗二號」有 15 顆衛星，「北斗三號」則由 30 顆衛星組成，共同以 45 顆衛星組成北斗完全體。

藉助北斗的通信功能，邊防官兵們即使身處高山、密林、深谷等險惡環境，也能及時、穩定地傳遞信息。

但是，這還遠遠不夠。

中國邊防軍人在雪山上巡邏 / 攝影　劉曉東

2021 年 3 月 30 日，駐守在喜馬拉雅山脈腹地的某邊防連巡邏分隊向點位前行。北斗衛星導航系統不僅可為邊防軍人提供精確的導航、定位，還可幫助其實現即時通信，提升了守邊戰力。

正如「中國衛星之父」——「北斗一號」和「北斗二號」系統的總設計師孫家棟所說：「我們建設『北斗』關鍵還是在用，只有用得更加普及、更加深入，這才是贏家。」

如今，北斗導航系統已向全世界開放，將逐漸成為 70 多億人生活的一部分。

科學家們排星佈陣 20 年，終於織就一張「天羅地網」，中國自己的衛星導航系統也終於從設想變為現實。而這僅僅是故事的開端，未來的每一天才是中國北斗衛星導航系統責任和使命的真正所在。

四川瀘定，高壓電網矗立在雪後的山上 / 攝影　李毅恆

北斗衛星導航系統同樣能夠應用在電網系統之中，如在電力綫路中安裝帶有北斗衛星導航功能的綫路故障指示儀，就能夠幫助準確發現事故地點，及時排除故障，減少停電時間。

沒有一個民族的崛起
是命中注定的
崛起
必須自己爭取

什麼是新中國

1949 年，中華人民共和國在這片飽經戰亂、分裂與貧窮的土地上建立。

如今，它已崛起成為全球第二大經濟體，佔全球經濟總量的 1/6 左右，堪稱人類經濟史上的奇蹟，也是一個在中華 5000 年文明史和近代百年屈辱史上足以告慰祖先的奇蹟。

70 餘年彈指一揮間，新中國是如何「逆襲」的？

中國實行改革開放

建立深圳、珠海、汕頭、廈門、四個經濟特區

改革開放十週年

香港回歸

| 1978 | 1980 | | 1988 | 1994 | 1995 | 1996 | 1997 |

改革開放開始　　▲ 主要國家GDP增長趨勢

中國經濟高速增長之路
改革開放以來，中國經濟實現了相對穩定、連貫的快速增長，成為世界經濟
史上的一大奇蹟。經濟增長的同時，國家的綜合國力也在不斷提高。

美國

中國

日本

德國

印度

法國

新中國成立七十週年

首艘國產航母下水

抗戰勝利七十週年

中國超越美國，成為全球貨物貿易第一大國

中國城鎮化率突破５０％

中國經濟總量超越日本，成為全球第二大經濟體

中國成功舉辦北京奧運會

嫦娥一號成功發射

三峽大壩建成

青藏鐵路全線通車

國務院提出「振興東北」戰略

神舟五號載人飛船發射成功

中國加入世界貿易組織

上海陸家嘴 / 攝影　曾誠宇

陸家嘴位於上海市浦東新區的黃浦江畔，多幢上海地標式建築坐落於此。

1993 年，浦東新區成立，陸家嘴逐漸發展成為眾多跨國銀行的大中華區及東

亞總部所在地，成為中國最具影響力的金融中心之一，是改革開放的象徵

之一。

「中國天眼」／攝影　李子韜

位於貴州黔南布依族苗族自治州一處略斯特窪坑中的 500 米口徑球面射電望遠鏡(FAST)，是目前全球最大、最靈敏的單口徑射電望遠鏡。「中國天眼」是當今射電天文學的「重器」，具有中國自主知識產權，凝集了中國科技工作者的心血與智慧，匯聚了幾千名一線工人的汗水與辛勞。

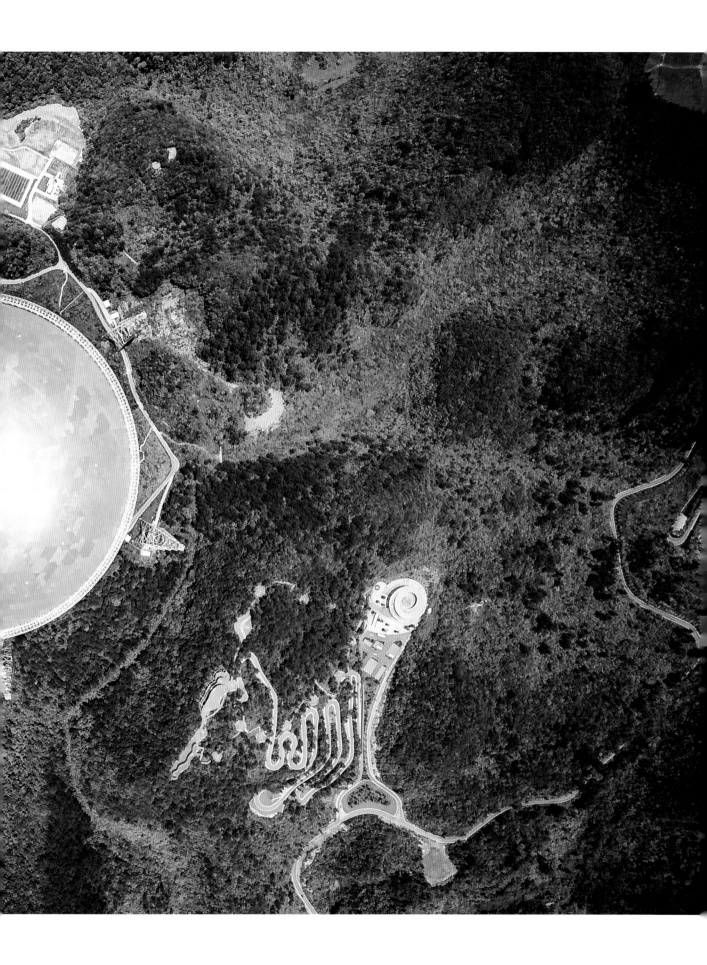

壹 戰爭 與和平

1949 年 10 月,開國大典的禮炮剛剛響畢,中國人民解放軍已經向新疆和大西南進發。到 1951 年西藏和平解放,中國大陸歷時百年的混亂與地方割據局面徹底終結。

作為世界上陸地邊界綫最長的國家,在接下來的數十年內,新中國通過和平談判,與緬甸、尼泊爾、朝鮮等鄰國陸續締結邊界條約。但家門內外的和平從來就不是天賜的,而是中國人民用自己的熱血鑄就的。當國家安全受到威脅時,新中國敢於亮劍,以戰止戰。

1950 年,朝鮮戰爭突然爆發,戰火甚至燒到中國東北境內。為了保家衛國,中國人民志願軍投入抗美援朝的戰爭,守護建立不久的新政權,堪稱「立國之戰」。此後,1962 年中印邊境自衛反擊戰、1969 年珍寶島自衛反擊戰、1979 年對越自衛反擊戰……面對一次次進犯,中國人民用自己的熱血守住了來之不易的家園和平。

到 20 世紀 80 年代,除少量邊境戰事外,迎來和平的新中國終於可以集中精力進行經濟建設。擁有約 960 萬平方千米陸地和約 470 萬平方千米內海邊海水域面積的中國,潛力即將爆發。

它南北縱橫,東西遼闊,是全球四個陸地面積近千萬平方千米級的國家之一。它地處中低緯度,以溫帶和亞熱帶氣候為主,四季分明,水熱充足,是全球最適宜人類生存的國家之一。它有 171 種礦藏,遍佈各地,許多種的蘊藏量都居於世界前列,是全球自然資源種類最豐富的國家之一。

但是,它也有一個巨大的問題,即人口過多。

福建霞浦灘塗養殖 / 攝影　都文明

霞浦以灘塗養殖聞名,人們在沿海灘塗上養殖牡蠣、海帶。在中國總長 1.8 萬千米的海岸綫上,人們依靠港灣、灘塗發展航運、水產養殖等,將海洋變為資源寶庫。

新中國從 1949 年的 5.4 億人口的國家，到 1981 年成為當時世界上唯一一個 10 億級人口的國家，人口數超過全球所有發達國家的總和。豐富的資源總量，在巨大的人口基數面前顯得十分不足。

中國人均耕地約 1.4 畝，只有美國的 1/5、俄羅斯的 1/9；人均水資源約 2000 立方米，只有美國的 1/4、俄羅斯的 1/47；人均森林面積 2.3 畝，只有美國的 1/6、俄羅斯的 1/40。[1]

在這樣的劣勢條件下，新中國該如何發展？

1　部分數據源自《2016 中國國土資源公報》《中國水資源公報（2018）》《第九次全國森林資源清查成果》。

廣州瀝滘村 / 攝影　梁文生

瀝滘村是廣州海珠區最大的城中村之一。城中村是中國城市化進程中的產物，處於城市與農村之間的邊緣狀態。因為租金低廉、地理位置方便，能吸引大量外來人口，成為很多外來人口的聚居區，因而城中村就成了人口密集之地。城市化不僅使城市擴張，也吸納了大量人口，共同擠佔著有限的城市空間。

廣州越秀區某小學正在參加升旗儀式的學生們 /
攝影　邱活

2020 年，全國小學階段在校學生人數達 1.07 億以上，初中階段在校學生人數超過 4900 萬。

古代中國創造了燦爛的文化，但生活在社會底層的大多數人卻沒有識字的能力。蒙昧、落後，成為阻礙每一個中國人追求幸福生活、阻礙國家走向強大繁榮的絆腳石。讓大量不識字的中國人學會漢字、擁有文化，成為人民政府的一項重要任務。

1950 年，教育部召開第一次全國教育工作會議，提出要「從 1951 年開始進行全國規模的識字運動」。緊接著，從城市到鄉村，從工廠到田野，全國各地的工人、農民、軍人，紛紛加入大大小小的識字班、學習小組，持續數十年的掃盲教育拉開序幕。為方便更多人掌握複雜的方塊字，1956 年，第一版《漢字簡化方案》公佈，一些繁複的字形得到簡化，大大降低了初學者學習漢字的難度。1958 年，《漢語拼音方案》開始推行，初學者可以用 26 個拉丁字母組成的漢語拼音學習正確發音，識字讀音變得更加方便、簡單。

由此，大量不識字的人第一次掌握了人類歷史上的偉大發明──漢字。

同時，基礎教育也被提上政府的議程。1956 年召開的最高國務會議提出，要用 12 年的時間在全國範圍內普及小學義務教育。1986 年 7 月 1 日開始實施的《中華人民共和國義務教育法》，要求全國的適齡兒童、少年必須接受包括中小學階段在內的九年義務教育。

2007 年，國家宣佈免除全國農村義務教育階段的學、雜費，次年又免除城市義務教育階段公辦學校學生的學、雜費，全國範圍內的免費義務教育得以實現。在高峰期，數十萬所中小學校，近 1000 萬名中小學教師遍佈從城市到鄉村、從沿海到邊疆的廣袤國土。所有適齡兒童必須入學，一個都不能少。

在政府與教育工作者的努力下，新中國的文盲率由新中國成立初期的 80% 下降到目前的 2.67% 左右，青壯年文盲基本消除；九年義務教育鞏固率接近 95%，堪稱人類史上最大規模的基礎教育。針對成人的掃盲運動、覆蓋全部少年兒童的九年義務教育，加上各種技術學校的技能教育，讓十多億中國人獲得了知識和文化。

497

當 1978 年改革開放的大幕拉開時，神奇的變化產生了，大量人口進入工廠，良好的基礎教育讓他們迅速轉變為熟練的產業工人。他們將集體利益置於個人利益之上，他們是這個世界上最繁忙流水綫上的分揀員、操作員、檢驗員，數千年的文化傳統培養了他們勤奮、吃苦耐勞的品質。他們平均每週工作超過 45 個小時，超過所有經濟合作與發展組織成員國工人的工作時間。[1]

一個個受過教育的中國人用自己的勞動擺脫了貧窮，也為這個飛速成長的社會創造出龐大的財富。

數十年間，大量高素質而廉價的勞動力不斷吸引全球產業向中國轉移。2001 年，中國加入 WTO，打開向全球供給貨物的閘門，巨大的生產能力徹底得到釋放。到 2013 年，中國已經超越美國，成為全球貨物貿易第一大國，是一個名副其實的「世界工廠」。

1　源自國家統計局 2019 年 7 月經濟數據。

位於珠江口的廣州南沙港 / 攝影　張向良

南沙港在珠江三角洲地區強大的工業生產能力的支撐下，發展成為華南地區
重要的外貿樞紐口岸，繁忙的港口見證著中國人如何用勤勞創造財富。

今天，中國的紡織工業生產著全球一半以上的棉織物和超過三分之二的化纖產品；中國的
玻璃工業生產著全球一半以上的平板玻璃；中國的半導體產業從一窮二白起步，開始奮起
直追……

這一成就離不開各行業中從事各種工作的 7.5 億中國人 [2]，更離不開覆蓋十億級人口的基礎
教育。如果沒有大規模的基礎教育，中國就不會有知識水平足夠的產業工人，就沒有資格
參與全球產業分工，沒有資格享受全球化的紅利。

億級人口變成了億級勞動力，這就是人口紅利。

2　根據《2020 年度人力資源和社會保障事業發展統計公報》，截至 2020 年年末，全國就業人員為 75064 萬人。

武漢大學 2021 年畢業典禮 / 攝影　田春雨

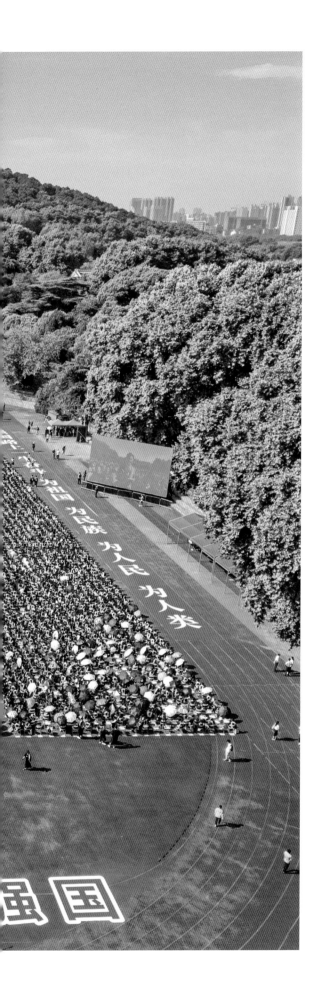

教育的力量還不止於此。

中國內地的高中生每天花超過 10 小時進行學習，他們用閃光的青春去向高考這個目標奮鬥。從 1999 年起，中國高等院校連年擴招，學生每年只需繳納數千元的學費，便可以進入高校學習。

如今，中國高校在校生人數就已超過 3500 萬[1]，比許多國家的總人口都多，可謂人類史上最大規模的高等教育。如此大規模的高等教育為中國培育了大量高端人才和高技能產業工人，人口紅利又升級為人才紅利。他們崇尚科學、崇尚知識、崇尚科技創新，這讓中國可以在互聯網、移動通信等人力資源需求高且研發周期短的新興產業上實現彎道超車。

據統計，截至 2020 年 3 月，全球有 586 家獨角獸企業，其中中國有 227 家，美中兩國佔全球獨角獸企業總數的八成，它們多成立於近十餘年，成長十分迅速。[2] 在極可能引發第四次工業革命的關鍵領域，包括人工智能、3D 打印、生物技術等，中國同樣有著極強的人才優勢。

正是大規模的基礎教育和高等教育，讓中國得以推進世界上最大規模的工業化進程，建立起這顆藍色星球上的第一個十億級人口的工業文明。

1 根根據教育部 2020 年教育統計數據，僅普通本專科和研究生的在校生就有 3572.25 萬。

2 不同的報告採取了不同的統計口徑，數據有差異。這裡參考的是 2020 年 8 月 4 日胡潤研究院與蘇州高新區發佈的《蘇州高新區·2020 胡潤全球獨角獸榜》，該報告列出了全球成立於 2000 年之後、價值 10 億美元以上的非上市公司。

與此同時，一場人類史上最大規模的人口遷徙也在持續進行——受過教育的青壯年大量向沿海地區流動，向中心城市流動。

正是這種遷徙支撐起沿海和中心城市的大量工廠和寫字樓，大幅提升了城鎮化率，造就 4 個一綫城市、15 個新一綫城市、30 個二綫城市、70 個三綫城市、90 個四綫城市和 128 個五綫城市。[1] 這些城市互相爭奪資源，爭奪空間，爭奪商機，爭奪人才，掀起規模巨大的「城市戰爭」。

「戰爭」愈演愈烈，點燃了中國經濟騰飛的又一大引擎。

1　數據參考第一財經·新一綫城市研究所發佈的《2021 城市商業魅力排行榜》。

長江、嘉陵江交匯處的重慶 / 攝影　張坤琨

重慶是中國中西部地區唯一的直轄市，也是國家重要中心城市、長江上游地區經濟中心、重要現代製造業基地、西南地區綜合交通樞紐。根據《國家綜合立體交通網規劃綱要》，成渝是中國交通的一極。強大的經濟吸納了大量人口，城市化不斷擴張。根據重慶市第七次全國人口普查結果，重慶市常住人口已達約 3205 萬。

叁 城市 戰爭

2007 年，中原城市鄭州為了爭取某科技企業到當地辦廠，市長親自牽頭成立工作組，進行了長達三年的漫長「追求」。六七十名政府工作人員分組與企業反覆洽談，從各方面盡全力滿足企業需求。在建廠施工的十多天時間裏，市長、副省長、省長又連續 4 次到工地「督辦」解決問題。

這只是一個省及省會政府工作人員的日常。在整個中國，類似的為經濟發展奔波的地方政府工作人員數以萬計。經濟學家們發現，許多發展中國家在發展經濟時，面臨的一個很大的問題便是政府的低效、無能、不作為。但中國的地方政府工作人員，「那種招商引資……的熱情，在世界範圍內都是罕見的」。

是什麼在推動地方政府積極作為？答案是競爭。

中國有 34 個省級行政區、333 個地級行政區、2800 多個縣級行政區，[1] 相鄰區域的省與省之間、市與市之間、縣與縣之間，都有著很強的同構性和相似性，一個項目最終花落誰家，項目方擁有足夠長的候選名單。而對地方政府的上級而言，誰的政績突出，誰便會擁有更廣闊的舞台。於是，地方政府官員展開政績競爭，努力成為「有為的政府」。每個地方政府都會投入大量人力物力，用於招商引資。從 20 世紀 90 年代起，各地爭相建立開發區。截至 2018 年，全國國家級開發區達 552 家，省級開發區有 1991 家[2]，市縣級開發區更是數以千計，開發區吸引了大量企業入駐，促進了城市經濟的集聚和商業的發展。

為了提升營商環境，各地大力興建基礎設施，把整個中國變成了一個大工地，大幅改善了中國城市的面貌。到 2019 年，全國大中小城市修建的道路，覆蓋了超過 9000 平方千米的土地[3]，比整個上海的面積還要多出近 2700 平方千米；各城市的公交專用道長度接近 1.5 萬千米，足以貫穿地球；41 個城市開通軌道交通，運營里程超過 6000 千米，中國成為世界上開通地鐵城市最多的國家。[4]

1　根據《中國統計年鑑 2020》，截至 2019 年年底，中國有 333 個地級行政區、2846 個縣級行政區和 38755 個鄉鎮級行政區。

2　數據參考國家發改委等公佈的《中國開發區審核公告目錄》（2018 年版）。

3　根據住房和城鄉建設部發佈的《2019 年城市建設統計年鑑》，2019 年城市道路面積為 9097.91 平方千米。

4　根據交通運輸部《2019 年交通運輸行業發展統計公報》，中國擁有公交專用車道約 1.5 萬千米，比地球直徑還要長（地球直徑約為 1.2 萬千米）；2019 年城市軌道交通運營里程為 6172.2 千米。

建設中的深中通道 / 攝影　劉光勇

深中通道是橫跨珠江口，連接深圳與中山的公路通道，主要由海底隧道及跨海公路橋組成，全長 24 千米，計劃在 2024 年建成通車。深中通道的建成將極大縮短珠三角各市通行的距離，使大灣區主要城市間一小時生活圈真正形成，同時將極大方便大灣區各種要素的流動，極大節省出行的時間成本和物質成本。

「硬件」比拚之後則是「軟件」的比拚。地方政府在政策與工作方式上的創新，往往是全國進步的星星之火。例如 2016 年，浙江率先提出「最多跑一次」的政務改革目標，甚至在之後成立了「浙江省最多跑一次改革辦公室」。該舉措在廣受歡迎的同時，也促使其他地方紛紛跟進。還有近年來越發火熱的「搶人大戰」，各地通過放寬落戶政策，甚至提供補貼，增強城市對人才的吸引力。

在經濟持續增長、城鎮化不斷推進的時期，城市競爭的結果不是你勝我敗，而是紛紛做大。

1990 年，中國城區常住人口超過 500 萬的特大城市僅有 2 個，沒有人口超過 1000 萬的超大城市。到 2019 年，前兩者則分別達到 10 個和 6 個。城市建成區面積從 1981 年的 0.74 萬平方千米，擴大到 2019 年的 6.03 萬平方千米，增長了 8 倍有餘 [1]。一些相鄰的城市更是抱團競爭、互相補益，形成超大城市群，如長三角城市群、珠三角城市群、京津冀城市群。

如果我們以 GDP 來劃定中國的版圖，就會發現中國的財富已經高度集中在大城市，前 40 名的城市貢獻了中國 GDP 的近 50%，前 10 名則貢獻了 24%。

這些超級城市將最有可能代表中國，參與未來世界城市文明的角逐。從太空俯瞰，這些城市是中國大地上最閃耀的景象。

就這樣，競爭塑造了城市，推動了如火如荼的城市崛起。若放眼整個中國，隨著國家實力越發強大，一種神奇的力量越發強勁，即規模效應。它將使中國形成全球獨一無二的國家優勢。

1　根據住房和城鄉建設部發佈的《2019 年城市建設統計年鑒》，2019 年城市建成區面積為 60312.45 平方千米。

2020 年中國夜間燈光地圖

遙感衛星可以觀測到夜間地球表面的光亮，這些光亮主要來自人類活動，
如居住區、工業區的照明，甚至漁船照明，也包括火災。光亮可被量化計
算，從而反映出各地區人類活動的活躍程度、經濟發展水平等。

衛星影像來源：

[1] Jurij Stare, www.lightpollutionmap.info.

[2] VIIRS, Earth Observation Group, NOAA National Geophysical Data Center.

20 世紀 90 年代，為應對亞洲金融危機、拉動內需、發展經濟，中國開始大規模推動基礎設施建設，一個個舉世矚目的大型工程在此後的 20 年間依次登場。其中包括跨越 17 個省級行政區、向東部 160 多個城市輸送天然氣的「西氣東輸」工程，跨越上千千米、從長江流域向華北調水的「南水北調」工程，搬遷 100 多萬移民、總庫容達 393 億立方米的長江三峽水利樞紐工程……

作為世界上開建大型工程數量最多的國家，中國並非偏愛大型工程，而是巨大規模的市場可以從大型工程中獲得足夠的回報和溢出效應，從而形成正反饋，這就是中國成為「基建狂魔」的根源。

以「西氣東輸」工程為例，其管網每年的管輸能力高達 1236 億立方米，可以讓大約 4 億人從中受益。而「南水北調」工程則向沿途 253 個縣級以上城市供水，大大緩解了北方的缺水問題。因為有了「南水」，北京甚至可以直接讓之前的供水主力密雲水庫「休養生息」。

截至 2020 年年底，全國 220 千伏以上的輸電線路長達約 78 萬千米，足足能繞赤道 18 圈，位列世界第一；16.1 萬千米的高速公路位列世界第一；3.8 萬千米長的高鐵網絡位列世界第一；5169 萬千米的光纜線路位列世界第一；931 萬個移動通信基站位列世界第一。整個中國被密佈的基礎設施連接起來。[1]

1　數據源自交通運輸部《2020 年交通運輸行業發展統計公報》、工業和信息化部《2020 年通信業統計公報》、國家能源局《2020 年全國電力工業統計數據》和國家統計局《中國統計年鑒 2020》。

右頁上圖　珠峰大本營 5G 基站 / 攝影　李瑞偉・中國移動西藏公司
海拔 5300 米的珠峰大本營已實現了通過 5G 連通世界。截至 2020 年年底，中國已開通的 5G 基站數量超過 71.8 萬個，實現所有地級以上城市 5G 網絡全覆蓋，建成目前世界上最大的 5G 網絡。

右頁下圖　蘇通 GIL 綜合管廊長江常熟江底段 / 攝影　邵小峰
蘇通 GIL（氣體絕緣金屬封閉輸電線路）綜合管廊工程，是國家電網公司淮南—南京—上海 1000 千伏交流特高壓輸變電工程重要組成部分，起點在常熟，終點在南通，是目前世界上電壓等級最高、輸送容量最大、技術水平最高的超長距離 GIL 創新工程。巨大的能源需求，為這些建設成本大、技術含量高的跨區域資源調配工程創造了條件。

建設中的雄安站 / 攝影　周昀光

雄安站位於雄安新區，總建築面積為 47.5 萬平方米，是亞洲最大的高鐵站，也是京津冀地區重要的客運樞紐。這一高鐵站從開工建設到投入使用，僅用了 2 年時間。雄安站的建設將使京津冀經濟圈聯繫更緊密，提高雄安新區對全國的輻射能力。

這種龐大的基建規模加強了中國各地的緊密聯繫，形成了一個涵蓋 14 億人的、歐美印日都無法企及的「洲際規模」統一市場。

這種規模的市場，可以支撐起比其他國家更為發達的網購電商規模，中國 2020 年全年的快遞業務量高達 833.6 億件[1]。

這樣的市場也可以支撐中國發展重大戰略產業，例如大飛機產業。大飛機產業資本密集，研發周期長，長期由美國和歐洲主導。據預測，中國未來 20 年將購買超過 8000 架新飛機，這足以支撐中國成為大飛機產業的新玩家。

這就是中國無與倫比的規模效應，全球獨一無二的國家優勢。

1　數據源自國家郵政局公佈的《2020 年郵政行業運行情況》。

國產大飛機 C919 亮相 / 攝影　陳肖
2015 年 11 月 2 日，中國具有自主知識產權的中型噴氣式民用飛機 C919 首架機在浦東基地正式總裝下綫，它的亮相標誌著中國成為大飛機產業的新玩家。

伍　致敬

回望 1949 年，70 餘年彈指一揮間，中國終於終結了衰落。十億級人口的工業化進程，燦若群星的城市崛起，無與倫比的規模效應，讓中國人逐漸接近一個夢想，一個從 1840 年起就沒有停止過追求並願為之拋頭顱、灑熱血的夢想——中華民族的偉大復興。

這是一代代中國人的夢想！

當 1911 年，喻培倫、方聲洞、陳更新、林覺民等黃花崗起義烈士在清軍的槍炮下犧牲時，他們的夢想是民族復興。

當 1921 年，毛澤東、何叔衡、董必武、陳潭秋等各地共產主義小組的代表在浙江嘉興南湖的遊船上開會時，他們的夢想是民族復興。

當 1949 年新中國成立，錢學森、李四光、鄧稼先、華羅庚等 2500 多名旅居海外的專家學者放棄海外優渥的條件，陸續回到祖國的懷抱時，他們的夢想是民族復興。

嘉興南湖湖心島 / 攝影　袁培德

上海「一大」會址和嘉興南湖紅船，是中國共產黨的誕生地，是中國共產黨夢想起航的地方。100 年前，中共「一大」最後一天在嘉興南湖紅船上召開，通過了中國共產黨的第一個綱領和決議。中國共產黨從此誕生，中華民族的命運由此改寫。

青海海晏縣金銀灘原子城／攝影　陳肖
金銀灘草原是一片美麗又神秘的地方，這裏有中國的第一個
核武器研製、試驗和生產基地——金銀灘原子城。這是孕
育出中國的第一顆原子彈和氫彈的地方。在研製「兩彈」過
程中，一大批留學海外的優秀科學家紛紛響應祖國召喚，投
身祖國核事業，在金銀灘隱姓埋名，夜以繼日無私奉獻。

海上石油工人正在檢查鑽杆防噴器 / 攝影　趙亮‧中國海油

2014 年 9 月 15 日，深水鑽井平台「奮進」號在南海西部陵水海域，鑽獲中國首個自營深水大氣田「深海一號」氣田。

2018 年 6 月 9 日，武漢地鐵 7 號綫三陽路越江隧道，工人正在檢修越江盾構機內部核心結構 / 攝影　黃蕾

工人正在清洗深圳南山區保利劇院外牆 / 攝影　龔強